考 古 新 视 野 丛 书

中古华化祆教考述

◉ 张小贵 著

文物出版社

暨南大学"211工程"三期建设项目
华侨华人与中外关系
项目经费资助

内容提要

　　祆教是源于波斯的琐罗亚斯德教(Zoroastrianism)，但其不等于琐罗亚斯德教。其由波斯进入中亚粟特地区后，历有年所，经与当地传统信仰以及来自希腊、罗马、美索不达米亚、印度等地区的文明汇聚以后，发生了重大的变异。以粟特人为主要载体的祆教进入中国后，又受到中国传统文明的洗礼，逐步华化。本书即在前人研究基础上，从礼俗的角度，考察祆教在中古中国的华化形态。

　　第一章根据各种文献，对唐宋时代祆祠的分布一一考订，并就祆祠的分布变迁与入华胡人聚落的关系进行考察。对唐宋时代祆祠管理体制的演变作了较为明晰的勾勒，分析其演变的原因。

　　第二章较为系统地考察了波斯本土与中亚地区祆神崇拜的渊源及其流变，并对唐代祆神崇拜特点作了初步分析，指出当时入华祆教徒祭祀祆神画像，明显有悖波斯琐罗亚斯德教反偶像崇拜的传统，是为该教在中亚地区变异的结果。到了宋代祆教"有祆无教"，只留下祆神融入中国的万神殿。

　　第三章进一步考察了波斯本土与中亚地区祆教火崇拜的演变，并通过对祆教礼仪中的"派提达那"与胡裔墓葬所见祭司戴"口罩"图像的考察，对入华祆教徒的火崇拜进行了分析，在此基础上对文献所见"屏息"与"派提达那"的关系进行了辨析。

　　第四章对汉文所记波斯与中亚地区的琐罗亚斯德教血亲婚进

行了考释，论证这一婚俗与中国传统婚姻伦理格格不入，入华祆教徒无从在中土的社会环境下坚持这一习俗；但其血亲婚给汉人留下"淫秽之甚"的印象，以至元代俗文学作品中以"火烧祆庙"为典，隐喻男女苟合之事。

第五章考察了琐罗亚斯德教葬俗的演变及粟特地区祆教野葬的习俗，分析其与古代中国"入土为安"这一传统理念的矛盾，厘清文献所载某些特殊葬俗的宗教属性。

通过上述考察，本书认为中古祆教华化形态的明显表现，至少可概括为祆教民俗化、祆神偶像化、祆祝非巫化、祭祆功利化等若干方面。

目　录

Contents

西文刊物缩略语

(Abbreviations)

AA	Artibus Asaie
Acta Ir.	Acta Iranica
Acta Or.	Acta Orientalia
AM	Asia Major
AMI	Archälogische Mitteilungen aus Iran
ArtsA	Arts Asiatiques
BAI	Bulletin of the Asia Institute
BEFEO	Bulletin de l'École française d'Extrême Orient
BSO(A)S	Bulletin of the School of Oriental and(African)Studies
CAAD	China Archaeological and Art Digest
CAJ	Central Asiatic Journal
E. Ir.	Encyclopaedia Iranica
EW	East and West
HJAS	Harvard Journal of Asian Studies
IA	Iranica Antiqua
IF	Indogermanische Forschungun
IIJ	Indo-Iranian Journal
IISHS	Indo-Iranian Studies, in Honour of Shams-ul-ullema Dastur Darab Peshotan Sanjana, London and Leipzig 1925.
JA	Journal Asiatique
JAOS	Journal of the American Oriental Society
JAAS	Journal of Asian and African Studies

JRAS	Journal of the Royal Asiatic Society
MIO	Mitteilungen des Instituts für Orientforschung
MS	Monumenta Serica
SBE	Sacred Books of the East, ed. by F. Max Müller
SRAA	Silk Road Art and Archaeology
St. Ir.	Studia Iranica
TP	Toung Pao
TPS	Transactions of the Philological Society, London
ZDMG	Zeitschrift der Deutschen Morgenlandischen Gesellschaft
ZS	Zentralasiatische Studien

绪论：祆教释名

传统上，一般将中古中国流行的祆教比定为波斯的琐罗亚斯德教（Zoroastrianism）。然而随着研究的深入，学界已日益注意到两者之间存在着较大差异，并不能简单等同。早在 1935 年，陈寅恪先生已提出"依照今日训诂学之标准，凡解释一字即是作一部文化史"[①]，主张训诂学与文化史相统一，本章拟在中外文化交流史的背景下，通过对祆教这一宗教称谓的考察，借以窥视这一外来宗教在华的传播特点及其最终命运。

一 祆教：变异的琐罗亚斯德教

有关汉文载籍所见祆教一名的比定，最早且最为系统的考察当推 1923 年陈垣先生发表的《火祆教入中国考》一文[②]。在是文中，陈垣先生从拜火拜天的角度，将汉文献的祆教、火祆教比定为波斯琐罗亚斯德教，这一结论长期为学界所认同[③]。至于用"祆"来指代该教的原因，陈垣先生在上揭名著中作如是说：

> 公历纪元前五六百年，波斯国有圣人，曰苏鲁阿士德 Zo-roaster，因波斯国拜火旧俗，特倡善恶二原之说：谓善神清净而光明，恶魔污浊而黑暗；人宜弃恶就善，弃黑暗而趋光明；以火以光表至善之神，崇拜之，故名拜火教。因拜光又拜日月星辰，中国人以为其拜天，故名之曰火祆。祆者天神之省文，不称天神而称祆者，明其为外国天神也。[④]

表明中国人以其拜天为主要特征,同时为表明其外来宗教的特征而名其为祆教。

按古代任何宗教的名称,一种是本教的自称,一种是教外人对其的称谓。本教的命名自是很严肃神圣的事情,或以教主名字,或从本教义理,至于教外人对其称谓,则当别论。琐罗亚斯德教,因教主琐罗亚斯德(Zoroaster)而得名。其本应作查拉图斯特拉(Zarathustra),缘古希腊人讹音而沿袭为琐罗亚斯德。所谓琐罗亚斯德教,即信仰先知查拉图斯特拉启示之宗教,是为该教的正名,即其教徒的自谓⑤。中国人似乎知道 Zarathustra 这一名称,缘北宋赞宁(919～1001 年)的《大宋僧史略》卷下"大秦末尼"条有云:

> 火祆(火烟切)教法本起大波斯国,号苏鲁支,有弟子名玄真,习师之法,居波斯国大总长,如火山。后行化于中国。贞观五年,有传法穆护何禄,将祆教诣阙闻奏⑥。

此处的"苏鲁支",当应为 Zarathustra 的音译。但在古汉籍文献上,未见有用"苏鲁支"或类似音译文字来指代该教者。这与同源于波斯的摩尼教迥异。摩尼教乃以教主摩尼(Mani)为教名,其传教士到中土,在给朝廷的解释性文件《摩尼光佛教法仪略》中将本教教主名字正式音译为"摩尼"⑦,其可能是取佛教术语摩尼(巴利语mani 宝珠)的谐音。官方文献也正式称其为"摩尼教"⑧,外典或作"末尼"、"麻尼",看来也并无他意,唯取用笔画较简单的同音字耳。

然而,以教主名字命名的琐罗亚斯德教,在古代中国并非像摩尼教那样,流行其音译的名称,而是另有称谓。照陈垣先生上述说法,古代中国人把琐罗亚斯德教称为祆教,是因其教徒拜天之故,也即是通过观察其礼俗,按其礼俗最明显的特征来命其名,这有点类乎古代开封的以色列人,因其不食牛羊之筋,必把其挑出,故当地人也名其所宗之教为挑筋教那样⑨。也就是说,在中国,琐罗亚斯德教的正名不彰,却因拜日月星辰而被误解为拜天,遂被名为祆教。据陈垣先生的考证,在唐之前,乃称其为天神、火神、胡天神,到了隋末唐初,始新造一"祆"字,来专指该教⑩。如此专门为之造字命名,在古代中国的诸多外来宗教中,独此一家。这固然反映了该教在华流播的广度和影响⑪,但更证明了古代在华活动的琐罗亚斯德教徒乃以粟特人为主要载体的粟特版琐罗亚斯德教⑫。该版本保持较多的波斯阿契美尼时期琐罗亚斯德教的成分,拜日月星辰的礼俗特别突出,如是才会造成中国人误解其为拜天。假如是以萨珊波斯人为主体的琐罗亚斯德教徒,其礼俗乃以祭祀圣火为最突出,通过祭祀圣火来与神沟通,中国人不可能以自己的拜天习俗来揣测他们也拜天,以至专门造一别于中国天神的"祆"字。就这一论点,蔡鸿生先生根据陈寅恪先生文化移植发生变异的理论,曾提出唐宋火祆教"已非波斯本土之正宗,而为昭武九姓之变种"的推断⑬。我们考察琐罗亚斯德教的历史,正好证明此推断之不诬。

波斯琐罗亚斯德教,是已知人类文明史上最古老的一个宗教。该教究竟起源于何时何地,十分复杂。传统观点认为该教创始人琐罗亚斯德生活于公元前 660～前 583 年(或前 628～前 551 年)⑭,而随着学界对该教圣诗《伽萨》(Gāthā)的深入研究,从其所使用的语言及所描述的内容看⑮,越来越多的学者认为其应早于公元前 6 世纪,甚至将琐罗亚斯德的生卒年代推至公元前 1000 年之前⑯。琐罗亚斯德教圣经《阿维斯陀经》(Avesta)曾记载了位于古代东伊朗和中亚地区的粟特(Sughda, Sogdia)、木鹿(Moru, Magiana)、巴克特里亚(Bakhdhi, Bactria)、阿拉霍西亚(Harakhvaiti, Arachosia)、德兰吉安那(Haetumant, Drangiana)等地,根据经文的古老色彩,这些地区似乎是较早接受琐罗亚斯德教的地区,表明东伊朗地区之流行琐罗亚斯德教要早于波斯本土⑰。到了阿契美尼(Achaemenian)王朝时期(约前 550～前 330 年),该教已作为国教,在波斯帝国境内风靡流行。而此时的粟特地区亦在波斯帝国版图之内。阿契美尼王朝的开国君主居鲁士(Cyrus,约前 550～前 530

年)就曾将巴克特里亚、粟特及花剌子模归入他的帝国统治之内。随后,中亚虽曾一度独立,但到了大流士王时期(Darius,前522～前486年),这些地区重又归入波斯帝国。公元前6世纪波斯的"贝希斯敦"纪功碑已将火寻(花剌子模)和粟特两地,列入大流士王的23个辖区,居16和18位,成为"按照阿胡拉·马兹达的意旨"向阿契美尼朝纳贡的附属国⑱。以上历史表明,以花剌子模和粟特为中心的中亚地区,早就流行琐罗亚斯德教⑲。

至马其顿的亚历山大征服波斯并实行希腊化时期(前330～前141年),琐罗亚斯德教渐趋湮灭。在帕提亚(Parthian)王朝(前141～224年)末叶,它又死灰复燃。到了萨珊(Sasanian)王朝(224～651年),它重被奉为国教,臻于全盛。严格地说,萨珊王朝并非简单恢复阿契美尼王朝的宗教,而是在新的时期对古宗教的体系化、规范化。现存的琐罗亚斯德教经典,绝大部分就是在这个时期,通过国家的力量,按统治者的旨意,整理形成的。可以说,萨珊版的琐罗亚斯德教才是严格意义上的宗教⑳。

萨珊时期,中亚祆教与波斯琐罗亚斯德教之间的关系如何呢?我们知道,萨珊帝国包含了中亚西部和阿富汗的东部地区,并延伸到外高加索、美索不达米亚和阿拉伯的一部分。然而粟特地区并不在其版图之内㉑。在频繁的政治变迁中,粟特地区并未臣属于波斯,但政治联系的中断并不意味着文化上的隔绝㉒。唐时的粟特地区尽管已经伊斯兰化,但"易主而未易宗",仍与波斯本土的琐罗亚斯德教保持联系㉓。然而将汉籍所记的中亚祆教习俗与波斯萨珊朝琐罗亚斯德教的习俗比较,可发现两者存在着明显的区别。例如,前者最为突出的巫术、幻术之类的习俗,并不为正统琐罗亚斯德教所容㉔。林悟殊先生认为粟特祆教保存更多的是《希罗多德历史》等所记载的阿契美尼时期波斯琐罗亚斯德教的习俗㉕。因此可以说,汉文载籍所描述的祆教风俗正是以粟特人为主的中亚祆教而非波斯正统的琐罗亚斯德教。

那么,袄教与琐罗亚斯德教之间究竟有着什么不同之处呢?以目前的研究来看,两者之间最为明显的差异当属葬俗了。这一差异最早为前苏联学界所注意,如巴尔托里德《突厥斯坦简史》[20]、拉波波尔特《火袄教葬仪沿革述略》[27]、沙里亚尼基《最新考古发现所见的琐罗亚斯德教问题》[28]、菲拉诺维奇《粟特和竭石早期中世纪火庙》[29]等,都曾对流行中亚的火袄教提出独到的见解,认为其与萨珊波斯的琐罗亚斯德教有明显的不同;尤其是葬俗,以纳骨瓮代替安息塔[30]。

另外,中亚粟特人的袄教崇拜,包括诸多袄神形象,已不断被文字记载和考古发现所证明[31]。而迄今为止,古波斯文献的记载却难以将其一一确认;在对现代伊朗琐罗亚斯德教徒的调查中,学者们发现他们除了教主查拉图斯特拉的圣像外,并无其他圣像崇拜。有无圣像崇拜应为粟特袄教与波斯琐罗亚斯德教之间的重要区别。值得注意的是,中亚地区自古是波斯、拜占庭、印度与中国文明的交汇之地,伊斯兰化之前,不仅佛教、印度教、基督教、摩尼教、袄教等几大宗教都在不同程度上流行,而且当地的宗教信仰更是五花八门。因此,当地的袄教信仰不可避免会受到多种文明、多种宗教的影响[32]。

有关袄教与琐罗亚斯德教之间的区别,蔡鸿生先生曾作出精辟概括:

琐罗亚斯德教,中国文献上称袄教,一般常识可以这么叫,因没有一个对应的称呼。但是二者是有差别的,目前认识所及,至少有下面三条:

(1)看神谱。琐罗亚斯德教,天神,最大的神叫阿胡拉·马兹达,主神是天神,还有六个辅神辅助它,故可以说,琐罗亚斯德教基本上是一神教。袄教不一样,有拜琐罗亚斯德教的神,也吸收了印度早期的神,如电视上也可听到的娜娜(Nana)神,起源于西亚两河流域,从贵霜进中亚。在中亚,还有一些本地的神。所以祆教是多神教，与波斯的琐罗亚斯德教是有区别的。

（2）形象。琐罗亚斯德教不搞偶像崇拜，但祆教从出土文物看，起码有两种偶：木偶、陶偶。从偶像来看，一种搞偶像崇拜，一种不搞。

（3）葬仪。琐罗亚斯德教是天葬，让鸟兽处理尸体，有尸台。祆教，则是在死尸自然风化后，将遗骨放到骨瓮里。

也许还有其他差别，但从以上三条看，祆教显然不是琐罗亚斯德教。祆教源于琐罗亚斯德教，但不等于，不能划等号。㉝当然，详细情况还待深入考察。自陈垣先生以来，研究中国祆教的学者咸将祆教直接比对为琐罗亚斯德教，至今一些探讨祆教的论文还直接用琐罗亚斯德教的经典与教义来解释某些祆教图像的内容。既往的研究，正是由于把萨珊波斯复兴起来的正宗琐罗亚斯德教，与粟特人历经千百年独立形成起来的祆教混为一谈，遂使一些问题无从解释，甚至陷于无谓的争论，如学界对吐鲁番地区在高昌国时期（443～640 年）天神崇拜的认识，其间分歧的一个重要原因，是各方对西域胡人信仰与波斯正宗琐罗亚斯德教之间的关系认识有差㉞。对祆教性质的认识无疑是近年来祆教研究的一大成就，应引起学界的足够重视。

既然祆教与琐罗亚斯德教之间存在着如此的不同，究竟应该如何为祆教定性呢？林悟殊先生曾指出"日后学界恐不会无条件地直接把波斯的 Zoroastrianism 对译为火祆教或祆教"㉟，我们将祆教称为变异的琐罗亚斯德教当符合当时历史的实际情况㊱。对祆教这一宗教称谓的重新认识，提示我们在考察古代中国流行的火祆教时，既要追溯其波斯琐罗亚斯德教的起源，又要正视两者之间的差异，避免将两者简单等同。

当然，从宗教学的角度考察，祆教与琐罗亚斯德教的区别在于，粟特祆教并不像波斯琐罗亚斯德教那样具备完整的宗教体系，因而传入中国的祆教也就并未以完整的宗教体系影响中国社会。

二　中国祆教之有"祆"无"教"

汉文史籍将源于波斯的琐罗亚斯德教名为祆教，与该教并没有刻意以完整的宗教体系输入中国有密切的关系。

有关火祆教入传中国的时间，陈垣先生曾根据《魏书》、《梁书》中西域诸国"俗事天神"、"事天神火神"的记载，认为"火祆之名闻中国，自北魏南梁始，其始谓之天神，晋宋以前无闻也"，"中国之祀胡天神，自北魏始"③。此结论长期为中外学界所认同③。1973 年，柳存仁教授发表《唐代以前拜火教摩尼教在中国之遗痕》③，根据中外史籍和《道藏》文献，论证火祆教传入中国的时间，应早于陈垣先生原来考定的 6 世纪初，而在 5 世纪初甚至更早些。现在看来，柳先生的某些实例考证或可商榷④，但其将祆教入华年代推前的观点在国际学界中却颇受重视④，尤其对 20 世纪最后 20 年中国火祆教研究的影响更不容置疑④。之后，学界的研究益表明，祆教传入中国的时间当早于陈垣先生原来考定的 6 世纪初④。其实，早年唐长孺先生就曾根据《晋书》卷一百七《石季龙载记》下附《石鉴传》所记"龙骧孙伏都、刘铢等结羯士三千伏于胡天"④，认为石赵所奉之"胡天"，就是西域的天神④。直到近年，学界才意识到这一结论实际上把祆教入华的年代从 6 世纪初提前到 4 世纪前半叶④。我们进一步考察这段文字所载，其中"羯士三千伏于胡天"，实际上如同希罗多德(Herodotus)所描述的波斯祀神风俗那样：

> 波斯人所遵守的风俗习惯，我所知道的是这样。他们不供养神像，不修建神殿，不设立祭坛，他们认为搞这些名堂的人是愚蠢的。我想这是由于他们和希腊人不同，他们不相信神和人是一样的。然而他们的习惯是到最高的山峰上去，在那里向宙斯奉献牺牲，因为他们是把整个穹苍称为宙斯的。他们同样地向太阳和月亮，向大地、向火、向水、向风奉献牺牲。④

战士们为求得战争顺利，向上天祈求。而我们细查《晋书》此段记载，似乎并不存在着专门的宗教场所，也不存在具体的神像等。设若羯士们乃立于祠庙类专门的宗教场所，如何能够同时容纳三千人祭祀。此处的羯士如果能够对应为汉文献中的柘羯或赭羯（粟特文 chškar），则表明这些羯士的粟特起源，若果真如此，则羯士伏于胡天确能反映早期来华的粟特人集体崇拜祆神的情况[48]。这里我们并非讨论祆教最初传入中国的具体时间，而要特别注意的是，就文献记载来看，初传入中国的祆教信徒实际并无专门从事宗教活动的场所，如祆祠祆庙等，他们也并未崇拜什么具体的祆神，只是以象征性的拜天来表示对最高神灵的敬畏。也正因为如此，文献才笼统地以"胡天"名之，而未有具体的神名。这也表明初入华的祆教信徒并未带来本教的完整的宗教体系，他们只是出于心灵的需要，进行某种形式的祭祀而已。

考古发现亦能证明最初将祆教带入中国者，乃中古时代来华的商胡贩客中最活跃的族类"粟特人"。1907 年英国考古学家斯坦因（A. Stein）在敦煌西北的一座长城烽燧（编号为 T. XII. a）下发现的粟特文古信札，是迄今为止在中国发现的最早粟特文献，有大小不等的十余件残片，系在河西走廊和中国内地经商的粟特人写给家乡撒马尔干的书信。这些信札中包含了初入中国的祆教信息[49]。如保存比较完整的第二号信札，表明早在 4 世纪初，信仰祆教的粟特人就将这一宗教带到了凉州武威[50]。到了隋唐时期，活跃在中国内地的祆教徒，仍以粟特祆教徒为主体。

如上文所已指出，从宗教学的角度考察，粟特祆教与波斯琐罗亚斯德教之不同乃在于前者并不具备完整的宗教体系。19 世纪末叶以来中亚的出土文物中，包含有大量佛教、景教、摩尼教等宗教经典的粟特文写本[51]，但对于当地最为流行的祆教，迄今为止却未发现任何粟特文的写经，也未发现任何确凿的信息足以证明曾有粟特文祆经流行[52]。因此，我们可以推想，即便有过粟特文的祆经，那也是很零散而不完整。粟特系的袄教既然没有系统完整的经典,自然就不是一个严格意义上的宗教。其教徒也并不致力于向外族传播本教,就像波斯本土的琐罗亚斯德教一样,其虽在波斯本土以外的地方传播,但大多因本族人士迁徙而传播,并未发展成其他多民族所信奉的世界性宗教。隋唐文献所记录的中土袄教活动,多数是与粟特人有关;文献所载"群胡奉事,取火呪诅"的诸多袄祠,多隶属粟特人。也就是说,古代中国所流行的袄教,主要是通过陆路东渐,经由粟特人的间接传播而来。既然粟特本土的袄教并不具备完整的宗教体系,那么由粟特人带入的袄教也很难说体系完备了。上揭《大宋僧史略》贞观五年(631年)"将袄教诣阙闻奏"的传法穆护何禄,照其姓氏,应属粟特地区的何国人,记载并未提及其诣阙闻奏时呈有任何袄教经典,而迄今考古和文献记载都未披露有任何汉译的袄教经文。这与另外的两个夷教,即景教、摩尼教不同,后两者的僧侣都曾向朝廷呈献本教的经典,这不仅在文献中有明确记载,而且其汉译经典尚存世[53]。既然粟特袄教并没有将什么经典译成汉语,那么该教不外是通过自家的礼俗来影响中国人。唐张鷟《朝野佥载》卷三记载：

> 凉州袄神祠,至祈祷日袄主以铁钉从额上钉之,直洞腋下,即出门,身轻若飞,须臾数百里。至西袄神前舞一曲即却,至旧袄所乃拔钉,无所损。卧十余日,平复如故。莫知其所以然也。[54]

此类记载还见于敦煌文书中。写于光启元年(885年)的敦煌文书《沙州伊州地志残卷》(S. 367),述及贞观十四年(640年)高昌未破以前敦煌北面伊州伊吾县袄庙的宗教仪式活动：

> 伊吾县……火袄庙中有素书,形像无数。有袄主翟槃陁者,高昌未破以前,槃陁因入朝至京,即下袄神,因以利刀刺腹,左右通过,出腹外,截弃其余,以发系其本,手执刀两头,高下绞转,说国家所举百事,皆顺天心,神灵助,无不征验。神没

之后，僵仆而倒，气息奄，七日即平复如旧。有司奏闻，制授游
击将军。⑤

正是这些萨满式的祭祆活动，给汉人留下了深刻印象，也表明中国
人实际对该教的底蕴不甚了了，甚至连该教的名称应叫什么都不
清楚，由是才想当然，给其安一个"祆"字，而且一直沿袭下来，历朝
都没有谁想到必须为其正名。作为该教信徒的胡人看来也不在乎
汉人把他们的宗教称为什么，反正他们并无意向汉人传教；至于有
汉人跟着祭祀或供奉他们的神，倒不是因为受其什么教义的影响，
而是以为其神灵验。华族以多神崇拜著称，"见神便拜"，由来有
自，不足为奇。正是因为祆教并未以完整的宗教体系向汉人传播，
故汉人并不知晓其宗教体系，而只是对其有关风俗知道一二，如拜
天、事火等等。至于中亚祆教及其所源的波斯琐罗亚斯德教之间
的异同之类，自更无从切实了解，而一概以祆教、火祆教名之。

正如学者所指出的，粟特系祆教乃"粟特人的民间宗教，或民
间信仰"，其不可能像佛教那样，也不可能像景教、摩尼教那样，企
图以其义理，刻意向中国社会的上层推广，希望统治阶级接受。其
只能作为一种习俗，以感性的模式为汉人不同程度所接受，从而影
响汉人社会。一言以蔽之，祆教在唐代中国的社会走向，是以胡俗
的方式影响汉人，走向汉人的民间，汇入中土的民俗⑯。因此，"波
斯琐罗亚斯德教并没有在深层文化上对中国产生重大的影响。但
其体系中粟特版的祆神崇拜，作为西域胡人的习俗，却为中国人所
吸收，并中国化，成为中国古代民间信仰之一"⑰。也正是如此，宋
代以后，祆教这一称谓很少出现在文献中，文献多以祆神、祆祠称
之，这一变化实际上表明了祆教在中国传播的最终命运。

三　祆教与祆神、祆祠、祆庙

唐代入华的祆教僧侣并未携带本教经典和神像，亦不主动向
汉人传播。因而入华祆教给汉人留下的深刻印象唯有商胡祈福、

聚火咒诅及萨满通神之类的胡风胡俗。然而在唐代社会，祆教毕竟是以一门独立宗教而存在的，其主要在来自西域的胡人中流行。唐贞观五年将祆教诣阙闻奏的何禄，就是该教的传法穆护，尽管其并未带来本教经像，也未见有向汉人传教的豪言壮语，但随后朝廷即在崇化坊建立祆祠，显然与他的宣传有关。而这座祆祠与前后长安城内所建的其他祆祠一样，都集中在胡人聚居区内，显然乃为满足来华胡人的祆教信仰而设。尤其值得注意的是，朝廷还专门设有萨宝府，其下辖有祆正、祆祝主持宗教事务。自北朝开始，中原王朝就设有萨宝府兼领西来商胡贩客的民事与宗教事务，但其时尚未有专设祆正、祆祝的记录。而到了唐代，在萨宝府下专设这些官职，表明唐朝廷对胡人宗教信仰的重视。即使在开元初罢视品官时，萨宝府及下祆正、祆祝还得以保留，可见当时祆教势力的影响。正如学者所指出："从萨宝府设置的缘起，我们可看出在当时唐政府的心目中，显然把火祆教当为西域移民的主流宗教，认为是西域胡人中最有影响、最有势力的宗教，只要争取控制了该教的上层人物，便能招来西域，西域移民便能与汉人相安无事，国土便可安宁。唐政府对外交事务的这种认识，看来是符合当时西域的信仰状况的。"[58] 正是由于唐朝廷为满足自身统治需要来确定其宗教政策，才保证了西域胡人所主要信奉的祆教一度流行。《新唐书》卷四六《百官志·祠部》记载："两京及碛西诸州火祆，岁再祀，而禁民祈祭"[59]，虽然汉人受到禁止，但是两京及碛西诸州的胡人仍然可以祭祀。唐长庆年间（821～824 年）舒元舆所撰《鄂州永兴县重岩寺碑铭》记载了三夷教的流行情况：

　　　故十族之乡，百家之间，必有浮图为其粉黛。国朝沿近古而有加焉，亦容杂夷而来者，有摩尼焉，大秦焉，祆神焉，合天下三夷寺，不足当吾释寺一小邑之数也；其所以知西人之教，能蹴踏中土而内视诸夷也。[60]

舒元舆为佛教撰碑铭，自要为佛教张目，云"合天下三夷寺，不足当吾释寺一小邑之数",显属夸大其词,但无论如何,这段碑铭至少表明即使安史之乱后的一段时间内,祆教和其他两种外来宗教确还在中土范围内流行。到会昌灭法(845 年)时,遂有"勒大秦、穆护、祆三千(一说二千)余人还俗"之举。此处要特别说明的是,上引各记载虽未明言祆教,而仅以火祆或祆神名之,但无论火祆抑或祆神都可代称祆教,特别是舒元舆显然清楚祆教乃作为独立宗教而存在,遂专门将其与摩尼教、景教(大秦)连类而书,以表明三者均属外来宗教。因此可以说,在唐代,有关祆教的诸称谓都可反映其作为外来宗教的特点。

到了唐末五代,由于胡汉的融合,敦煌地区的祆庙成为游神赛会的娱乐场所。祆神之被祈赛,不过是当地民俗,完全不是某一宗教门派所专有,而是当地各族居民所共享;其已逐渐失去外来宗教的固有涵义了。法藏敦煌文书 P. 2814 纸背《(后唐)天成年间(926～930 年)都头知悬泉镇遏使安进通状稿》记载:

> 都头知悬泉镇遏使银青光禄大夫检校国子祭酒兼御史大夫上柱国安某乙,乃觌古迹,神庙圮坼,毁坏年深,若不修成其功,恐虑灵祇无劾,遂则彩绘诸神,以保河隍永固,贼寇不届于疆场。护塞清宁,戎烟陷灭,潜异境□,乃丰登秀实,万姓歌谣。有思狼心早觉。于时天成□年某月日。

> 门神、阿娘神、张女郎神、祆祠、□□、九子母神、鹿角将军、中竭单将军、玉女娘子、吒众□将军、斗战将军、行路神、五谷神、主(土)社神、水草神、郎君。[61]

在这里,祆祠和门神、阿娘神、张女郎神等当地神灵一样,得以修成其功、彩绘诸神,"以保河隍永固,贼寇不届于疆场"。表明虽然如前朝一样以祆祠来称呼祆教的宗教活动场所,但其并未反映其外来宗教的特点,而是作为当地的一种民俗而书之。另外,敦煌文书尚有多处有关赛祆风俗的记载,表明其与当地的祈赛无所区别,有关这一点,学者多有注意,兹不赘举[62]。

宋代以后,并不见祆教之专名,而有关祆神、祆祠或祆庙的记载,也无法反映胡人信奉该教的情况,如宋张邦基《墨庄漫录》卷四记载:

> 东京城北有祆庙(呼烟切)……其庙祝姓史,名世爽,自云家世为祝累代矣。藏先世补受之牒凡三:有曰怀恩者,其牒,唐咸通三年宣武节度使令狐绹……㊽

开封城北祆庙的史姓庙祝,其家世至迟可上溯至唐咸通三年(862年),其初设之时也许是为满足胡人的信仰需要,但会昌灭法,祆教亦受到牵连,尽管随后即位的宣宗开始恢复佛教,但程度不大㊾,特别是当时西域地区已经逐渐伊斯兰化,就算还有部分信奉祆教的胡人东来,其数量想必也有限。而在华世代生活数百年的胡人,其汉化日深。到了史世爽时,他和中国民间社会中的庙祝已经没有什么实质性差异,所以张邦基将其与池州郭西英济王祠的庙祝连类而书,不加区别,表明此时祆庙庙祝已和中国传统社会中神庙的庙祝一样了㊿。考察此时有关祆庙的记录,反映的都是地道的汉人信仰,和唐代胡人取火咒诅祭祆的情形已完全不同了。宋僧文莹的《玉壶清话》(又名《玉壶野史》)曾提及:

> 范鲁公质举进士,和凝相主文,爱其私试,因以登第。凝旧在第十三人,谓公曰:"君之辞业合在甲选,暂屈为第十三人,传老夫衣钵可乎?"鲁公荣谢之。后至作相,亦复相继。时门生献诗,有"从此庙堂添故事,登庸衣钵亦相传"之句。初,周祖自邺起师向阙,京国雁乱,鲁公遁迹民间。一旦,坐对正(应为封丘)巷茶肆中,忽一形貌怪陋者前揖云:"相公相公,无虑无虑。"时暑中,公执一叶素扇,偶写"大暑去酷吏,清风来故人"一联在上,陋状者夺其扇曰:"今之典刑,轻重无准,吏得以侮,何啻大暑耶? 公当深究狱弊。"持扇急去。一日,于祆庙后门,一短鬼手中执其扇,乃茶邸中见者。未几,周祖果以物色聘之,得公于民间,遂用焉。忆昔陋鬼之语,首议刑典,疏曰:

"先王所恤,莫重于刑。今繁苛失中,轻重无准,民罹横刑,吏得侮法,愿陛下留神刑典,深轸无告。"世宗命公与台官剧可久、知杂张湜聚都省详修刊定,惟务裁减,太官供膳。殆五年书成,目曰《刑统》。⑥

同一记事亦见于宋邵伯温《邵氏闻见录》(又称《邵氏闻见前录》)卷七⑥,尽管两段文字略有出入,但有关开封封丘巷有祆庙的记载却是一致的⑧。宋代董逌《广川画跋》卷四《书常彦辅祆神像》云:

> 元祐八年七月,常君彦辅就开宝寺之文殊院,遇寒热疾,大惧不良。及夜,祷于祆神祠。明日,良愈。乃祀于庭,又图像归事之。⑨

无论是范鲁公在封丘巷祆庙的遭遇,还是常彦辅在祆庙祈祷病愈,说的都是地道的灵验故事。而民众之所以可以公然到祆庙祭祀,缘宋代祆祠祭祀已经纳入中原王朝祭礼。《宋史》卷一百二《礼志》载:

> 建隆元年,太祖平泽、潞,仍祭祆庙、泰山、城隍,征扬州、河东,并用此礼。

> 初,学士院不设配位,及是问礼官,言:"祭必有配,报如常祀。当设配坐。"又诸神祠、天齐、五龙用中祠,祆祠、城隍用羊一,八笾,八豆。旧制,不祈四海。帝曰:"百谷之长,润泽及物,安可阙礼?"特命祭之。⑩

《宋会要辑稿》第十八册《礼》十八《祈雨》:

> 国朝凡水旱灾异,有祈报之礼。祈用酒脯醢,报如常祀……京城……五龙堂、城隍庙、祆祠……以上并勒建遣官……大中祥符二年二月诏:如闻近岁命官祈雨……又诸神祠,天齐、五龙用中祠例,祆祠、城隍用羊,八笾,八豆,既设牲牢礼料,其御厨食、翰林酒、纸钱、驼马等,更不复用。⑪

上引记载表明,宋代祆祠和城隍等民间祠祀一起,得到了官方承认,从而与"淫祠"相区分。而其之所以受到政府青睐,与其他祠祀一样,乃由其灵验所致⑦。

《至顺镇江志》卷八有云:

> 火祆庙,旧在朱方门里山冈之上。张舜民集:"汴京城北有祆
> 庙。祆神出西域,自秦入中国,俗以火神祠之,在唐已血食宣武矣。"前志
> 引宋《祥符图经》:润帅周宝婿杨茂实为苏州刺史,立庙于城南隅。盖因
> 润有此庙,而立之也。宋嘉定中,迁于山下。郡守赵善湘以此庙高在
> 山冈,于郡庠不便,遂迁于山下,庙门面东,郡守祝板,故有"祆神不致祆"
> 之句。端平间毁。端平乙未,防江寨中军作变,有祷于神,其神许之。
> 事定,郡守吴渊毁其庙。⑦

从这段记载可见,到了南宋末年,地方官为了防止兵变而在镇江的
祆庙祈祷,并最终得到回报,更符合民间信仰求神纳福的宗教特
征。

另外,通过对上引两宋时代祆神崇拜的考察,也可看出唐宋时
期祆神崇拜的差异。唐代入华的祆教徒祭祀祆神画像,有别于波
斯本土无圣像崇拜的正统琐罗亚斯德教,更多地保存了粟特本土
的风俗习惯,乃是该教经由中亚间接传入的结果⑦。然而到了宋
代,民众可以在祆庙里祭拜偶像,这与唐代祭祀祆神画像的情况已
经不同了。值得注意的是,宋代被民众祭祀的祆神并非琐罗亚斯
德教系统或粟特祆教系统的神祇,而是汉人按自身需要和想象创
造出来的。无论是提醒范质改革狱弊的土偶,还是帮助常彦辅病
愈的摩醯首罗,都被人们视为灵验的祆神了。这一变化表明,到了
宋代,祆教已经不是作为一门独立的宗教存在,然而祆神则因灵验
而被人们保留,并被改造和发展,人们因应需要而塑造各种形象的
偶像来祭祀。因此可以说到了宋代,祆教实际上已汇入了中国传
统的民间信仰。之所以产生这种情况,与琐罗亚斯德教本身的特
点及中国传统的文化环境都有关系。在长期的宗教实践中,琐罗
亚斯德教只发展成伊朗系诸民族的宗教,而不是发展成世界性多
民族的宗教,其并不主动向外族传教。传入中国的火祆教也是如
此,汉族民众无从完整了解其教义,无从深入了解其神祇系列。

而且,火祆教传入中国与传入中亚地区也不同。中亚粟特地区,乃是伊朗系民族为主,火祆教为民众信奉的主流宗教。而在中国,西域移民毕竟只是少数,祆教并未在汉人中间传播开来。随着信仰火祆教的西域移民入华日久,粟特聚落逐渐离散,粟特后裔华化日深,其间即便有部分人虔诚保持先人的信仰传统,也无力大规模举行本教仪式了,因此祆神形象只能越来越模糊,难以为教外人所熟悉。然而中国自古即为圣像、偶像崇拜的民族,无论占主流地位的佛道二教,还是各种民间信仰,无论掌控国家意识形态的儒家,还是各行各业、各宗各族的群体信仰,都实行圣像、偶像崇拜。古代中华民族乃多神崇拜的民族,对一般黎元百姓来说,他们并不专宗哪神哪教,并不在乎宗教学说、教条、戒律,其敬畏崇拜各种神灵,唯灵验是求。正是在这种历史背景下,祆神"被动"地为汉人所改造,嬗变出各种符合汉人习惯的形象。当然,这类祆神与祆教本身已不存在实质性的关联了。

　　到了元代,尽管文献还有关于祆庙的记载,但这些记载与宗教或民间祭祀活动殆无关系,不过是借用"火烧祆庙"之类的用典隐喻男女私会苟合之情。据学者的考察,这或与该教向不主张禁欲以及西域胡人给汉人留下"淫秽之甚"的印象有关⑮。元代之后,是否还有关于祆教的遗存呢?根据马明达先生的考证:"明初的广西梧州府还有祆庙,而且就在城里。"⑯日本学者小川阳一曾于道光十一年(1831年)刊印的《敦煌县志》所附城关俯视图,尚见到其时"敦煌城内东部有火神庙"⑰。即便此类记载可证明代以后,尚有祆庙存留,但仅记载有庙存在,对庙中进行何种祭祀则只字不提,倘不是记载者的疏忽,则表明这些庙内并无什么格外引人注目的祭祀活动。倒是刘铭恕先生考证了明清时期教坊所供奉、倚马横刀的白眉神,认为就是由祆神转化而来,成为娼妓的行业神⑱。林悟殊先生曾考证建于明代的泉州白狗庙为民间信仰的庙宇,乃福建民间信仰吸收了琐罗亚斯德教狗崇拜的风俗,遂使狗神成为福建民间信仰中众多杂神之一[79]。新近,姜伯勤先生还追忆了 20 世纪 40 年代在湖北汉阳县小集场所见祆庙及其祭祀活动[80]。倘若以上诸家所言得以证实为祆教遗存,则恰恰证明"宋元之后祆祠之容易长期延存,是由于其汇入了民俗的结果"[81]。

早在 20 世纪 60 年代,日本学者池田温先生就曾指出:"敦煌的祆神尽管还是保留着祆神的名称,但是其实际机能已经完全同中国的礼仪以及民间信仰相融合,与汉人的信仰合为一体。"[82]因此,我们在考察祆教这一称谓时,除了要注意到其与波斯本土的琐罗亚斯德教之间的渊源异同之外,也要注意到这一概念在不同历史时期的演变。特别是宋代以后的祆神、祆庙或祆祠,与前朝的祆相比已大异其趣,并不具备外来宗教的内涵。当然,这一变化正符合宗教传播发生变异的规律。

---

① 沈兼士:《沈兼士学术论文集》,北京,中华书局,1986 年,202 页。

② 陈垣:《火祆教入中国考》,完成于 1922 年 4 月,发表于《国学季刊》第一卷第一号(1923 年 1 月),发表后作者于 1923 年 1 月、1934 年 10 月进行过两次校订。本文采用 1934 年 10 月校订本,据《陈垣学术论文集》第一集,北京,中华书局,1980 年,303 - 328 页。

③ 林悟殊:《20 世纪中国琐罗亚斯德教研究述评》,载余太山主编:《欧亚学刊》第 2 辑,北京,中华书局,2000 年,243 - 265 页;林悟殊:《陈垣先生与中国火祆教研究》,载龚书铎主编:《励耘学术承习录》,北京,北京师范大学出版社,2000 年,170 - 179 页;林悟殊:《中古三夷教辨证》,北京,中华书局,2005 年,421 - 431 页;林悟殊:《三夷教·火祆教》,载胡戟等主编:《二十世纪唐研究》,北京,中国社会科学出版社,2002 年,577 - 585 页;林悟殊:《近百年国人有关西域祆教之研究》,见其著《中古三夷教辨证》,229 - 255 页;林悟殊:《内陆欧亚祆教研究述评》,刊余太山主编:《内陆欧亚古代史研究》,福州,福建人民出版社,2005 年,399 - 418 页;Rong Xinjiang(荣新江),'Research on Zoroastrianism in China 1923 - 2000', CAAD : Zoroastrianism in China , Vol. 4 No. 1, Hong Kong, 2000, pp. 7 - 13;荣新江:《西亚宗教的传播·祆教》,载胡戟等主编:《二十世纪唐研究》,273 - 277 页;荣新江:《中国中古史研究十论》,上海,复旦大学出版社,2005 年,82 - 92 页。

④ 陈垣:《火祆教入中国考》,《陈垣学术论文集》第一集,304 页。

⑤　西方学界对其尚有多种别称：因认为该教主张善恶二元论，视善恶二元论为其教义之核心，故名之为二元神教（Dualism）；由于该教所崇拜的最高神为阿胡拉·玛兹达（Ahura Mazda），所以亦有称为玛兹达教（Mazdeism）者；由于该教的僧侣曰麻葛（Magi），故或谓之麻葛教（Magism）；该教认为圣火是最高神的化身，以拜火为其最突出的外部特征，是故又常被教外人称为拜火教（Fire-worship）。参阅林悟殊：《近代琐罗亚斯德教研究之滥觞》，原刊《百科知识》1989 年第 4 期，此据其著《波斯拜火教与古代中国》，台北，新文丰出版公司，1995 年，1 页。

⑥　日本大正新修《大藏经》第五十四卷，台北，财团法人佛陀教育基金会出版部，1990 年，253 页。

⑦　见敦煌唐写本《摩尼光佛教法仪略》，此据林悟殊《摩尼教及其东渐》所附释文，台北，淑馨出版社，1997 年，283 - 286 页。

⑧　如《会昌一品集》卷五的《赐回鹘可汗属意》有云"摩尼教天宝以前，中国禁断"等语。［唐］李德裕撰：《李卫公会昌一品集》，丛书集成初编据畿辅丛书本排印，1856～1859 年，北京，中华书局，1985 年。

⑨　参阅陈垣：《开封一赐乐业教考》第五章，见《陈垣学术论文集》第一集，257 - 280 页。

⑩　《陈垣学术论文集》第一集，308 页。

⑪　参阅林悟殊：《火祆教在唐代中国社会地位之考察》，载蔡鸿生主编：《戴裔煊教授九十诞辰纪念文集：澳门史与中西交通研究》，广州，广东高等教育出版社，1998 年，169 - 196 页，修订本见其著《中古三夷教辨证》，256 - 258 页。

⑫　参阅林悟殊：《〈伊朗琐罗亚斯德教村落〉中译本序》，余太山主编：《欧亚学刊》第 4 辑，北京，中华书局，2004 年，255 - 259 页；又见林悟殊《中古三夷教辨证》，432 - 439 页；Mary Boyce, *A Persian Stronghold of Zoroastrianism*, Oxford: Oxford University Press, 1977, repr. University Press of America: Lanham · New York · London, 1989；中译本见［英］玛丽·博伊斯原著，张小贵、殷小平译：《伊朗琐罗亚斯德教村落》，北京，中华书局，2005 年，3 - 10 页。

⑬　蔡鸿生：《〈波斯拜火教与古代中国〉序》，是序收入蔡鸿生：《学境》，香港，博士苑出版社，2001 年，154 - 155 页；陈寅恪：《读史札记三集》，北京，生活·读书·新知三联书店，2001 年，307 - 308 页。

⑭　代表性论著有：A. V. Williams Jackson, *Zoroaster*, *the Prophet of Ancient Iran*, Columbia University Press, 1899, London, 1901; W. B. Henning, *Zoroaster: Politician or Witchdoctor?* Oxford, 1951, p. 212; R. C. Zaehner, *The Dawn and Twilight of Zoroastrianism*, London, 1961, p. 33; Gh. Gnoli, *Zoroaster in History*, Biennial Yarshater Lecture Series 2, New York, 2000, p. 164。

⑮　林悟殊：《〈伽萨〉——琐罗亚斯德教的原始经典》，其著《波斯拜火教与古代中国》，

31－42 页。

⑯ 代表性论著有:T. Burrow,'The Proto-Indoaryans', *JRAS*, 1973, p. 139; Mary Boyce, *A History of Zoroastrianism*, Vol. I, Leiden/Köln: E. J. Briu, 1975, p. 190; Mary Boyce *Zoroastrians: Their Religious Beliefs and Practices*, London, etc., Routledge and Kegan Paul, 1979, 1984(with 2 pp. insertion 'Additions and corrections'), 1998 (3rd revised reprint), 2001, repr. 2002, p. 78; Gh. Gnoli, *Zoroaster's Time and Homeland. A Study on the Origins of Mazdeism and Related Problems*, Istituto Universitario Orientale, Seminario di Studi Asiatici, Series Minor 7, Naples, 1980。

⑰ Martin Haug, *Essays on the Sacred Language*, *Writings*, *and Religion of the Parsis*, London: Trübner & Co., Ludgate Hill, 1884, repr. London: Routledge, 2000, 2002, pp. 227－230; J. Darmesteter transl., *The Zend-Avesta*, Part I, *The Vendīdād*, in F. Max Müller ed. *SBE*, Vol. IV, Oxford University Press, 1887, repr. Motilal Banarsidass, 1965, 1969, 1974, 1980, pp. 1－10.

⑱ R. G. Kent, *Old Persian Grammar*, *Text*, *Lexicon*, New Haven, Connecticut, 1982; 文献中译见余太山:《塞种史研究》,北京,中国社会科学出版社,1992 年,1－2 页; 北京师范大学历史系世界古代史教研室编:《世界古代及中古史资料选集》,北京, 北京师范大学出版社,1991 年,99 页。

⑲ Mary Boyce, *A History of Zoroastrianism*, Vol. I, pp. 274－276; Mary Boyce, *Zoroastrians: Their Religious Beliefs and Practices*, pp. 39－40; J. P. Moulton, *Early Zoroastrianism*, London: Constable & Company Ltd., 1926, pp. 85－88.

⑳ Mary Boyce, *Zoroastrians: Their Religious Beliefs and Practices*, pp. 101－144.

㉑ B. A. Litvinsky, Zhang Guang-da(张广达) & R. S. Samghabadi (eds.), *History of Civilizations of Central Asia*, Vol. Ⅲ, Paris: UNESCO Publishing, 1996, p. 20, 233; 参阅[俄]李特文斯基主编,马小鹤译:《中亚文明史》第三卷,北京,中国对外翻译出版公司,2003 年,1－2、195 页。

㉒ B. I. Marshak, 'New Discoveries in Pendjikent and a Problem of Comparative Study of Sasanian and Sogdian Art', *La Persia e l'Asia Centrale da Alessandro al X Secolo*, Roma 1996, pp. 425－438.

㉓ 拙文《唐代九姓胡奉火祆教"诣波斯受法"考》,载林中泽主编:《华夏文明与西方世界》,香港,博士苑出版社,2003 年,63－74 页。

㉔ 即使现代伊朗的琐罗亚斯德教教徒也视巫术为非正统的宗教行为而加以排斥,详阅 Mary Boyce, *A Persian Stronghold of Zoroastrianism*, pp. 21－22, 67; 中译本见[英]玛丽·博伊斯原著,张小贵、殷小平译:《伊朗琐罗亚斯德教村落》,19－20、74－75 页。

㉕ 林悟殊:《唐代三夷教的社会走向》,原刊荣新江主编:《唐代宗教信仰与社会》,上海,上海辞书出版社,2003 年,359-384 页;并见林悟殊:《中古三夷教辨证》,346-374 页。

㉖ V. V. Barthold, *A Short History of Turkestan*, *Four Studies on the Central Asia*, Vol. I, Leiden 1962, pp. 9-10;中译本参考[俄]维·维·巴尔托里德、[法]伯希和等著,耿世民译:《中亚简史》(外一种),北京,中华书局,2005 年,8 页。按《中亚简史》,为作者 20 世纪 20 年代初在前塔什干中亚大学的讲义,1922 年在塔什干出版,英译者为英国著名中亚史专家米诺尔斯基夫妇(V. & T. Minorsky),英译本出版于 1956 年,此据 1962 年再版本。耿世民先生译本 1980 年曾由新疆人民出版社出版,此据 2005 年中华书局所出修订本。

㉗ Rapoport Y. A., 'Some Aspects of the Evolution of Zoroastrian Funeral Rites', Труды дпмкв, Т. Ш., Москва, 1963, стр. 127-132.

㉘ Сарианиди В. И., Зороастрийская проблема и в свете новейших археологических открытий, Москва, ВДИ, 2, 1989.

㉙ Филанович М. И., К типоллгий раннесрдневековых святилищ огня Согда и Чача, см. Городская культура Бактрии-Тохаристана и Согда, Ташкент, 1987.

㉚ 蔡鸿生:《唐代九姓胡与突厥文化》,北京,中华书局,1998 年,135 页;香山阳坪:《オスアリについて——中央アジア·ゾロアスタ——教徒の藏骨器》,《史学杂志》第 72 编第 9 号,昭和三十八年(1963 年),54-68 页;F. Grenet, 'Zoroastrian Themes on Early Mediaeval Sogdian Ossurier (6th-8th Centuries)', *Paper in 34th International Congress of Asian and North African Studies*, 1993;见 B. A. Litvinsky, Zhang Guang-da (张广达) & R. S. Samghabadi(eds.), *History of Civilizations of Central Asia*, Vol. Ⅲ, p. 409;参阅[俄]李特文斯基主编,马小鹤译:《中亚文明史》第三卷,348 页; B. I. Marshak, 'On the Iconography of Ossuaries from Biya-Naiman', *SRAA* 4, 1995/96, pp. 299-321; 'Sughd and Adjacent Regions:Religious life', in B. A. Litvinsky, Zhang Guang-da(张广达) & R. S. Samghabadi(eds.), *History of Civilizations of Central Asia*, Vol. Ⅲ, p. 253;[俄]李特文斯基主编,马小鹤译:《中亚文明史》第三卷,212-216 页。

㉛ B. A. Litvinsky, Zhang Guang-da(张广达) & R. S. Samghabadi(eds.), *History of Civilizations of Central Asia*, Vol. Ⅲ, p. 253, 272-273;参阅[俄]李特文斯基主编,马小鹤译:《中亚文明史》第三卷,212-216、224-233 页。

㉜ 参阅本书第二章第一节的相关论述。

㉝ 蔡鸿生先生于 2006 年 4 月 5 日下午在中山大学历史系中外关系史"学理与方法"讨论课上,评论了"粟特人在中国——历史、考古、语言的新探索"会议及同名论文集,

对祆教与琐罗亚斯德教之间的区别作出了精彩概括。见蔡鸿生：《"粟特人在中国"的再研讨》，陈春声主编：《学理与方法——蔡鸿生教授执教中山大学五十周年纪念文集》，香港，博士苑出版社，2007年，9－13页。

㉞ 涉及该问题的论文举要如下：王素：《高昌火祆教论稿》，《历史研究》1986年第3期，168－177页；王素：《也论高昌"俗事天神"》，《历史研究》1988年第3期，110－118页；林悟殊：《论高昌"俗事天神"》，《历史研究》1987年第4期，89－97页，收入其著《波斯拜火教与古代中国》，123－138页；西文见Lin Wushu（林悟殊），'A Discussion About the Difference between the Heaven-God in the Qoco Kingdom and the High Deity of Zoroastrianism', in ZS 23（1992/1993），Herausgegeben von Walther Heissig und Michael Weiers，Otto Harrassowitz · Wiesbaden 1993，pp. 7－12；陈国灿：《从葬仪看道教"天神"观在高昌国的流行》，敦煌吐鲁番学新疆研究资料中心编：《吐鲁番学研究专辑》，1990年，126－139页；姜伯勤：《论高昌胡天与敦煌祆寺》，《世界宗教研究》1993年第1期，1－18页；另见姜伯勤：《敦煌艺术宗教与礼乐文明》，北京，中国社会科学出版社，1996年，477－505页；姜伯勤：《敦煌吐鲁番文书与丝绸之路》，北京，文物出版社，1994年，226－263页。对上述文章观点的总结评见荣新江：《祆教初传中国年代考》，《国学研究》第3卷，北京，北京大学出版社，1996年，335－353页；另见荣新江：《中古中国与外来文明》，北京，生活·读书·新知三联书店，2001年，277－300页；宋晓梅：《我看高昌"俗事天神"：兼论祆教的东传》（《中国历史博物馆馆刊》1998年第2期，23－32页）也有评论，是文经修订作《高昌国民的"天神"信仰》，收入其著《高昌国——公元五至七世纪丝绸之路上的一个移民小社会》，北京，中国社会科学出版社，2003年，233－236页。

㉟ 林悟殊：《内陆欧亚祆教研究述评》，418页。

㊱ V. G. Škoda, 'Le culte de feu dans les sanctuaries de Pendžikent', in F. Grenet ed., *Cultes et monuments religieux dans l'Asie centrale prëislamique*，Paris，1987，p. 72，指出粟特祆教作为一种宗教门类，乃有别于萨珊伊朗正统的琐罗亚斯德教。

㊲ 《陈垣学术论文集》第一集，305－307页。

㊳ W. Watson, 'Iran and China', *The Cambridge History of Iran*，3（1），Cambridge University Press 1983，p. 554；中译本见［英］威廉·沃森撰，马小鹤译：《伊朗与中国》，中外关系史学会编：《中外关系史译丛》第3辑，上海，上海译文出版社，1986年，258－277页；黄心川：《琐罗亚斯德教》，《中国大百科全书·宗教卷》，北京，中国大百科全书出版社，1988年，382页。

㊴ Liu Ts'un-yan（柳存仁），'Traces of Zoroastrian and Manichaean Activities in Pre-T'ang China', *Selected Papers from the Hall of Harmonious Wind*，Leiden: E. J. Brill，1976，pp. 3－25；柳教授另以中文撰《"徐直事为"考——并论唐代以前摩尼、拜火教

在中国之遗痕》，收入香港中国语文学会编：《王力先生纪念论文集》，香港，生活·读书·新知三联书店，1986 年，89－130 页，是文修订稿《唐代以前拜火教摩尼教在中国之遗痕》收入其著《和风堂文集》，上海，上海古籍出版社，1991 年，495－554页；日译本见石井昌子、上田伸吾译：《柳存仁教授の研究·ゾロアスタ一教及びマニ教の活动の形迹》（上、下），《东洋学术研究》第 17 卷第 4、6 号，1978 年；中译本见柳存仁撰，林悟殊译：《唐前火祆教和摩尼教在中国之遗痕》，《世界宗教研究》1981年第 3 期，36－61 页。

㊵　柳文的具体论证或论断学界并不完全赞同，见福井文雅：《柳存仁〈唐以前のゾロアスタ教とマニ教の活动の形迹〉についての方法论》，《池田末利博士古稀纪念东洋学论集》，东京，1980 年，771－785 页。

㊶　香港《明报》1973 年第 12 期，曾刊素兰：《摩尼教和火祆教在唐以前入中国的新考证》（见 72－76 页），介绍柳教授报告的主要内容。

㊷　林悟殊：《近百年国人有关西域祆教之研究》，其著《中古三夷教辨证》，229－255 页。

㊸　专论该问题的文章主要有林悟殊：《火祆教始通中国的再认识》，《世界宗教研究》1987 年第 4 期，13－23 页；另见林悟殊：《波斯拜火教与古代中国》，105－122 页；荣新江上揭《祆教初传中国年代考》；林梅村：《从考古发现看火祆教在中国的初传》，《西域研究》1996 年第 4 期，54－60 页；另见林梅村：《汉唐西域与中国文明》，北京，文物出版社，1998 年，102－112 页；饶宗颐：《塞种与 Soma（须摩）——不死药的来源探索》，初刊《中国学术》2002 年第 4 辑，北京，商务印书馆，1－10 页；又见饶宗颐：《饶宗颐二十世纪学术文集》卷七，台北，新文丰出版公司，2003 年，152－166 页。

㊹　《晋书》，北京，中华书局，1974 年，2791 页。

㊺　唐长孺：《魏晋杂胡考》，《魏晋南北朝史论丛》，北京，生活·读书·新知三联书店，1955 年，416－417 页。

㊻　荣新江：《中古中国与外来文明》，278 页。

㊼　George Rawlinson transl. , *The History of Herodotus* , *Great Books of the Western World* , Vol. 6, I. 131, The University of Chicago, 1952, p. 31；参阅王以铸译：《希罗多德历史》，北京，商务印书馆，1997 年，上册，68 页。

㊽　有关柘羯与粟特关系的最新研究可参阅 Etienne de la Vaissière, 'Châkars sogdiens en Chine', 提交 2004 年 4 月 23～25 日北京举行"粟特人在中国国际学术研讨会"论文，中译本见［法］魏义天撰，阿米娜译：《粟特柘羯军在中国》，收入荣新江、华澜、张志清主编：《粟特人在中国——历史、考古、语言的新探索》，《法国汉学》第 10 辑，北京，中华书局，2005 年，235－240 页。

㊾　H. Reichelt, *Die soghdischen Handschriftenreste des Britischen Museums* , Ⅱ , Heidelberg 1931, pp. 1－42；W. B. Henning, ' The Date of the Sogdian Ancient Letters ',

BSOAS, XII, 1948, pp. 602 – 605; W. B. Henning, 'A Sogdian God', *BSOAS*, XX-VIII: Ⅱ, 1965, pp. 252 – 253.

㊿ 见前揭荣新江《祆教初传中国年代考》;关于第二号信札的最新英译参阅 N. Sims-Williams, 'Sogdian Ancient Letter Ⅱ', *Monks and Merchants: Silk Road Treasures from Northwest China*, eds. A. L. Juliano & J. A. Lerner, New York: Harry N. Abrams with the Asia Society, 2001, pp. 47 – 49; N. Sims-Williams, 'The Sogdian Ancient Letter Ⅱ', *Philologica et Linguistica: Historia, Pluralitas, Universitas. Festschrift Für Helmut Humbach zum 80. Geburtstag am 4. Dezember* 2001, ed. by M. G. Schmidt & W. Bisang, Trier: Wissenschaftlicher Verlag, 2001, pp. 267 – 280; 法译参阅 E. de la Vaissière, *Histoire des marchands sogdiens*, Paris: Collège de France, Institut des Hautes Etudes Chinoises, 2002, pp. 48 – 76; 中译参阅毕波:《粟特文古信札汉译与注释》,《文史》2004年第 2 辑,77 – 88 页。

○51 林悟殊:《粟特文及其写本述略》,附录于[德]克里木凯特著、林悟殊翻译增订:《古代摩尼教艺术》,台北,淑馨出版社,1995 年,109 – 122 页。

○52 日本中亚史专家间野英二教授在解题羽田亨的《西域文明史概论》、《西域文化史》时,曾指出羽田先生早年希望中亚考古有祆教经典的新发现,但迄今并无此类文献发现,见[日]羽田亨著,耿世民译:《西域文明史概论(外一种)》,北京,中华书局,2005 年,10、18 页。

○53 林悟殊:《三夷教·摩尼教》,胡戟等主编:《二十世纪唐研究》,569 – 577 页;林悟殊:《三夷教·景教》,胡戟等主编:《二十世纪唐研究》,585 – 611 页;林悟殊:《敦煌汉文景教写本研究述评》,余太山主编:《欧亚学刊》第 3 辑,北京,中华书局,2002 年,251 – 287 页;林悟殊:《20 世纪敦煌汉文摩尼教写本研究述评》,段文杰主编:《敦煌学与中国史研究论集:纪念孙修身先生逝世一周年》,兰州,甘肃人民出版社,2001年,430 – 435 页;林悟殊:《敦煌汉文景教写经研究述评》,《中古三夷教辨证》,161 – 214 页;林悟殊:《敦煌汉文摩尼教写经研究回顾》,《中古三夷教辨证》,107 – 118页。

○54 [唐]张鷟撰,赵守俨点校:《朝野金载》(《隋唐嘉话·朝野金载》,唐宋史料笔记丛刊),北京,中华书局,1979 年,64 – 65 页。

○55 中国社会科学院历史研究所、中国敦煌吐鲁番学会敦煌古文献编辑委员会、英国国家图书馆、伦敦大学亚非学院编:《英藏敦煌文献》第一卷,成都,四川人民出版社,1990 年,158 页;录文参考唐耕耦、陆宏基编:《敦煌社会经济文献真迹释录》(一),北京,书目文献出版社,1986 年,40 – 41 页。

○56 林悟殊:《唐代三夷教的社会走向》,荣新江主编:《唐代宗教信仰与社会》,上海辞书出版社,2003 年,373 页;林悟殊:《中古三夷教辨证》,360 – 361 页。

(57) 林悟殊:《波斯琐罗亚斯德教与中国古代的祆神崇拜》,原刊余太山主编:《欧亚学刊》第1辑,北京,中华书局,1999年,202－222页,收入傅杰编:《二十世纪中国文史考据文录》,昆明,云南人民出版社,2001年,1892－1907页;林悟殊:《中古三夷教辨证》,316－345页。

(58) 林悟殊:《火祆教在唐代中国社会地位之考察》,蔡鸿生主编:《戴裔煊教授九十诞辰纪念文集:澳门史与中西交通研究》,181页;林悟殊:《中古三夷教辨证》,268页。

(59) 《新唐书》卷四六,1195页。

(60) [宋]姚铉编,[清]许增校:《唐文粹》卷六五,杭州,浙江人民出版社,据光绪十六年(1890年)杭州许氏榆园校刻本影印,1986年。

(61) 图版见上海古籍出版社、法国国家图书馆编:《法国国家图书馆藏敦煌西域文献》第18册,上海,上海古籍出版社,2001年,354页,惜图版倒置;录文据余欣:《信仰与政治:唐宋敦煌祠庙营建与战争动员关系小考》,原刊张涌泉、陈浩主编:《浙江与敦煌学——常书鸿先生诞辰一百周年纪念文集》,杭州,浙江古籍出版社,2004年;此据余欣:《神道人心——唐宋之际敦煌民生宗教社会史研究》,北京,中华书局,2006年,153－154页。

(62) 小川阳一:《敦煌における祆教庙の祭祀》,刊日本道教学会:《东方宗教》第27号,1967年,23－34页;那波利贞:《祆庙祭祀小考》,《史窗》第十号,1－27页;施萍婷:《本所藏〈酒帐〉研究》,《敦煌研究》1983年第3期,142－155页;谭蝉雪:《敦煌祈赛风俗》,《敦煌研究》1993年第4期,61－67页;姜伯勤:《论高昌胡天与敦煌祆寺》,原载《世界宗教研究》1993年第1期,12－14页,修订作《高昌胡天祭祀与敦煌祆寺》,见其著《敦煌艺术宗教与礼乐文明》,495－499页;姜伯勤:《高昌敦煌的萨宝制度与胡祆祠》,其著《敦煌吐鲁番文书与丝绸之路》,254－260页。

(63) [宋]张邦基著,孔凡礼点校:《墨庄漫录》(《墨庄漫录·过庭录·可书》,唐宋史料笔记丛刊)卷四,北京,中华书局,2002年,110－111页。

(64) 牛致功:《试论唐武宗灭佛的原因》,台湾《中国文化月刊》1997年6月第207期,1－20页。

(65) 参阅拙文《唐宋祆祠庙祝的汉化——以史世爽家族为中心的考察》,《中山大学学报》(社会科学版)2005年第3期,72－76页。

(66) [宋]文莹撰,郑世刚、杨立扬点校:《玉壶清话》卷六(《湘山野录·续录·玉壶清话》,唐宋史料笔记丛刊),北京,中华书局,1984年,57页。

(67) [宋]邵伯温撰,李剑雄、刘德权点校:《邵氏闻见录》,北京,中华书局,1983年,62页。

(68) 神田喜一郎氏在其《祆教杂考》(原刊《史学杂志》第39编第4号,昭和三年(1928年),381－394页,昭和四年(1929年)补订收入其著《东洋学说林》,东京,弘文堂,

1948 年,今据《神田喜一郎全集》第一卷,京都,同朋社,1986 年,73－75 页)一文中,
以邵伯温记载与东京梦华录互证,确认该庙之存在。1933 年神田氏在《祆教琐记》
一文中,进而指出宋僧文莹《玉壶清话》亦有关于范质的记载,并指出其早于《邵氏
闻见录》所记。见神田喜一郎:《祆教琐记》,《史林》第 18 卷第一号,昭和八年(1933
年)发行,15－26 页,昭和九年(1934 年)补订,收入其著《东洋学说林》,此据《神田
喜一郎全集》第一卷,89－101 页。此外,刘铭恕先生亦举证宋欧阳玄《睽车志》也有
范质祆庙遇鬼的记载,不过内容略简。见刘铭恕:《元人杂剧中所见之火祆教》,《金
陵学报》第 11 卷 1 期,1941 年,46－47 页,又见《边疆研究论丛》1942～1944 年,
12－13 页。可见这一传说在当时的流行。

⑥⑨ [宋]董逌撰,陈引驰整理,徐中玉审阅:《广川画跋》卷四,《传世藏书·集库·文艺
论评》3,海口,海南国际新闻出版中心,1996 年,2900－2901 页;录文可参考景印文
渊阁四库全书,子部一一九,艺术类,台湾,商务印书馆,1986 年,813 册,476－477
页。

⑦⓪ 《宋史》卷一百二《礼志》,北京,中华书局,1985 年,2497、2501 页。

⑦① [清]徐松辑:《宋会要辑稿》第十八册《礼》十八,北京,中华书局影印本,1957 年,第
一册,733、735－736 页。

⑦② [美]韩森著,包伟民译:《变迁之神:南宋时期的民间信仰》,杭州,浙江人民出版社,
1999 年,82－92 页。

⑦③ [元]俞希鲁编纂,杨积庆等校点:《至顺镇江志》(上),南京,江苏古籍出版社,1999
年,328 页。

⑦④ 参阅拙文《唐伊吾祆庙"素书"非塑像辨》,刊《中华文史论丛》2008 年第 2 辑,上海,
上海古籍出版社,2008 年,321－338 页;本书第二章第二节。

⑦⑤ 林悟殊先生首先提出这一假设,参阅上揭其文《波斯琐罗亚斯德教与中国古代的祆
神崇拜》;详细的考察参阅拙文《祆教内婚及其在唐宋社会的遗痕》,刊余太山、李锦
绣主编:《欧亚学刊》第 6 辑《古代内陆欧亚与中国文化国际学术研讨会论文集》
(上),北京,中华书局,2007 年,113－129 页;另见本书第四章。

⑦⑥ 马明达:《说剑丛稿》,兰州,兰州大学出版社,2000 年,261 页。

⑦⑦ 小川阳一:《敦煌における祆教庙の祭祀》,25 页。

⑦⑧ 刘铭恕:《元人杂剧中所见之火祆教》,《边疆研究论丛》1942～1944 年,1－16 页,有
关考证见该文第七节《祆教劫余与明清教坊之神祇》,即 14－15 页。

⑦⑨ 林悟殊:《泉州白狗庙属性拟证》,《海交史研究》1999 年第 2 期,12－22、11 页;林悟
殊:《中古三夷教辨证》,84－104 页。

⑧⓪ 姜伯勤:《中国祆教艺术史研究》,见《跋》,北京,生活·读书·新知三联书店,2004
年,331－332 页。

㉛　林悟殊:《唐代三夷教的社会走向》,其著《中古三夷教辨证》,361 页。

㉜　池田温:《8 世纪中叶における敦煌のソグド人聚落》,《ユ—ラシア文化研究》第 1
　　号,1965 年,52 页;中译本见[日]池田温撰,辛德勇译:《八世纪中叶敦煌的粟特人
　　聚落》,《日本学者研究中国史论著选译》第九卷,北京,中华书局,1993 年,143 页;
　　池田温:《唐研究论文选集》,北京,中国社会科学出版社,1999 年,6 页。

第一章　唐宋祆祠分布及变迁

有关火祆教始入中国的时间，尽管学界尚无定论，但隋唐之前其已传入中国，唐代更一度流行，则盖无疑义。至于祆教徒的主要宗教活动场所祆祠，是否存于唐前之中土，则并不见于史籍记载。故陈垣先生云："唐以前中国有拜胡天制，唯未见有祆祠。"[①]林悟殊先生根据文献记载以及唐前粟特胡裔墓葬图像，认为："该等发现至少说明唐之前中土祆教徒之活跃。因此，推测当时祆祠的存在，恐怕不过分。这些祆祠可能因在唐之前便已荒废，或因不在京城而被忽略，未见于文献。但进入了唐代，史料关于祆祠的记载，便屡屡出现。"[②]唐宋时代，祆祠在中土的分布情况，学者们多所辑录[③]，唯各有侧重，尚不全面；而对于其在中土的命运如何，则并无过多措意。根据文献记载，唐宋时期的祆祠分布、管理乃至功能等方面，均发生了变化，而这种变化从一定程度上反映了祆教在中古中国传播的命运。

第一节　唐宋祆祠分布辑录

根据文献记载，唐前期的祆祠主要集中在丝绸之路沿线的粟特聚落之中以及两京的胡人聚居区；安史之乱后，河北地区出现了新建的祆祠；而到了唐末宋代，祆祠更出现在宋都开封以及经济发达的江南镇江等地。祆祠分布区域的变化，实际上反映了这一外来宗教逐步向内地传播的趋向。本节主要在前人研究基础上，对唐宋时代所见祆祠作一系统辑录,并从其分布区域的变化考察这一外来宗教逐渐融入中土的过程。

一 唐前期粟特聚落中的祆祠

荣新江先生《西域粟特移民聚落考》及《补考》、《北朝隋唐粟特人之迁徙及其聚落》及《补考》、《魏晋南北朝隋唐时期流寓南方的粟特人》五文,根据史料较全面揭示了魏晋南北朝隋唐时期粟特人之迁徙及其聚落分布,其中不乏有关祆祠的记载④。虽然这些祆祠建立的具体时间大多已无从稽考,但是我们排比史料,大致可看出其在丝路沿线分布的情形。

于阗:根据《宋史·于阗传》记载,其地"俗事祆神",而沙州往西至于阗,沿途多有祆寺,如自播仙镇往西,经"祆井"⑤,直至于阗。这一情况在敦煌文书中亦得到证实。敦煌文书 S. 2241 号《公主君者者状上北宅夫人》记载:

孟冬渐寒,伏惟

　北宅夫人司空小娘子尊体起居

　万福。即日君者者,人马平善,与□□□,

　不用忧心,即当妙矣。切嘱

　夫人与君者者沿路作福,祆寺燃灯。□

　劫不望。又嘱

　司空,更兼兵士远送,前呈善谙

　令公,赐与羊酒优劳,合有信仪。在于

　沿路,不及晨送。谨奉状

　起居,不宣,谨状。

　　　十月十九日公主　君者者状上

北宅夫人妆前。⑥

该文书纪年为显德五年(958 年),时间约当曹元忠之世。此君者者公主,可能是于阗国王或回鹘国王之女,文书为其在归宁于阗或甘州时寄与曹家北宅夫人的一封信⑦。虽然此文书所记祆寺为五代时期，但于阗之有祆寺，应远在此之前。据斯坦因（A. Stein）在安得悦（Endere）发现的一件佉卢文契约文书（原编号 E. VI. ii. 1，一般用整理编号 No. 661），可推知于阗地区早就有粟特人活动了。该契约文书其中买卖的一方是 suliga vagiti vadhaga，按科诺夫（S. Konow）的说法，suliga 即"窣利（粟特）"⑧。据该文书的转写：

samvatsara 10 mase 3 dhivajha 10 4 4 ij'a ch'unami khotana
maharaya rayatiraya hinajha dheva vij'ida simha

学者译为："时于阗大王、王中之王、军事首领、天神 Vij'ida Simha 十年三月十八日。"从文书中某些伊朗语词汇和几个婆罗谜字母以及佉卢文在塔里木盆地一直使用到 7 世纪的事实来看，这件文书很可能产生在 4 至 7 世纪之间⑨。若果真如此，则粟特人之在于阗地区活动不会晚于 7 世纪。考虑到东迁粟特聚落中多建有祆祠，则于阗地区之有祆寺极可能始于粟特人初来之时。

石城镇：据大约成书于上元三年（676 年）以后不久的《沙州图经》卷五（P. 5034）记载，在康艳典为首领的石城镇粟特聚落中，有"一所祆舍"⑩。而据敦煌写本 S. 367《沙州伊州地志残卷》记载："石城镇，东去沙州一千五百八十里，去上都六千一百里。本汉楼兰国……隋置鄯善镇，隋乱，其城遂废。贞观中，康国大首领康艳典东来，居此城，胡人随之，因成聚落，亦曰典合城。其城四面皆是沙碛。上元二年改为石城镇，隶沙州。"⑪可知石城祆舍当为唐初所建无疑。

高昌/西州：1965 年吐鲁番安乐城废佛塔中出土的《金光明经》卷二题记：

> 庚午岁八月十三日，于高昌城东胡天南太后祠下，为索将军佛子妻息合家，写此《金光明》一部，断手讫竟。

证明早在庚午岁（430 年），高昌城东就有祆教的祭祀场所胡天，此处的胡天一般被比定为祆教祠庙⑫。从高昌的地理位置和后来吐鲁番文书中大量有关粟特人的记录来看,这里早期一定有粟特聚落存在⑬,按高昌城东胡天为5世纪之物,从文献的表述看,是否为定型的祠庙建筑尚难确定,但作为满足粟特聚落祭祀天神的场地,应没有疑问。

另外,阿斯塔那524号墓所出《高昌章和五年(535年)取牛羊供祀帐》,记有"供祀丁谷天"一事,学者认为吐峪沟沟口一带的"丁谷天"极有可能是高昌的另一座祆祠⑭。窃以为,"丁谷天"与上揭的"高昌城东胡天"同样未必是祠庙,但无疑应属祭祀天神的场地。

北庭:日本大谷探险队所获吐鲁番《唐开元四年(716年)李慈艺勋告》有云:

> 瀚海军破河西阵、白涧阵、土山阵、双胡丘阵、五里墩阵、东胡祆阵等总陆阵,准开元三年三月廿二日敕,并于凭洛城与贼斗战,前后总叙陆阵,比类府城及论(轮)台等功人叙勋,则令递减,望各酬勋拾转。⑮

《新唐书·地理志》记有凭洛州都督府,隶北庭都护府。另庭州西六十里有沙钵守捉,又有冯洛守捉。《元和郡县志》记凭落镇在庭州府西三百七十里。王国维先生按里程计算,认为凭落镇、城、守捉同在一地,位于庭州西约一百五六十里,而《告身》所记六阵即在这一带⑯。若然,则"东胡祆"为一地名,在凭落附近。姜伯勤先生据此认为"东胡祆"当为众多"胡祆"祠中称为东胡祆祠之一寺院⑰。

伊州:敦煌文书《沙州伊州地志残卷》(S.367),写于光启元年(885年),述及贞观十四年(640年)高昌未破以前敦煌北面伊州伊吾县祆庙的宗教仪式活动:

> 伊吾县……火祆庙中有素书,形像无数。⑱

柔远县也有神庙:

> 柔远县,西南去州二百四十里,公廨户三百八十九,乡一。
>
> 右相传隋大业十二年伊吾胡共筑营田。贞观四年胡归国,因此为县,以镇为名。

柔远镇,镇东七里,隋大业十二年置伊吾郡,因置此镇。

其州下立庙,神名阿览。⑲

阿览,粟特语为 r'm,意为"宁静、和平",考虑到出土文书中常见"曹阿揽延"、"康阿揽延"和"曹阿揽盆"诸名,阿览很可能是粟特人供奉的胡祆神之一⑳。若果然,则伊州祆祠又添一例。

敦煌:直到唐代,沙州城东一里处,仍立祆神庙,据敦煌出土的《沙州图经》(P. 2005),敦煌地区的祆神乃与土地神、风伯神、雨师神一道,归入杂神之列:

> 祆神
> 右在州东一里,立舍,画神主,总有廿龛。其院周回一百步。㉑

敦煌文书《敦煌二十咏》(P. 2784)第十二首《安城祆咏》,描述了敦煌地区流行祆神崇拜的盛况:

> 板筑安城日,神祠与此兴。一州祈景祚,万类仰休征。
> 苹藻来无乏,精灵若有凭。更有零祭处,朝夕酒如绳。㉒

一般认为此处所咏神祠当是上揭沙州东的祆神祠㉓。

武威(附张掖):唐张鷟《朝野佥载》卷三记载:

> 凉州祆神祠,至祈祷日祆主以铁钉从额上钉之,直洞腋下,即出门,身轻若飞,须臾数百里。至西祆神前舞一曲即却,至旧祆所乃拔钉,无所损。卧十余日,平复如故。莫知其所以然也。㉔

若文中所记"须臾数百里","至西祆神前舞一曲"属实的话,从凉州西至张掖五百里来推算,西祆神所在地当指张掖,说明那里同样有祆祠㉕。

长安:唐都长安为当时著名的国际都市,外来诸宗教空前活跃,城内各坊寺庙林立。其中史料有关长安祆教祠庙的记载,学界早有考察㉖。为讨论方便,兹罗列于下:

> 布政坊西南隅胡祆祠,武德四年立。㉗

> 长安崇化坊祆寺,贞观五年立。㉘
> 西京醴泉坊,十字街南之东,波斯胡寺。仪凤二年立。㉙
> 醴泉坊西北隅祆祠。㉚
> 普宁坊西北隅祆祠。㉛
> 靖恭坊街南之西祆祠。㉜

我们知道,长安的外来民族人口多集中于西城,而初唐时期的祆祠亦多集中于西城,只有东城靖恭坊祆祠除外,正如谢海平先生指出:

> 长安布政坊有胡祆祠;醴泉坊有安令节宅,波斯胡寺,祆祠;普宁坊有祆祠;义宁坊有大秦寺,尉迟乐宅;长寿坊有唐尉迟敬德宅;嘉会坊有隋尉迟刚宅;永平坊有周尉迟安宅;修德坊有李抱玉宅;群贤里有石崇俊宅;崇化坊有米萨宝宅及祆祠。所有西域传来新宗教之祠宇,以及西域人之家宅,多在长安城西部,祆祠唯东城靖恭坊有之。中宗时,醴泉坊并有泼胡王乞寒之戏,足见其间为西域人聚居之所。㉝

益证唐初长安的祆祠为胡人所需无疑。

洛阳:唐张鷟《朝野佥载》卷三:

> 河南府立德坊及南市西坊皆有胡祆神庙。㉞

另据清徐松《唐两京城坊考》,洛阳城内南市近旁的修善坊、会节坊,都有祆祠,为群胡奉祀㉟。

幽州:《安禄山事迹》卷上记:"潜于诸道商胡兴贩,每岁输异方珍货计百万数。每商至,则禄山胡服坐重床,烧香列珍宝,令百胡侍左右,群胡罗拜于下,邀福于天。禄山盛陈牲牢,诸巫击鼓、歌舞,至暮而散。"㊱荣新江先生曾对照《朝野佥载》卷三所记河南府立德坊等处祆庙的祭祀情形,指出上述记载实为安禄山与胡人祭祀祆神的活动㊲。这条材料记录在安禄山任范阳、平卢两节度使(天宝三年,744 年)以后,地点当在幽州。假如荣先生的考证得实,则幽州当也有祆庙。

以上列举了属于唐代前期及唐前的诸多祆祠，荣新江先生详细考证了粟特人东迁的情况，认为敦煌、高昌、伊州、石城镇、武威等地的祆祠，应当就是立在原本的粟特聚落当中，是粟特聚落的宗教信仰中心。长安、洛阳以及河北地区的祆祠，是和胡人在唐朝前期多集中在两京，而安史之乱后又多集中到河北道相关的。它们是相对集中的胡人从事宗教祭祀的场所，虽然很难说仍然是在粟特聚落当中[38]，但无疑此时构成祆教信众的主体仍以胡人为主。

二　安史之乱后新立的祆祠

安史之乱以后，史籍不见长安和洛阳新立祆祠的记载，而河北地区却出现了新建立的祆祠。这种情况当与安史之乱后，大批胡人迁居河北，加速了河北的胡化倾向有关[39]。

获鹿：立于恒州西南五十里获鹿县（原名鹿泉县）的鹿泉胡祆神祠。宋人陈思《宝刻丛编》卷六著录《唐鹿泉胡神祠文》："唐来复撰，并书。宝历二年（826 年）四月立，在获鹿。"[40]火祆教的寺庙多称祠，故此处之胡神祠很可能是所祆祠[41]。恒州是成德节度使衙所在之地，恒州附近的确聚集了许多粟特人，因此在这里为其设立祭祀祆神的祠庙，是完全顺理成章的[42]。

瀛州：定州东瀛州乐寿县祆神庙。1933 年，日本学者神田喜一郎据宋王瓘《北道刊误》赤祥符县神庙条注文，证明了唐时乐寿县亦有祆庙[43]，补充了陈垣先生的考证。该注文如下：

瀛州乐寿县，亦有祆神庙，唐长庆三年置，本号天神。[44]

瀛州属于幽州节度使管辖，这里明确说是祆神庙，为长庆三年（823 年）设置，表明幽州地区大概随着粟特民众的增加，有了新立祆神庙的必要[45]。

湖湘：另外值得注意的是湖湘地区也出现了有关祆教的记载。唐代笔记《柳毅传》记载洞庭湖主"与太阳道士讲火经"：

毅谓夫曰："洞庭君安在哉？"曰："吾君方幸玄珠阁，与太

阳道士讲火经,少选当毕。"毅曰:"何谓火经?"夫曰:"吾君,龙
也。龙以水为神,举一滴可包陵谷。道士,乃人也。人以火为
神圣,发一灯可燎阿房。然而灵用不同,玄化各异。太阳道士
精于人理,吾君邀以听言。"⑯

《柳毅传》,见《太平广记》卷四一九,注云"出《异闻集》"。原题无
"传"字,鲁迅编《唐宋传奇集》收之,增"传"字,盖依明人《虞初志》、
《说郛》等所标而从之。考宋曾慥编《类说》卷二八、宋无名氏编《绀
珠集》卷十所收《异闻集》,均收此篇,《类说》题作《洞庭灵姻传》⑰。
陈寅恪先生在阅读《柳毅传》时批注"火祆教"三字⑱,蔡鸿生先生据
此提出了火祆教向湖湘地区的传播问题。蔡先生根据杜甫《清明》
诗有"胡童结束还难有,楚女腰支亦可怜"句,胡童在当地玩耍,认
为当地有胡人聚落存在,有助于证明火祆教在湖湘地区的传播⑲。
按《柳毅传》作者李朝威,生于贞元(785~805 年)、元和(806~820
年)年间⑳,则传奇内容所反映的史实当早于此时,若学者们的考证
得实,则湖湘地区在 9 世纪以前就应流行火祆教㉑。

三　晚唐至北宋祆祠的走向

开封:即唐宣武节度使衙所在的汴州(开封)。宋代史料记载
从晚唐到北宋,这里的祆祠不止一座。宋张邦基《墨庄漫录》卷四
记载:

> 东京城北有祆庙(呼烟切)……其庙祝姓史,名世爽,自云
> 家世为祝累代矣。藏先世补受之牒凡三:有曰怀恩者,其牒,
> 唐咸通三年宣武节度使令狐绹……㉒

宣武并不是像河北三镇那样的跋扈藩镇,但有时也不完全听命于
中央,其地与魏博辖区接近,所以很可能有一些粟特胡人在晚唐时
进入汴州地区㉓。这所祆庙建于何时不知,但至少在咸通三年(862
年)以前,揣其文义,可能更早。

宋代董逌《广川画跋》卷四《书常彦辅祆神像》云:

元祐八年七月，常君彦辅就开宝寺之文殊院，遇寒热疾，大惧不良。及夜，祷于祆神祠。明日，良愈。乃祀于庭，又图像归事之。(54)

此座祆祠是否即《墨庄漫录》所记载东京城北祆庙，我们不得而知。

关于宋都开封有祆祠的记载，还见于孟元老《东京梦华录》卷三：

大内西去右掖门、祆庙，直南浚仪桥街，西尚书省东门，至省前横街南，即御史台，西即郊社。(55)

同书同卷记述“马行街铺席”，又提及当地另一所祆庙：

马行北去旧封丘门外祆庙斜街州北瓦子，新封丘门大街两边民户铺席外，余诸班直军营相对，至门约十里余 ，其余坊巷院落，纵横万数，莫知纪极。(56)

这座祆庙，上文已征引的宋僧文莹《玉壶清话》曾提及：

初，周祖自邺起师向阙，京国罹乱，鲁公遁迹民间。一旦，坐对正(封丘)巷茶肆中，忽一形貌怪陋者前揖云：“相公相公，无虑无虑。”时暑中，公执一叶素扇，偶写“大暑去酷吏，清风来故人”一联在上，陋状者夺其扇曰：“今之典刑，轻重无准，吏得以侮，何啻大暑耶？公当深究狱弊。”持扇急去。一日，于祆庙后门，一短鬼手中执其扇，乃茶邸中见者。(57)

同一记事亦见于宋邵伯温《邵氏闻见录》(又称《邵氏闻见前录》)卷七(58)。另外，宋欧阳玄《睽车志》亦有载，唯记事略简(59)。

介休：立于清康熙十三年(1674 年)的《重建三结义庙碑记》记载：“介邑之东关，有三结义庙。其初非三结义庙也，盖宋文潞公特为祆神建耳。”文潞公即北宋名相文彦博(1006～1097 年)，据学者们的考证，此祆庙为庆历八年(1048 年)文彦博征贝州王则胜利后，在家乡山西介休所立。其位置在今天介休城关大街东端祆神楼之北(60)。当然，碑记撰写的时间距庙之初建历有数百年，建庙的缘由尚有待进一步的考实。

洪洞：光绪十八年（1892年）刊本《山西通志》卷一六四《祠庙》条云："洪洞县，祆神庙在德化坊。元大德七年建。"姜伯勤先生据此考证14世纪初，在山西省仍有祆神庙的兴建[61]。另，根据1917年刊印的《洪洞县志》卷八记载："祆神庙，在县大南门内路东城根。元大德七年建。正殿五楹，享亭东西回廊各五间。南为戏楼，门居中，左右角门各一。东西为钟鼓楼。元至大二年，邑人商德夫重修，前明暨清乾隆嘉道间，屡经修葺，咸丰同治中复修之，有碑记。"[62]志书仅记载此祆神庙南为戏楼，至于庙中祭祀情况如何，不得而知。而且相关文献为清末民初，距庙始建年代元大德七年（1303年）较远，因此其具体情形待考。

镇江/苏州：除了京师重地之外，宋代经济渐发达的江南一带也有祆祠。见于上引张邦基《墨庄漫录》卷四的记载："镇江府朱方门之东城上，乃有祆神祠，不知何人立也。"另外，《至顺镇江志》卷八记载了这座祆庙的由来，并提到苏州也建有祆庙：

> 火祆庙，旧在朱方门里山冈之上。张舜民集："汴京城北有祆庙。祆神出西域，自秦入中国，俗以火神祠之，在唐已血食宣武矣。"前志引宋《祥符图经》：润帅周宝婿杨茂实为苏州刺史，立庙于城南隅。盖因润有此庙，而立之也。宋嘉定中，迁于山下。郡守赵善湘以此庙高在山冈，于郡庠不便，遂迁于山下，庙门面东，郡守祝板，故有"祆神不致祆"之句。端平间毁。端平乙未，防江寨中军作变，有祷于神，其神许之。事定，郡守吴渊毁其庙。[63]

文中提及的《祥符图经》应为北宋大中祥符年间诏修的李宗谔苏州《图经》，该书今不传，其部分内容赖宋朱长文（1041～1098年）《吴郡图经续记》的部分引文而保存，如上引杨茂实于苏州立祆庙事，即见于《吴郡图经续记》记载：

> 中和二年，僖宗狩蜀，润帅周宝以子婿杨茂实为苏州刺史，溺于妖巫，作火妖（疑为"祆"之误）神庙于子城之南隅，祭以牲牢，外用炭百余斤燃于庙庭。自是，吴中兵火荐作，亦被发伊川之先兆欤？[64]

由上述记载可知,苏州的祆神庙立于唐末僖宗年间,而在此前润州即唐时镇江已有祆庙了。这里,人们在追溯祆神起源时,还会追溯到西域,但所描述的已经是地道的汉人信仰了。

蜀地: 明彭大翼撰著《山堂肆考》第三十九卷《宫集·帝属·公主》条记载:

> 幸祆庙
>
> 蜀志:昔蜀帝生公主,诏乳母陈氏乳养。陈氏携幼子与公主居禁中,约十余年。后以宫禁,逐而出者六载。其子以思公主疾亟。陈氏入宫,有忧色。公主询其故,阴以实对公主。遂托幸祆庙为名,期与子会。公主入庙,子睡沉。公主遂解幼时所弄玉环,附之子怀而去。子醒见之,怨气成火而庙焚。按祆庙,胡神庙也。⑥

有关这段记载的来源,后文还将详细讨论。如果此段记载属实,则表明在蜀地也有祆祠⑥。

广西梧州:《永乐大典》卷 2341 六模·梧(嘉靖钞本一八页,梧州府五)引《苍梧志》记载:"祆政庙,在州城东一百步。祆,胡神,按《汉图》,八月以金人祭天,其庙皆胡人居中国所立,号天神。"⑥ 马明达先生据此认为:"明初的广西梧州府还有祆庙,而且就在城里。"⑥ 广西地区早在唐代即有粟特人活动的踪迹,见于广西桂林石室所存景龙三年(709 年)"安野那",上元三年"米□多"的题名⑥。其中,"野那"一名,按吉田丰先生的解说,当为典型的粟特人名⑦。当然,梧州祆政庙虽见于明代记载,但其始建年代或与早期粟特人在当地活动有关。

以上我们粗略地考察了唐宋时期祆祠的分布情况。其中,唐前期的祆祠分布与粟特人的东迁路线相一致。《隋书·裴矩传》引《西域图记·序》曾概括介绍了当时的中西交通情况,有助于我们深入认识唐前期祆祠分布的历史特色:

> 发自敦煌,至于西海,凡为三道,各有襟带。北道从伊吾,

经蒲类海铁勒部,突厥可汗庭,度北流河水,至拂菻国,达于西海。其中道从高昌,焉耆,龟兹,疏勒,度葱岭,又经钹汗,苏对沙那国,康国,曹国,何国,大、小安国,穆国,至波斯,达于西海。其南道从鄯善,于阗,朱俱波,喝槃陀,度葱岭,又经护密,吐火罗,挹怛,忛延,漕国,至北婆罗门,达于西海。其三道诸国,亦各自有路,南北交通。其东女国、南婆罗门国等,并随其所往,诸处得达。故知伊吾、高昌、鄯善,并西域之门户也。总凑敦煌,是其咽喉之地。⑦

其中,丝路南道经鄯善、于阗等地的情况,《新唐书·地理志》引贾耽《四道记》有更详细的记录:

又一路自沙州寿昌县西十里至阳关故城,又西至蒲昌海南岸千里。自蒲昌海南岸,西经七屯城,汉伊脩城也。又西八十里至石城镇,汉楼兰国也,亦名鄯善,在蒲昌海南三百里,康艳典为镇使以通西域者。又西二百里至新城,亦谓之弩支城,艳典所筑。又西经特勒井,渡且末河,五百里至播仙镇,故且末城也,高宗上元中更名。又西经悉利支井、祆井、勿遮水,五百里至于阗东兰城守捉。又西经移杜堡、彭怀堡、坎城守捉,三百里至于阗。⑫

结合当时中西交通的情况,我们可看出当时祆祠分布的时代特征。火祆教传入中国是由西往东,从于阗到鄯善再到沙州,经河西走廊,到达长安和洛阳,最后来到开封。开封以后,祆教更向四川、湖湘和江南一带传播。早期祆祠主要分布在胡人聚居的河西重镇,或是胡风盛行的隋唐两京地区。到了唐代后期,随着胡人集中到河北,该地也出现了祆祠。这种情况表明,祆祠分布区域进一步扩大,不再局限于丝路沿线。而且,祆教由西往东、由北而南的传播过程,其祆味渐淡、汉味日浓,符合宗教传播发生演变以至嬗变的规律。

第二节　唐宋祆祠庙祝的汉化——以史世爽家族为中心

祆祠是入华祆教徒的主要宗教活动场所，设有祆正、祆祝主其事。唐宋时代，有关祆祝，主要是学者们在探讨萨宝府时，顺带提及；对其在唐以后直至宋代的发展变化并无特别关注。本节试图以上面已提到的史世爽先世受牒事为例，考察唐宋时代祆祠管理者的任免权如何变化，借以揭示这一外来宗教在中国传播的历史命运。

一　史氏世袭祆祝

史世爽是宋代东京城北一座祆庙的庙祝，其事迹见诸学者们时常征引的张邦基《墨庄漫录》，转录如下：

> 东京城北有祆庙（呼烟切）。祆神本出西域，盖胡神也。与大秦穆护同入中国，俗以火神祠之。京师人畏其威灵，甚重之。其庙祝姓史，名世爽，自云家世为祝累代矣。藏先世补受之牒凡三：有曰怀恩者，其牒，唐咸通三年宣武节度使令狐绹给，令狐者，丞相绹也；有曰温者，周显德三年端明殿学士、权知开封府王所给，王乃朴也；有曰贵者，其牒亦周显德五年枢密使、权知开封府王所给，亦朴也。自唐以来，祆神已祀于汴矣，而其祝乃能世继其职，逾二百年，斯亦异矣。
>
> 今池州郭西英济王祠，乃祀梁昭明太子也。其祝周氏，亦自唐开成年掌祠事至今，其子孙今分为八家，悉为祝也。
>
> 噫，世禄之家，能箕裘其业，奕世而相继者，盖也甚鲜，曾二祝之不若也。镇江府朱方门之东城上，乃有祆神祠，不知何人立也。[73]

遵"蕃人多以部落称姓，因以为氏"[74]的胡姓汉译通例，史氏应是来自昭武九姓之一的史国："（康国）君姓温，本月氏人。始居祁连北昭武城，为突厥所破，稍南依葱岭，即有其地。枝庶分王，曰安，曰

曹,曰石,曰米,曰何,曰火寻,曰戊地,曰史,世谓'九姓',皆氏昭
武。"⑦史国,"都独莫水(Kaska-rud)南十里,旧康居之地也。其王姓
昭武,字逊遮,亦康国王之支庶也"⑩,"史,或曰佉沙,曰羯霜那,居
独莫水南康居小王苏薤城故地。西百五十里距那色波,北二百里
属米,南四百里吐火罗也"⑦。根据 8 世纪初到天竺巡礼的新罗僧
慧超的记录,"又从大食国以东,并是胡国。即是安国、曹国、史国、
石骡国、米国、康国等……又此六国总事火祆,不识佛法"⑱。隋唐
时期另一入华的史氏家族,其亦世奉祆教,见 1987 年 7 月宁夏固原
出土的《大隋正议大夫右领军骠骑将军故史府君之墓志铭》:

> 公讳射勿,字槃陀。平凉平高县人也,其先出自西国。曾
> 祖妙尼,祖波波匿,并仕本国,俱为萨宝。父认愁,蹉跎年发,
> 舛此宦途。公幼而明敏,风情爽悟,超悍盖世,勇力绝人……
> 大业元年,转授右领军、骠骑将军。又蒙赐物三百段,米二百
> 斛。其年又从驾幸杨州,蒙赐物四百段,钱六万文。五年三月
> 廿四日构疾薨于私第,时年六十有六。即以六年太岁庚午正
> 月癸亥朔廿二日甲申,葬于平凉郡之咸阳乡贤良里。呜呼哀
> 哉!世子诃耽、次长乐、次安乐,朝请大夫,次大兴、次胡郎、次
> 道乐、次拒达,并有孝性,俱能追远,惧兹陵谷,乃作铭曰:洪源
> 峻极,庆绪灵长。祚兴石室,族炽金方。维公降诞,家族载昌。
> 抚剑从骠,挺刃勤王。位以功进,赏以诚来。既登上将,即拟
> 中台。惊飙何迅,崦光遽颓,何年何岁,松槚方摧。⑲

射勿生下诃耽等八个儿子。其世子诃耽夫妻的坟墓也已在附近出
土,墓志题为《唐故游击将军、虢州刺史、直中书省史公墓志铭并
序》:

> 君讳诃耽,字说,原州平高县人,史国王之苗裔也……曾
> 祖尼,魏摩诃大萨宝、张掖县令。祖思,周京师萨宝、酒泉县
> 令。父槃陀,隋左领军、骠骑将军……永徽四年,有诏:"朝议
> 郎史诃耽,久直中书,勤劳可录,可游击将军、直中书省翻译如

故。"名参省禁卅余年,寒暑不易。其勤终始弥彰,其恪属日月
休明,天地[贞]观。爰及升中告禅,于是更锡崇班,是用超迁,
出临方岳。乾封元年,除虢州诸军事、虢州刺史。[寒]襜望
境,威竦百城,扬扇弘风,化行千里。君缅怀古昔,深唯志事。
察两曜之盈虚,窥二仪之消息。眘言盛满,深思抱退,固陈衰
朽,抗表辞荣,爰降诏曰:"游击将军史诃耽,久经供奉,年方耆
艾,请就闲养,宜听致仕,遂其雅志。仍赐物五十段。"至若门
驰千驷,既无骄侈之心;家累万金,自有谦撝之誉。享年八十
有六,以总章二年九月廿三日构疾终于原州平高县劝善里舍。
呜呼哀哉!⑳

从这两方墓志铭,我们可以确认史氏家族几代定居中国,号称萨宝
的先祖至少有两位。是否果为萨宝,自当别论,缘墓志夸大先祖伟
绩乃见怪不怪之事。但敢称萨宝,大概也是个领袖人物。而在以
祆教为主流信仰的粟特民族中,族群的领袖自也是祆教徒。因此,
推测射勿、诃耽的子孙们俱是入籍中土的火祆后代,当属可信㉛。
至于其他世为萨宝的来华胡人,也不乏记载,兹不赘述。

就祆教祭司世袭这一点,倒是继承波斯琐罗亚斯德教的传统。
我们从 9 世纪编辑的帕拉维语文学作品中,可知法罗赫扎丹
(Adurfarnbag Farrokhzadan)、扎杜什特(Zardusht)、古什那杰姆
(Goshnjam)、马奴什切尔(Manushchihr)家族,曾长达一百五十多
年担任这一职务㉜。马奴什切尔尚在《宗教判决书》(Dâdistān-i
Dînîk)一书中记载了这些祭司在教中的地位和作用㉝。上引《墨庄
漫录》记载了祀梁昭明太子的英济王祠,"其祝周氏,亦自唐开成年
掌祠事至今,其子孙今分为八家,悉为祝也",表明古代中国亦有庙
祝世袭的习俗,因此史世爽家族在中国的宗教氛围下,自不难保持
本教传统,世为祆祝。

负责为世爽先祖补牒的令狐绹和王朴均见诸正史记载。令狐
绹,字子直,大和四年登进士第,咸通二年(861 年)改汴州刺史、宣

武军节度使。三年冬,迁扬州大都督府长史、淮南节度副大使、知节度事⑱。王朴,字文伯,东平人也。周世宗显德二年(955年)迁左谏议大夫,知开封府事。及世宗南征,以朴为东京副留守,车驾还京,改户部侍郎兼枢密副使。未几,迁枢密使、检校太保。六年(959年)三月卒,时年四十有五⑲。由此,当可佐证张邦基所录之可信。

至于《墨庄漫录》讲"祆神本出西域,盖胡神也。与大秦穆护同入中国,俗以火神祠之",误将祆神与穆护分列而书,林悟殊先生已经详辨,不赘⑳。

在强调了史氏祆祝的世系之外,尤可注意者是世爽先祖补受官牒之事。由地方官府确认其教职身份表明,祆庙管理者任免权这一唐代由萨宝府行使的职能,到了宋代已移置地方官负责;这一变化不失为祆教中国化的例证。

二 由萨宝开府到史氏受牒

长期以来,萨宝问题一直困扰着祆教研究,学者们从其语源、职责、演变等方面,进行了多方面的考察,有关论著甚多㉑。但对唐代萨宝府下设的祆正、祆祝,及其在历史上的演变多是顺带提及,并无系统论述。现在一般把萨宝府定位为管理侨民的机构㉒,排除把萨宝当作祆教官职的说法。但萨宝府下设的祆正、祆祝负责管理祆教是毫无疑问的,表明主持祆庙事务的祭司纳入了中央王权的职官体系。唐有萨宝府之设,且颇具规模,事见《通典》卷四十《职官典》:

> 视流内,视正五品:萨宝;视从七品:萨宝府祆正。祆,呼烟反。祆者,西域国天神,佛经所谓摩醯首罗也。武德四年,置祆祠及官,常有群胡奉事,取火呪诅。

> 视流外,勋品,萨宝府祓(祆)祝;四品:萨宝府率;五品:萨宝府史。㉓

宋敏求《长安志》卷十布政坊下记：

> （布政坊）西南隅胡袄祠（注：武德四年立，西域胡袄神也。
> 祠内有萨宝府官，主祠拔（当为"袄"之误）神，亦以胡祝充其
> 职。沉按胡袄神始末，见北魏书灵太后时立此寺。）⑩

该等记载都表明萨宝府中主持袄教事务的应是袄正和袄祝。1933
年春，在泽拉夫善河上游、片治肯特以东的穆格山（Mugh）发现大
量粟特语文书，记有两个负责袄教事务的职官称谓，即 mwγpt-
（chief magus，穆护长）和 βγnpt-（lord of the temple，祠主），著名伊
朗学家亨宁（W. B. Henning）教授在《粟特神祇考》一文中指出："在
穆格山文书中，我们见到 mwγpt-（chief magus，穆护长）和 βγnpt-
（lord of the temple，祠主）二者。这种二分法可比之于波斯的
Mobed：bsnbyd 和亚美尼亚的 mogpet：bagnapet。"⑪ 姜伯勤先生
指出这两个称呼分别相当于《通典》所记主事袄教的萨宝府视流内
官"袄正"和视流外官"袄祝"⑫。

《旧唐书》卷四十二《职官志》述及唐朝职官制度的变革：

> 流内九品三十阶之内，又有视流内起居，五品至从九品。
> 初以萨宝府、亲王国官及三师、三公、开府、嗣郡王、上柱国已
> 下护军已上勋官带职事者府官等品。开元初，一切罢之。今
> 唯有萨宝、袄正二官而已。又有流外自勋品以至九品，以为诸
> 司令史、赞者、典谒、亭长、掌固等品。视流外亦自勋品至九
> 品，开元初唯留萨宝、袄祝及府史，余亦罢之。⑬

从以上记载可以看出，无论是流内的萨宝、袄正，还是流外的萨宝
（府）袄祝及府史，都被纳入中央王朝的职官体系之内，尽管开元初
进行了改革，但是这些官职仍然保存下来。姜伯勤先生认为：

> 唐萨宝府制是载于唐开元廿五年令制度。若追溯到公元
> 前数世纪的印度的萨薄商主制度，则经过粟特人于3～8世纪
> 而在中国本土的发扬光大。遂使"萨薄"、"萨宝"以数百人为
> 规模的队商体制，成为十六国、南北朝、隋唐中国"宾礼"体制

下即鸿胪寺管下的侨住胡商聚居体制。经过十六国、北朝、隋
的发展，在唐代律令体制下成为一种可以开府的，有僚佐、有
武官、有领民、有官品的管理西胡队商裔民的行政架构，成为
政治制度史上的一种奇迹。[54]

作为唐代唯一外来职官的"萨宝"，之所以受此礼遇，其原因陈垣先
生早有确论：

> 萨宝，及萨宝府祆正、萨宝府祆祝、萨宝率府（当为府率之
> 误）、萨宝府史，皆唐朝特为祆祠所设之官。官秩虽微，然视流
> 内外九品之官，开元初一切罢之，其存而不废者，唯此数职；其
> 有特别关系，可断言也。时方有事西域，欲以此怀柔一部分之
> 人心，亦政治作用所应尔也。[55]

由此，萨宝府下的祆正、祆祝当为管理胡人信奉的祆教。

关于"萨宝"一称的最晚记载，似为天宝元年（742 年）[56]，见于
长安出土的《唐故米国大首领米公墓志铭并序》：

> 公讳萨宝，米国人也。生于西垂，心怀□土。忠（？）志（？）
> 等□□阴阳烈石，刚柔叙（？）德（？）。崇心经律，志行玄（？）门
> （？）。□苦海以逃名，望爱河而□肩（？）。□□天宝元年二月
> 十一日□长安县崇化里，春秋六十有五，终于私第。时（？）也
> 天宝三载正（月）廿六日窆于高陵原，礼也。嗣妻（？）子（？）等
> □丧（？）戚（？）不朽。
>
> 铭曰：滔滔米君，□□□□，榆（？）杨（？）□□□□□□法
> 心匪固，□□沉良。逝（？）川忽逝，长夜永□。
>
> □维天宝三载正月廿六日。[57]

但是此后萨宝的情况如何，则史料记载阙如，无从稽考。我们认为
经过 755 至 763 年的安史之乱后，这种制度很难实行下去。安史之
乱后，虽经德宗、宪宗、穆宗诸朝试图恢复大唐威势，但尾大不掉之
势愈演愈烈。《新唐书·藩镇传》记载：

> 安、史乱天下，至肃宗大难略平，群臣皆幸安，故瓜分河北

地,付授叛将,护养孽萌,以成祸根。乱人乘之,遂擅署吏,以
赋税自私,不朝献于廷。效战国,肱髀相依,以土地传子孙,胁
百姓,加锯其颈,利怵逆汙,遂使其人自视由羌狄然。一寇死,
一贼生,迄唐亡百余年,卒不为王土。⑧

由于安史之乱的祸首安禄山、史思明及其一批部下,皆为西域胡人
或其后裔;后来帮助平乱的回鹘人又恃功自傲,在内地为非作歹。
这无疑助长了当时的排外、仇外心理⑨。到会昌五年(845 年)八
月,唐武宗颁《毁佛寺制》:

> 况我高祖、太宗,以武定祸乱,以文理华夏,执此二柄,足
> 以经邦,岂可以区区西方之教,与我抗衡哉!贞观、开元,亦尝
> 釐革,剗除不尽,流衍转滋。朕博览前言,旁求舆议,弊之可
> 革,断在不疑。而中外诚臣,协予至意,条疏至当,宜在必行。
> 惩千古之蠹源,成百王之典法,济人利众,予何让焉。其天下
> 所拆寺四千六百余所,还俗僧尼二十六万五百人,收充两税
> 户,拆招堤、兰若四万余所,收膏腴上田数千万顷,收奴婢为两
> 税户十五万人。隶僧尼属主客,显明外国之教。勒大秦穆护、
> 祆三千余人还俗,不杂中华之风。⑩

既令"勒大秦穆护祆三千余人还俗",则萨宝府及其下的祆正、祆祝
定已不复存在。大中元年(847 年)闰三月,唐宣宗正式为佛教"平
反":

> 会昌季年,并省寺宇。虽云异方之教,无损致理之源。中
> 国之人,久行其道,釐革过当,事体未弘。其灵山胜境、天下州
> 府,应会昌五年四月所废寺宇,有宿旧名僧,复能修创,一任住
> 持,所司不得禁止。⑪

但并无提及祆教等外来宗教。虽然宣宗不可能像会昌年间那样严
禁这些外来宗教,但肯定也不会像以前那样对之优礼有加。

安史之乱造成的另一直接后果是中央权力削弱,地方权力上
升。这也为唐末祆祝可以由地方官来任命提供了条件。安史之乱

爆发期间,唐玄宗批准了节度使对地方官的任命权,"其署置官属及本路郡县官,并任自简择,署讫闻奏"[⑩]。安史乱后,地方权力日益膨胀,唐末五代,原属萨宝制下的祆祝改由地方官补给官牒,也就可以理解了。地方官对其进行授牒,以保证其身份合法化,也表明祆祝不再像以前那样专为胡人信奉的祆教而设;其作为外来宗教的特征日益淡化,而汉化日深。

三 宋代祆祠纳入中原祭礼

到了宋代,身为庙祝的史世爽是否如其先祖那样可享受地方官给予的优待呢?我们认为不太可能。张邦基只是对其先祖的"荣耀"进行追忆,对世爽景况则无特殊描述,益证明了这一推断。

根据文献记载,宋代祆祠祭祀已经纳入中原王朝祭礼。《宋史》卷一百二《礼志》载:

> 建隆元年,太祖平泽、潞,仍祭祆庙、泰山、城隍,征扬州、河东,并用此礼。

> 初,学士院不设配位,及是问礼官,言:"祭必有配,报如常祀。当设配坐。"又诸神祠、天齐、五龙用中祠,祆祠、城隍用羊一,八笾,八豆。旧制,不祈四海。帝曰:"百谷之长,润泽及物,安可阙礼?"特命祭之。[⑬]

《宋会要辑稿》第十八册《礼》十八《祁雨》:

> 国朝凡水旱灾异,有祈报之礼。祈用酒脯醢,报如常祀……京城……五龙堂、城隍庙、祆祠……以上并敕建遣官……大中祥符二年二月诏:如闻近岁命官祈雨……又诸神祠,天齐、五龙用中祠例,祆祠、城隍用羊,八笾,八豆,既设牲牢礼料,其御厨食、翰林酒、纸钱、驼马等,更不复用。[⑭]

上引记载表明,宋代祆祠和城隍等民间祠祀一起,得到了官方承认,从而与"淫祠"相区分。而其之所以受到政府青睐,与其他祠祀一样,或由其灵验所致[⑮]。祆祠除了可用于官方祁雨外,宋代的一则史料也表明其有帮助患者疗疾的功效,事见董逌《广川画跋》卷四《书常彦辅祆神像》:"元祐八年七月,常君彦辅就开宝寺之文殊院,遇寒热疾,大惧不良。及夜,祷于祆神祠。明日,良愈。乃祀于庭,又图像归事之。"⑩这里说北宋时常彦辅在佛寺得病,因为祷于祆神祠而痊愈,与祆教信仰并无多大关系。祆祠由于灵验而得到政府承认,继而被列入祀典,更表明其已被请入中国的万神殿,与一般民间信仰无二了。宋孟元老《东京梦华录》卷三记载了东京的两所祆庙:"大内西去右掖门、祆庙,直南浚仪桥街,西尚书省东门,至省前横街南,即御史台,西即郊社。"⑩"马行北去旧封丘门外祆庙斜街州北瓦子,新封丘门大街两边民户铺席外,余诸班直军营相对,至门约十里余,其余坊巷院落,纵横万数,莫知纪极。"⑩孟元老《东京梦华录》,成书于绍兴十七年(1147 年),描述北宋京城汴梁的风土人情,时间大致为崇宁到宣和年间(1102~1125 年)。其所记祆庙,均位于北宋都城汴梁热闹的市区里。书中对其时汴京风俗所记甚详,唯无涉及祭祆的活动。"如果不是作者疏忽的话,则默示我们,当时的祭祆活动无大异于其他民间诸神的祭祀,无甚特色值得一书。"⑩

宋代,国家对于州县神祠的管理日趋严格。《宋史·职官志》四记:"(太常寺)若礼乐有所损益,及祀典、神祇、爵号与封袭、继嗣之事当考定者,拟上于礼部。"⑩而元丰改制后祠部郎中员外郎的职能是:"掌天下祀典、道释、祠庙、医药之政令……若神祠封进爵号,则覆太常所定以上尚书省。"⑩到宋徽宗时,开始由中央的礼部和太常寺来编制全国祠祀的名册,参考各州方志,将全国各州的祠祀加以整理,合为一书:"大观二年九月十日,礼部尚书郑允中言:天下宫观、寺院、神祠、庙宇、欲置都籍,拘载名额。从之。"⑩这种变化表明朝廷加强了对地方祠祀的管理。而此时,"宋代的祆庙、祆祠已与中国的泰山、城隍等传统祠庙,一起被纳入官方轨道,按官方规定的标准享受祭祀,这说明祆神已进入了中国的万神殿,且位居上

座"⑬。其在朝廷的管辖之列,自不在话下。宋神宗熙宁四年(1071
年)诏曰:"开封给牒差。自今寺院有关当宣补者,罢宣补及差官定
夺,止令开封府指挥僧录司定夺。准此给牒。"后,"开封府尹旧领
功德使,而左右街有僧录司,至于寺僧差补,合归府县僧司,而相承
奏禀降宣。上欲澄省细务,诸如此类悉归有司"⑭。至熙宁八年
(1075 年),"诏内外官观、寺院主首及僧道正,旧降宣敕差补者,自
今尚书祠部给牒"⑮。佛教僧首差补时需尚书祠部给牒,祆祠主事
者想必也同样要得到尚书祠部的批准了,只是与唐代由朝廷专设
萨宝府下的祆正、祆祝来管理祆教,已经完全迥异。后者乃为笼络
胡人,而前者则目为地道汉人信仰进行管理。

　　本章辑录了有关唐宋时期祆祠分布的记载,从中可看出早期
祆祠的分布是与粟特胡人东迁相一致的。但是从北朝至隋唐,时
隔几百年,这些胡姓居民究竟还保存有多少本民族的信仰与习俗,
需要认真考察。唐代后期传到开封的祆祠,到宋代还见于史册,同
时江南的镇江也出现了有关祆祠的记载。尽管宋代的祆祠还可以
溯源于唐代,但其信众的主体显非胡人。照陈寅恪先生的种族文
化史观,已汉化的胡裔恐应目为汉人⑯。祆教由西往东、由北而南
的传播过程,其祆味渐淡、汉味日浓,体现了宗教在传播过程中渐
次变异的一般范式。

　　从北朝开始中央王朝专设萨宝府,负责入华胡人聚落的事务。
到了唐代,萨宝府下另设有祆正、祆祝,主事胡人宗教事务。唐末
五代,这些祆祝改由地方官补牒给予承认。到了宋代,祆祠重新纳
入全国祠祀的管理范围之内,然而其不再作为外来宗教,而与本土
的一般民间信仰无所区别了。祆教管理者任免权的转移,正反映
了这一外来宗教逐渐融入中土社会。

　　另外值得注意的是,唐宋时期祆祠的功能也发生了重大变化。
祆祠(或祆庙)本来是祆教徒的主要宗教活动场所,唐初祆祠的建
立主要就是为群胡而立。到唐末宋初,东京城北的祆祠庙祝虽已

渐次汉化，但该庙仍以祠祆神闻名："东京城北有祆庙……京师人畏其威灵，甚重之。"宋代之后，纳入中原王朝祭礼的祆庙，也仍以祭祀为主。然而，宋元时代，祆庙成为戏曲的题材，元曲以"火烧祆庙"的用典来隐喻男女幽会的情事，表明祆祠的功能发生了重大变化。正如陈寅恪先生指出："以中国今日之考据学，已足辨别古书之真伪。然真伪者，不过相对问题，而最要在能审定伪材料之时代及作者，而利用之。盖伪材料亦有时与真材料同一可贵。如某种伪材料，若迳认为其所依讬之时代及作者之真产物，固不可也。但能考出其作伪时代及作者，即据以说明此时代及作者之思想，则变为一真材料矣。"[①]因此，虽然祆庙已成为元曲的用典，从而失去了其宗教含义，但其之所以成为元曲用典的原因何在，这背后又反映了怎样的社会现实，是值得我们深思的。

---

① 陈垣：《火祆教入中国考》，完成于 1922 年 4 月，发表于《国学季刊》第一卷第一号（1923 年 1 月），发表后作者于 1923 年 1 月、1934 年 10 月进行过两次校订。本文采用 1934 年 10 月校订本，据《陈垣学术论文集》第一集，北京，中华书局，1980 年，318页。

② 林悟殊：《火祆教在唐代中国社会地位之考察》，载蔡鸿生主编：《戴裔煊教授九十诞辰纪念文集：澳门史与中西交通研究》，广州，广东高等教育出版社，1998 年，172 - 175 页；另见林悟殊：《中古三夷教辨证》，北京，中华书局，2005 年，259 - 262 页。

③ 系统辑录者如：陈垣：《火祆教入中国考》；张星烺编著，朱杰勤校订：《中西交通史料汇编》第二册，北京，中华书局，2003 年，1093 - 1101 页，主要根据陈垣先生文进行辑录；饶宗颐：《穆护歌考——兼论火祆教入华之早期史料及其对文学、音乐、绘画之影响》附录三"火祆祠见于史籍之地理分布记略"，原刊《大公报在港复刊卅周年纪念文集》下卷，香港，香港大公报出版社，1978 年，733 - 771 页，并收入其著《饶宗颐史学论著选》，上海，上海古籍出版社，1993 年，401 - 441 页及《文辙》（下），台北，学生书局，1991 年，此据《选堂集林·史林》中册，香港，中华书局，1982 年，497 - 500 页；腾磊：《祆教在华遗存考》，北京大学硕士研究生学位论文，2001 年；腾磊：《关于在华祆祠的几点认识》，《敦煌研究》2006 年第 5 期，90 - 91 页。其他按专题辑录者甚多，兹不赘举。

④ 荣新江：《西域粟特移民聚落考》，原题《西域粟特移民考》，刊《西域考察与研究》，乌

鲁木齐,新疆人民出版社,1994 年,157－172 页,此据其著《中古中国与外来文明》,北京,生活·读书·新知三联书店,2001 年,19－36 页;荣新江:《北朝隋唐粟特人之迁徙及其聚落》,原载《国学研究》第 6 卷,北京,北京大学出版社,1999 年,27－85 页,此据其著《中古中国与外来文明》,37－110 页;荣新江:《西域粟特移民聚落补考》,《西域研究》2005 年第 2 期,1－11,116 页;荣新江:《北朝隋唐粟特人之迁徙及其聚落补考》,提交"古代内陆欧亚与中国文化"国际学术研讨会论文,上海,2005 年 6 月 24～26 日,收入余太山、李锦绣主编:《欧亚学刊》第 6 辑,北京,中华书局,2007 年,165－178 页;荣新江:《魏晋南北朝隋唐时期流寓南方的粟特人》,收入韩昇主编:《古代中国:社会转型与多元文化》,上海,上海人民出版社,2007 年,138－152 页。

⑤ 《新唐书》卷四十三下,1151 页。

⑥ 中国社会科学院历史研究所、中国敦煌吐鲁番学会敦煌古文献编辑委员会、英国国家图书馆、伦敦大学亚非学院编:《英藏敦煌文献》第四卷,成都,四川人民出版社,1991 年,53 页;录文参考唐耕耦、陆宏基编:《敦煌社会经济文献真迹释录》(五),北京,全国图书馆文献缩微复制中心,1990 年,23 页。

⑦ 姜伯勤:《敦煌吐鲁番文书与丝绸之路》,北京,文物出版社,1994 年,259 页;池田温先生谓此公主为回纥公主,见其文《8 世纪中叶における敦煌のソグド人聚落》,《ユーラシア文化研究》第 1 号,1965 年,51 页;中译本见辛德勇辑译:《日本学者研究中国史论著选译》第九卷,北京,中华书局,1993 年,142 页;池田温:《唐研究论文选集》,北京,中国社会科学出版社,1999 年,4－5 页。

⑧ S. Konow, 'Where was the Saka Language reduced to Writing', *Acta Or.*, X, 1932, p. 74,这一观点得到贝利(H. W. Bailey)的肯定,见 *Khotanese Texts*, VII, Cambridge University Press, 1985, p. 78. 转引自荣新江:《西域粟特移民聚落考》,其著《中古中国与外来文明》,21－22 页。

⑨ 张广达,荣新江:《关于和田出土于阗文献的年代及其相关问题》,原刊《东洋学报》第 69 卷第 1、2 期,1988 年,66－68 页;此据张广达,荣新江:《于阗史丛考》,上海,上海书店,1993 年,77－81 页。

⑩ 池田温:《沙州图经略考》,《东洋史论丛:榎博士还历记念》,东京,山川出版社,1975 年,97 页;唐耕耦、陆宏基编:《敦煌社会经济文献真迹释录》(一),北京,书目文献出版社,1986 年,37 页。

⑪ 中国社会科学院历史研究所、中国敦煌吐鲁番学会敦煌古文献编辑委员会、英国国家图书馆、伦敦大学亚非学院编:《英藏敦煌文献》第一卷,成都,四川人民出版社,1990 年,157 页;录文参考唐耕耦、陆宏基编:《敦煌社会经济文献真迹释录》(一),39 页。

⑫　新疆维吾尔自治区博物馆编:《新疆维吾尔自治区博物馆》,北京,文物出版社,1991
　　年,图84;这里的庚午岁,即430年,可参阅饶宗颐:《穆护歌考——兼论火祆教入华
　　之早期史料及其对文学、音乐、绘画之影响》,《选堂集林·史林》中册,480页;荣新
　　江:《吐鲁番的历史与文化》,胡戟等编:《吐鲁番》,西安,三秦出版社,1987年,50
　　页;池田温:《中国古代写本识语集录》,东京,东京大学东洋文化研究所,1990年,
　　No.74;有关此题记的最新研究见王丁:《南太后考:新疆博物馆藏吐鲁番安伽勒克
　　出土的金光明经题记(65TIN:29)解说》,提交"粟特人在中国——历史、考古、语言
　　的新探索"国际学术研讨会论文,2004年4月23～25日,中国国家图书馆,是文修
　　订稿《南太后考——吐鲁番出土北凉写本〈金光明经〉题记与古代高昌及其毗邻地
　　区的那那信仰与祆教遗存》,收入荣新江、华澜、张志清主编:《粟特人在中国——历
　　史、考古、语言的新探索》,《法国汉学》第10辑,北京,中华书局,2005年,430-456
　　页;王丁:《吐鲁番安伽勒克出土北凉写本〈金光明经〉及其题记研究》,《敦煌吐鲁番
　　研究》第九卷,北京,中华书局,2006年,35-55页;荣新江:《吐鲁番出土〈金光明
　　经〉写本题记与祆教初传高昌问题》,朱玉麒主编:《西域文史》第2辑,北京,科学出
　　版社,2007年,1-13页。

⑬　集中的研究可参阅姜伯勤:《敦煌吐鲁番文书与丝绸之路》。

⑭　新疆维吾尔自治区博物馆编:《吐鲁番出土文书》第2册,北京,文物出版社,1981
　　年,39页;日本学者荒川正晴认为,丁谷天与高昌城东胡天可能为同一祆祠,见其文
　　《北朝隋·唐代における"萨宝"の性格をめぐつて》,《东洋史苑》第50、51合并号,
　　龙谷大学东洋史学研究会,1998年,169页;荣新江先生不同意这种推测,认为丁谷
　　天与高昌城东胡天为两所不同的祆祠,见其著《中古中国与外来文明》,本章注4。

⑮　录文据小田义久:《德富苏峰纪念馆藏〈李慈艺告身〉の写真について》,载《龙谷大
　　学论集》第456号,2000年,128-129页;中译本见乜小红译:《关于德富苏峰纪念
　　馆藏"李慈艺告身"的照片》,《西域研究》2003年第2期,31;另见小田义久著,李
　　济仓译:《唐代告身的一个考察——以大谷探险队所获李慈艺及张怀寂告身为中
　　心》,载武汉大学中国三至九世纪研究所编:《魏晋南北朝隋唐史资料——唐长孺教
　　授逝世十周年纪念专辑》(第21辑),武汉,武汉大学文科学报编辑部编辑出版,
　　2004年12月,165页,原文刊《东洋史苑》第56号,龙谷大学东洋史学研究会,2000
　　年10月;标点据陈国灿:《〈唐李慈艺告身〉及其补阙》,《西域研究》2003年第2期,
　　41页。

⑯　王国维:《跋李慈艺告身》,《观堂集林》卷十七,北京,中华书局影印本,1959年,
　　877-881页。

⑰　姜伯勤:《敦煌吐鲁番文书与丝绸之路》,243页。

⑱　《英藏敦煌文献》第一卷,158页;录文参考唐耕耦、陆宏基编:《敦煌社会经济文献真

迹释录》（一），40－41页；其中"素书"一词，有学者或认为乃"素画"之误，笔者曾撰文讨论，见拙文《唐伊吾祆庙"素书"非塑像辨》，《中华文史论丛》2008年第2辑，上海，上海古籍出版社，2008年，321－338页；并参本书第二章第二节。

⑲　《英藏敦煌文献》第一卷，158页；录文参考唐耕耦、陆宏基编：《敦煌社会经济文献真迹释录》（一），40－41页。

⑳　D. Weber, 'Zur sogdischen Personennamengebung', *IF*, Vol. 77, No. 2－3. 1972, p. 202; Y. Yoshida, 'Review of N. Sims-Williams, *Sogdian and other Iranian inscriptions of the Upper Indus Ⅱ* ', *BSOAS*, 57. 2, 1994, p. 392; 蔡鸿生：《唐代九姓胡与突厥文化》，北京，中华书局，1998年，39－41页。

㉑　池田温：《沙州图经略考》，70－71页；唐耕耦、陆宏基编：《敦煌社会经济文献真迹释录》（一），13页。

㉒　上海古籍出版社、法国国家图书馆编：《法国国家图书馆藏敦煌西域文献》第18册，上海，上海古籍出版社，2001年，68页。

㉓　神田喜一郎：《「敦煌二十咏」に就いて》，《史林》第24卷第4号，昭和十四年（1939年），173－181页，经修订收入神田喜一郎：《神田喜一郎全集》第一卷，京都，同朋社，1986年，115－117页；池田温：《8世纪中叶における敦煌のソグド人聚落》，《ユーラシア文化研究》第1号，1965年，49－51页；中译本见辛德勇辑译：《日本学者研究中国史论著选译》第九卷，140－142页；池田温：《唐研究论文选集》，3－4页；我国学者姜伯勤先生续有讨论，见其文《论高昌胡天与敦煌祆寺》，原载《世界宗教研究》1993年第1期，8页；另见姜伯勤：《敦煌艺术宗教与礼乐文明》，北京，中国社会科学出版社，1996年，489页；姜伯勤：《敦煌吐鲁番文书与丝绸之路》，243－244页。

㉔　［唐］张鷟撰，赵守俨点校：《朝野佥载》（《隋唐嘉话·朝野佥载》，唐宋史料笔记丛刊），北京，中华书局，1979年，64－65页。

㉕　陈国灿：《魏晋隋唐河西胡人的聚居与火祆教》，《西北民族研究》1988年第1期，208页。

㉖　青木和子：《唐代长安の祆教寺院について（六朝隋唐の社会と文化）》，《竜谷大学佛教文化研究所纪要》一七，1978年；D. D. Leslie, 'Persian Temples in T'ang China', *MS*, 35, 1981－1983, pp. 275－303; 林悟殊：《唐代长安火祆大秦寺考辨》，原刊《西北史地》1987年第1期，此据其著《波斯拜火教与古代中国》，台北，新文丰出版公司，1995年，139－150页；葛承雍：《祆教东传长安及其在陕西的遗痕》，《国学研究》第10卷，北京，北京大学出版社，2002年，23－38页，收入其著《唐韵胡音与外来文明》，北京，中华书局，2006年，252－269页。

㉗　［唐］韦述：《两京新记》卷三，［宋］宋敏求：《长安志》卷十，见［日］平冈武夫编：《唐代

　的长安和洛阳(资料)》,上海,上海古籍出版社,1989 年,185、116 页;[唐]韦述撰,
　辛德勇辑校:《两京新记辑校》(《两京新记辑校·大业杂记辑校》,魏全瑞主编:《长
　安史迹丛刊》),西安,三秦出版社,2006 年,34 页。

㉘　[宋]姚宽撰,孔凡礼点校:《西溪丛语》(《西溪丛语·家世旧闻》,唐宋史料笔记丛
　刊),北京,中华书局,1993 年,42 页。

㉙　[唐]韦述:《两京新记》卷三,[宋]宋敏求:《长安志》卷十,见[日]平冈武夫编:《唐代
　的长安和洛阳(资料)》,189、118 页;[唐]韦述撰,辛德勇辑校:《两京新记辑校》,46
　页。

㉚　[唐]韦述:《两京新记》卷三,[宋]宋敏求:《长安志》卷十作"醴泉坊西门之南祆祠",
　见[日]平冈武夫编:《唐代的长安和洛阳(资料)》,189、118 页;[唐]韦述撰,辛德勇
　辑校:《两京新记辑校》,47 页。

㉛　[唐]韦述:《两京新记》卷三,[宋]宋敏求:《长安志》卷十,见[日]平冈武夫编:《唐代
　的长安和洛阳(资料)》,191、120 页;[唐]韦述撰,辛德勇辑校:《两京新记辑校》,56
　页。

㉜　[宋]宋敏求:《长安志》卷九,见[日]平冈武夫编:《唐代的长安和洛阳(资料)》,112
　页。

㉝　谢海平:《唐代留华外国人生活考述》,台湾,商务印书馆,1978 年,37 页;另外荣新
　江先生具体研究了史籍、碑记中记载粟特人居住长安坊里的情况,指出:"除了居于
　东市附近道政、亲仁坊的安禄山,胜业坊的康阿义,永乐坊的康志达,崇仁坊的石忠
　政,兴宁坊的史思礼,通化坊的曹惠琳等外,大多数粟特人都住在长安西市附近的
　坊里中,紧挨西市的醴泉坊最多,有五家,崇化坊一家,怀远一家,崇贤一家,光德一
　家,延寿二家,群贤一家,居德二家,义宁一家,金城一家,普宁一家,稍远一点的修
　德坊一家。"荣新江:《北朝隋唐粟特人之迁徙及其聚落》,其著《中古中国与外来文
　明》,76 - 85 页。

㉞　[唐]张鹭撰,赵守俨点校:《朝野佥载》,64 - 65 页。

㉟　[清]徐松撰,李健超增订:《增订唐两京城坊考》,西安,三秦出版社,1996 年,293、
　340 页。

㊱　[唐]姚汝能撰,曾贻芬点校:《安禄山事迹》,上海,上海古籍出版社,1983 年,12 页;
　Robert des Rotours, *Histoire de Ngan Lou chan* (*Ngan Lou chan che tsi*), Paris, 1962,
　pp. 108 - 109。

㊲　荣新江:《安禄山的种族与宗教信仰》,《第三届中国唐代文化学术研讨会论文集》,
　台北,乐学书局,1997 年,231 - 241 页;荣新江:《中古中国与外来文明》,222 - 237
　页。

㊳　荣新江:《中古中国与外来文明》,160 页。

㊴ 荣新江：《安史之乱后粟特胡人的动向》，载纪宗安、汤开建主编：《暨南史学》第 2
辑，广州，暨南大学出版社，2003 年，102－123 页；有关河北地区的粟特移民以及安
史之乱前后胡人向河北地区的迁徙，还可参阅森部丰：《唐代河北地域におけるソグ
ド系住民——开元寺三门楼石柱题名及び房山石经题记を中心に》，《史境》第 45
号，2002 年，20－36 页；森部丰：《唐前半期河北地域における非汉族の分布と安史
军渊源の——形态》，《唐代史研究》第 5 号，2002 年，22－45 页；森部丰：《8～10 世
纪の华北における民族移动——突厥·ソグド·沙陀を事例として》，《唐代史研
究》第 7 号，2004 年，78－100 页。

㊵ ［宋］陈思：《宝刻丛编》卷六，王云五主编：《丛书集成初编》据十万卷楼丛书本排印，
上海，商务印书馆，第二册，148 页。

㊶ 程越：《从石刻史料看入华粟特人的汉化》，《史学月刊》1994 年第 1 期，22 页。

㊷ 荣新江：《安史之乱后粟特胡人的动向》，113－116 页。

㊸ 神田喜一郎：《祆教琐记》，《史林》第 18 卷第 1 号，昭和八年（1933 年），16 页；神田喜
一郎：《神田喜一郎全集》第一卷，90－91 页。

㊹ 刘铭恕教授对这条史料曾加引录并考证，见其文《火祆教杂考》，《世界宗教研究》
1984 年第 4 期，125 页。

㊺ 荣新江：《安史之乱后粟特胡人的动向》，116 页。

㊻ ［唐］李朝威撰：《柳毅》，载汪辟疆校录《唐人小说》，上海，上海古籍出版社，1978 年，
63 页。

㊼ 周绍良：《唐传奇笺证》，北京，人民文学出版社，2000 年，138－154 页；另见程毅中：
《唐代小说史话》，北京，文化艺术出版社，1990 年，115－121 页；李剑国：《唐五代志
怪传奇叙录》（上册），天津，南开大学出版社，1993 年，286－292 页。

㊽ 陈寅恪：《读书札记二集》，北京，生活·读书·新知三联书店，2001 年，232 页。

㊾ 蔡鸿生：《读书不肯为人忙——学习陈寅恪先生的〈读书札记〉》，见其著《学境》，香
港，博士苑出版社，2001 年，97－98 页。

㊿ 汪辟疆校录：《唐人小说》，69－76 页。

○51 朱雷先生曾根据僧祐《出三藏记集》所收《渐备经十住胡名并书序》，复原了东晋时
期姑臧、长安、襄阳三地之间由粟特互市人承担往来贸易的情形，见其文《东晋十六
国时期姑臧、长安、襄阳的"互市"》，原载《古代长江中游的经济开发》，武汉，武汉出
版社，1988 年，收入作者《敦煌吐鲁番文书论丛》，兰州，甘肃人民出版社，2000 年，
327－336 页；荣新江先生进一步申说，指出："在魏晋南北朝时期，襄阳位于一个特
殊的南北交界地带，从交通上来看，它北通长安，南达江陵，通过江陵可以沟通巴蜀
和淮阳，因此粟特商人、僧侣多经停此地，加上康绚一族的迁入，更使这里成为粟特
人的一大聚居地了。"见其文《魏晋南北朝隋唐时期流寓南方的粟特人》，143－144

页。

(52) [宋]张邦基著，孔凡礼点校：《墨庄漫录》(《墨庄漫录·过庭录·可书》，唐宋史料笔记丛刊)卷四，北京，中华书局，2002年，110－111页。

(53) 荣新江：《安史之乱后粟特胡人的动向》，116页。

(54) [宋]董逌撰，陈引驰整理，徐中玉审阅：《广川画跋》卷四，《传世藏书·集库·文艺论评》3，海口，海南国际新闻出版中心，1996年，2900－2901页；录文可参考景印文渊阁四库全书，子部一一九，艺术类，台湾，商务印书馆，1986年，813册，476－477页。

(55) [宋]孟元老：《东京梦华录》，上海，上海古典文学出版社，1956年，18页。

(56) [宋]孟元老：《东京梦华录》，20页。

(57) [宋]文莹撰，郑世刚、杨立扬点校：《玉壶清话》卷六(《湘山野录·续录·玉壶清话》，唐宋史料笔记丛刊)，北京，中华书局，1984年，57页。

(58) [宋]邵伯温撰，李剑雄、刘德权点校：《邵氏闻见录》，北京，中华书局，1983年，62页。

(59) 刘铭恕：《元人杂剧中所见之火祆教》，《金陵学报》第11卷1期，1941年，46－47页；又见《边疆研究论丛》1942～1944年，12－13页。

(60) 姜伯勤：《论宋元明时期山西介休的祆神楼》，日译本见池田温译：《介休の祆神楼と宋元明代山西の祆教》，《东洋学报》(《东洋文库和文纪要》)第80卷第4号，1999年，423－450页；姜伯勤：《山西介休祆神楼古建筑装饰的图像学考察》，《文物》1999年第1期，56－66页；前述两文均收入姜伯勤：《中国祆教艺术史研究》，北京，生活·读书·新知三联书店，2004年，271－298页；万毅：《西域祆教三联神崇拜与山西介休祆神楼》，载荣新江、李孝聪编：《中外关系史：新史料与新问题》，北京，科学出版社，2004年，259－269页。

(61) 姜伯勤：《中国祆教艺术史研究》，282－283页。

(62) 《洪洞县志》卷八，上海，商务印书馆代印，1917年(中华民国六年)，见《中国方志丛书》79，第一册，台湾，成文出版社，1968年，434－435页。

(63) [元]俞希鲁编纂，杨积庆等点校：《至顺镇江志》(上)，南京，江苏古籍出版社，1999年，328页。

(64) [宋]朱长文撰、金菊林点校：《吴郡图经续记》卷下，南京，江苏古籍出版社，1999年，83页。

(65) [明]彭大翼撰：《山堂肆考》卷三十九，景印文渊阁四库全书，子部二八〇，类书类，台湾，商务印书馆，1986年，974册，673页。

(66) 学者们曾注意到五代时期巴蜀地区存在过祆神崇拜和祆祠，见饶宗颐：《穆护歌考》；神田喜一郎：《祆教杂考》，《史学杂志》第39编第4号，昭和三年(1928年)，

381－394 页,昭和四年(1929 年)补订收入其著《东洋学说林》,东京,弘文堂,1948
年,此据《神田喜一郎全集》第一卷,72－84 页;石田干之助:《神田学士の「祆教杂
考」を读みて》,原刊《史学杂志》第 39 编第 6 号,昭和三年,547－577 页,经修订作
《祆教丛考——神田学士の「祆教杂考」を读みて》,《东亚文化史丛考》,东京,东洋
文库,昭和四十八年(1973 年)发行,昭和五十三年(1978 年)再版,221－246 页;中
古时期巴蜀地区有粟特人流寓,可参阅姚崇新:《中古时期巴蜀地区的粟特人踪
迹》,朱玉麒主编:《西域文史》第 2 辑,169－182 页;姚崇新:《唐宋时期巴蜀地区的
火祆教遗痕》,提交"隋唐五代的社会与宗教"学术研讨会论文,中山大学,2008 年
11 月 7～8 日;另外也有学者指出"灌口二郎神"即为灌口祆神,见黎国韬:《二郎神
之祆教来源——兼论二郎神何以成为戏神》,《宗教学研究》2004 年第 2 期,78－83
页,但论据似并不充分,笔者拟另文讨论。

㊅　《永乐大典》第一册,北京,中华书局影印本,1986 年,980 页下。

㊈　马明达:《说剑丛稿》,兰州,兰州大学出版社,2000 年,261 页。

㊉　罗香林:《唐代桂林西域人摩崖题刻与景教之关系》,见其著《唐元二代之景教》,香
港中国学社,1966 年,87－96 页。

⑩　Y. Yoshida, 'Additional Notes on Sims-Williams' article on the Sogdian Merchants in
China and India', *Cina e Iran da Alessandro Magno alla Dinastia Tang*, ed. A. Cadonna e
L. Lanciotti, Firenze, 1996, p. 75;荣新江:《魏晋南北朝隋唐时期流寓南方的粟特
人》,150 页。

⑪　《隋书》卷六十七,1579－1580 页;参阅余太山:《裴矩〈西域图记〉所见敦煌至西海的
"三道"》,《西域研究》2005 年第 4 期,16－24 页。

⑫　《新唐书》卷四十三下,1151 页。

⑬　[宋]张邦基著,孔凡礼点校:《墨庄漫录》卷四,110－111 页。

⑭　《旧唐书》卷一百四,3211 页。

⑮　《新唐书》卷二百二十一下,6243 页。

⑯　《隋书》卷八十三,1855 页。

⑰　《新唐书》卷二百二十一下,6247－6248 页。

⑱　桑山正进编:《慧超往五天竺国传研究》,京都,京都大学人文科学研究所,1992 年,
24 页;[唐]慧超原著,张毅笺释:《往五天竺国传笺释》(中外交通史籍丛刊 9),北
京,中华书局,2000 年,118 页。

⑲　罗丰:《胡汉之间——"丝绸之路"与西北历史考古》,北京,文物出版社,2004 年,477
页;罗丰:《固原南郊隋唐墓地》,北京,文物出版社,1996 年,17－19 页。

⑳　罗丰:《胡汉之间——"丝绸之路"与西北历史考古》,483－484 页;罗丰:《固原南郊
隋唐墓地》,68－72 页。

㉛ 林悟殊：《火祆教在唐代中国社会地位之考察》，载蔡鸿生主编：《戴裔煊教授九十诞辰纪念文集：澳门史与中西交通研究》，186－188页；林悟殊：《中古三夷教辨证》，272－274页。

㉜ Mary Boyce, *Zoroastrians*: *Their Religious Beliefs and Practices*, London etc., Routledge and Kegan Paul, 1979, repr. 1984(with 2 pp. insertion 'Additions and corrections'), 1998(3ʳᵈ revised reprint), 2001, repr. 2002, p. 153.

㉝ E. W. West transl., *Pahlavi Texts*, Part II, *The Dâdistān-i Dînîk and The Epistles of Mânûskihar*, in F. Max Müller ed. *SBE*, Vol. XVIII, Oxford University Press, 1882, repr. Motilal Banarsidass, 1965, 1970, 1977, pp. 48－49.

㉞ 《旧唐书》卷一百七十二《令狐楚传》，4465－4468页。

㉟ 《旧五代史》卷一百二十八《王朴传》，1679－1682页。

㊱ 林悟殊：《唐季"大秦穆护祆"考》(上)，《文史》第48辑，1999年7月，39－46页；《唐季"大秦穆护祆"考》(下)，《文史》第49辑，1999年12月，101－112页。上述两文经修订收入其著《中古三夷教辨证》，284－315页。

㊲ 林悟殊：《近百年国人有关西域祆教之研究》，其著《中古三夷教辨证》，229－255页。

㊳ 林悟殊：《近百年国人有关西域祆教之研究》，其著《中古三夷教辨证》，229－255页。

㊴ ［唐］杜佑撰，王文锦等点校：《通典》卷四十《职官典》，北京，中华书局，1988年，1102－1103、1105－1106页。

㊵ ［日］平冈武夫编：《唐代的长安和洛阳(资料)》，116页。

㊶ W. B. Henning, 'A Sogdian God', *BSOAS*, Vol. XXVIII: II, 1965, p. 250.

㊷ 姜伯勤：《论高昌胡天与敦煌祆寺》，《世界宗教研究》1993年第1期，4－5页，经修订作《高昌胡天祭祀与敦煌祆祠》，见其著《敦煌艺术宗教与礼乐文明》，483－484页；并见姜伯勤：《高昌敦煌的萨宝制度与胡祆祠》，其著《敦煌吐鲁番文书与丝绸之路》，233－234页；另参姜伯勤：《萨宝府制度源流论略》，刊饶宗颐主编：《华学》第3辑，北京，紫禁城出版社，1998年，296页。

㊸ 《旧唐书》卷四十二《职官志》(一)，1803页。

㊹ 姜伯勤：《萨宝府制度源流论略》，刊饶宗颐主编：《华学》第3辑，304页。

㊺ 陈垣：《火祆教入中国考》，319页。

㊻ 姜伯勤：《萨宝府制度源流论略》，296页。

㊼ 何遂：《唐故米国大首领米公墓志铭考》，《国立北平图书馆馆刊》第六卷第二号，1932年，142页。

㊽ 《新唐书》卷二百一十《藩镇魏博传》，5921页。

㊾ 林悟殊：《唐朝三夷教政策论略》，荣新江主编：《唐研究》第4卷，北京，北京大学出版社，1998年，1－14页，收入其著《唐代景教再研究》，北京，中国社会科学出版社，

2003 年，106－119 页。

⑩ 《旧唐书》卷十八上《武宗本纪》，605－606 页。

⑩ 《旧唐书》卷十八下《宣宗本纪》，617 页。

⑩ 《资治通鉴》卷二百一十八，6984 页。

⑩ 《宋史》卷一百二《礼志》，2497、2501 页。

⑩ ［清］徐松辑：《宋会要辑稿》第十八册《礼》十八，北京，中华书局影印本，1957 年，第一册，733－748 页。

⑩ ［美］韩森著，包伟民译：《变迁之神：南宋时期的民间信仰》，杭州，浙江人民出版社，1999 年，82－92 页。

⑩ ［宋］董逌撰，陈引驰整理，徐中玉审阅：《广川画跋》卷四，2900－2901 页。

⑩ ［宋］孟元老：《东京梦华录》，18 页。

⑩ ［宋］孟元老：《东京梦华录》，20 页。

⑩ 林悟殊：《波斯琐罗亚斯德教与中国古代的祆神崇拜》，余太山主编：《欧亚学刊》第 1 辑，北京，中华书局，1999 年，206 页，经修订收入林悟殊：《中古三夷教辨证》，322 页。

⑩ 《宋史》卷一百六十四《职官》四，3883 页。

⑪ 《宋史》卷一百六十三《职官》三，3853 页。

⑫ ［清］徐松辑：《宋会要辑稿》第十九册《礼》二〇，北京，中华书局影印本，1957 年，第一册，769 页。

⑬ 林悟殊：《波斯琐罗亚斯德教与中国古代的祆神崇拜》，余太山主编：《欧亚学刊》第 1 辑，206 页，经修订收入林悟殊：《中古三夷教辨证》，323 页。

⑭ ［宋］李焘：《续资治通鉴长编》卷二百二十八熙宁四年十一月戊戌，北京，中华书局点校本，1986 年，5545 页。

⑮ ［宋］李焘：《续资治通鉴长编》卷二百六十七熙宁八年八月戊申，6551 页。

⑯ 陈寅恪：《白乐天之先祖及后嗣》，载其著《元白诗笺证稿》，上海，上海古籍出版社，1978 年新 1 版，307－308 页；北京，生活·读书·新知三联书店，2001 年，317 页。

⑰ 陈寅恪：《冯友兰中国哲学史上册审查报告》，载其著《金明馆丛稿二编》，上海，上海古籍出版社，1980 年，248 页；北京，生活·读书·新知三联书店，2001 年，280 页。

第二章　祆神崇拜与唐宋祆神变异

学者们根据古波斯文献和波斯本土的考古发现,认为萨珊王朝所规范了的琐罗亚斯德教并不实行偶像崇拜;在对现代琐罗亚斯德教徒的田野调查中,也发现他们除了教主查拉图斯特拉(Zarathustra)的圣像外,并无其他圣像崇拜[①]。而以粟特地区为主的古代中亚曾流行祆神崇拜,却为文献记载和相继不绝的考古发现所证实。林悟殊先生遂据以指出:"是否有偶像崇拜,便是九姓胡祆教与萨珊波斯琐罗亚斯德教的一大不同了。"[②]祆教经由中亚传入中国后,其祆神崇拜采取何种模式,由于文献记载模糊,又缺乏可确认的实物证明,考证殊为不易。本章试图结合波斯琐罗亚斯德教史,对粟特祆神崇拜与波斯琐罗亚斯德教的渊源关系略作考辨,并进而对唐宋时期的祆神崇拜及其变异现象进行考察。

第一节　中古粟特祆神崇拜及其源流考辨

一　波斯琐罗亚斯德教反圣像崇拜的形成

阿契美尼时期(Achaemenian,约前 550～前 330 年)波斯琐罗亚斯德教是否实行偶像崇拜,各个时期的记载不太相同。公元前 5 世纪,古希腊作家希罗多德(Herodotus)记载了当时波斯人祀神的情况:

> 波斯人所遵守的风俗习惯,我所知道的是这样。他们不

供养神像,不修建神殿,不设立祭坛,他们认为搞这些名堂的
人是愚蠢的。我想这是由于他们和希腊人不同,他们不相信
神和人是一样的。然而他们的习惯是到最高的山峰上去,在
那里向宙斯奉献牺牲,因为他们是把整个穹苍称为宙斯的。
他们同样地向太阳和月亮,向大地、向火、向水、向风奉献牺
牲。③

如果这一记载属实,则表明希罗多德时代的波斯琐罗亚斯德教徒
是不实行偶像崇拜的。但一般认为到公元前 5 世纪末 4 世纪初,琐
罗亚斯德教已明显实行偶像崇拜了。大流士二世(Darius Ⅱ,前
423～前 404 年)统治时,在王室保护下,至少有两座祭祀阿娜希塔
神(Anāhiti)的神庙存在。大流士二世及其后继者一样,都是琐罗亚
斯德教徒。学者们推断,就是在他统治时,西伊朗人早已熟知的
阿娜希塔(Anāhiti/Ishtar)祭仪,被纳入琐罗亚斯德教仪式中而加
以制度化。他和他的王后,在孩提时就已熟知巴比伦母亲神伊斯
塔尔(Ishtar)的神像,正是他们在西部的琐罗亚斯德教徒中首次介
绍了偶像崇拜仪式。公元前 4 世纪的一块印泥表明,他们所建立
的偶像崇拜仪式可能受巴比伦模型的影响。这块印泥乃为小亚的
总督而造,描绘了阿契美尼国王礼拜一位头带光轮的女神的场景。
这位女神站在狮背上,她可能是美索不达米亚伊斯塔尔神的代替
者阿娜希塔④。公元前 5 世纪,当编纂新的《阿维斯陀经》时,在大
流士二世的敦促下,熟知巴比伦宗教仪式的波斯祭司首次把这位
神比定为《阿维斯陀经》中的神祇。从此,阿娜希塔通过《阿维斯陀
经》中的《水神颂》(Aredvi Sūra Anāhita),受到琐罗亚斯德教徒礼
拜⑤。大流士二世的长子阿尔塔薛西斯二世(Artaxerxes Ⅱ,前
404～前 358 年)继任时,就在这位女神的圣祠里举行了加冕仪式,
普鲁塔克记录了当时的情况:

新国王到帕萨哥特(Pasargadae)去朝圣,在波斯祭司的主
持下举行王室洗礼。这里有一座战争女神雅典娜(Athene)的

圣祠。受礼者必须走入圣祠,脱下自己的长袍,穿上大居鲁士成为国王之前所穿过的衣服;然后吃一枚无花果,嚼一些松木,饮一杯酸奶。⑥

此处的女神雅典娜,通常被比定为希腊人所熟知的波斯神阿娜希塔⑦。大流士的另一子小居鲁士,公元前 407 年被委任为吕底亚的总督和小亚所有波斯军队的指挥官。他可能建立了祭祀蒂安娜(Diana)的圣庙。蒂安娜通常也被比定为雅典娜⑧。这些事例都可看做是波斯琐罗亚斯德教初行偶像崇拜的证据。公元前 4 世纪后期被亚历山大征服之后,在希腊化的影响下,琐罗亚斯德教徒祭祀的圣像明显增加。根据斯特拉波(Strabo)的记录,在他所处的时代,小亚的波斯神祠挂有"奥马努斯"(Omanus)的木像。如果确认这个名字可以比定为瓦曼(Vahaman),则说明为琐罗亚斯德教七圣神之一瓦曼建立神祠的风俗,可能早已存在⑨。

　　阿娜希塔的礼拜仪式受到王室支持,经费充足,其富丽堂皇的圣庙和装饰精美的雕像,吸引了大批教徒前来朝拜,其庙宇在琐罗亚斯德教徒的宗教生活中日有地位。但是与此同时,也有一些正统的教徒对此不满,通过营建不设人造偶像的庙宇来反对偶像崇拜。他们只在这些庙宇里面供奉火,认为火才是真正的琐罗亚斯德教徒唯一允许礼拜的对象⑩。以往的学者们通常认为,庙火仪式属于早期琐罗亚斯德教,是一种不定期的公众礼拜仪式,但是这种观点越来越受到质疑。韦勘德(Stig Wikander)曾断言早期的琐罗亚斯德教徒并不知道庙火仪式⑪。德国考古学家施帕曼博士(Dr. Schippmann),对波斯境内的琐罗亚斯德教火庙进行了综合考察研究,他认为琐罗亚斯德教徒于公元前 4 世纪时接受了庙火仪式⑫。玛丽·博伊斯教授(Mary Boyce)肯定了他的观点,并补充道,古伊朗地区首先实行庙火仪式,它与需要使用圣像的阿娜希塔仪式不同,乃为反对圣像崇拜而确立,并逐渐发展成为该教的正统仪式⑬。如此,火逐渐成为琐罗亚斯德教徒唯一崇拜对象,其地位越发重要⑭。

　　真正意义上的破坏圣像运动，到帕提亚晚期逐渐开展起来，至萨珊王朝时赢得完全胜利。在帕提亚晚期，随着希腊化影响的减退，反对圣像崇拜、支持火坛的情绪日益高涨。伏洛吉斯（Valakhš, Vologeses）一世统治时，在其发行的钱币反面印上火坛，代替了希腊风格的神像；而地方大族，如伊斯塔克尔阿那希特（Anāhīd）神庙的保卫者，他们都是波斯的萨珊家族，则把神像从圣祠移出，代之以圣火⑮。

　　到了萨珊时期，进一步以法律形式禁止圣像崇拜。阿达希尔一世（Ardashir I, 224～240年）从掌权之日起就是积极的破坏圣像者。他通过法律，明确反对把圣像作为礼拜对象，认为那是不合法的。萨珊时期的国王们，连同祭司与贵族，都积极建立圣火，用之代替圣像，并为其建造祠庙。当圣像从圣祠移走后，要在圣祠里安置一处火坛，以驱逐潜在圣像中的邪恶。一份中古波斯语文献详细记录了琐罗亚斯德教徒在神庙中移走圣像、放置火坛的情况：

　　　　在库思老·卡瓦丹（Khusrau ī kawādān）统治时，有两个人，名叫卡卡（kakā）和阿杜尔陀姆（Ādurtōhm），他们在某地拥有一座神庙。他们按照祭司（Mōbeds）的命令，把神像移出神庙，而代之以火坛（'twrlwk）。当被要求把火带回迪瓦·卡达甘（Dīwān ī kardagān）时，他们并不赞同。他们及其后代接到命令，应该负责照管那座庙及里面的火坛。他们成功地把火坛安置在正确的地方；只要还活着，就可以在那里看护火。⑯

就是从此时起，有关火庙的文献记载与考古资料日益丰富起来。前文提及的施帕曼博士在萨珊人本土及邻近地区的发掘，发现了大量萨珊时期的火庙遗址。

　　拜火的仪式非常复杂，花费往往十分昂贵⑰，因此许多圣祠是空置的，只留有一个基座，在个人祭祀或节日的特定时刻才放上火。尽管圣像被移出，但琐罗亚斯德教徒允许原来祭祀神的神庙继续存在,说明萨珊时期的破坏圣像运动不是直接反对献给神的圣所,而只是反对里面的神像。成书于9世纪的中古帕拉维语文献《创世记》(Bundahishn)中,有关记载反映了琐罗亚斯德教徒的这种信念;教徒们认为,供奉神像的庙宇里有恶魔,当神像移出后,恶魔随之消失,然后要在神庙里安置圣火⑱。

从以上论述可以看出,阿契美尼时期波斯琐罗亚斯德教开始实行偶像崇拜,到希腊化时期甚至一度繁荣;但是帕提亚晚期,破坏圣像运动逐渐开展起来,到萨珊时赢得完全胜利。这时,偶像崇拜逐渐被废除,偶像甚至被认为是恶魔藏身之所;他们遂主张通过崇拜圣火来与神沟通,圣火成为教徒们唯一礼拜的对象。然而,我们考察同时期有关粟特祆教信仰的记载,发现其既有偶像崇拜的形式,也有与其时萨珊波斯本土的反圣像崇拜相一致的情况,表明了粟特祆教崇拜模式的多样化。

二 偶像与画像:粟特祆神崇拜的多元化

根据文献记载和考古发现,粟特地区的祆神崇拜有偶像、画像与无像等多种形态,反映了粟特地区祆神崇拜多元化的特点。汉文史籍记载曹国流行得悉神崇拜,有助于我们了解粟特地区祆教实行偶像崇拜的情况。《隋书·西域传》曹国条云:

> 国中有得悉神,自西海以东诸国并敬事之。其神有金人焉,金破罗阔丈有五尺,高下相称。每日以驼五头、马十四、羊一百口祭之,常有千人食之不尽。⑲

这段史文,可与《新唐书·康国传》西曹国条互相参证:

> 西曹者,隋时曹也,南接史及波览,治瑟底痕城。东北越于底城有得悉神祠,国人事之。有金器具,款其左曰:"汉时天子所赐。"⑳

早在20世纪初期,汤马斯彻克㉑、夏德㉒、白鸟库吉㉓等学者就对得悉神的宗教属性进行了探讨。著名的伊朗学家亨宁教授

（W. B. Henning）在考证粟特神祇时明确指出，粟特本土的 txs'yc，即为唐代文献中的"得悉神"[24]。1990 年新疆焉耆七个星乡出土了一件银碗，碗沿刻粟特铭文，英国著名粟特文专家辛姆斯·威廉姆斯（N. Sims-Williams）释读碗内有"这件器物属于得悉神"之句，并指出该神名带阴性词尾（txs'ycyh），表明是女神[25]。蔡鸿生先生指出，此神很可能是火祆教的"星辰雨水之神"，"粟特城邦盛行女神崇拜，于此又添一证"[26]。别列尼茨基（A. M. Belennitskii）《粟特的思想与崇拜问题（根据片治肯特寺庙资料）》一文，即注意到中国史籍记载的得悉神的情况："中国史籍记载中，提到了得悉神像，这些神像表现为人形。"[27]葛乐耐（F. Grenet，又译葛勒耐）和马尔沙克（B. I. Marshak）合撰《粟特艺术中的娜娜神话》一文，报道了 4 至 5 世纪阿富汗兴都库什山西部山岩庙宇中的壁画。中间第八神像，坐宝座，右手持箭，下有游鱼，当为 Tistar，即得悉神（Tir）[28]。在 Kaška 河谷发现的一个纳骨瓮上和 Otrar 附近 Kujruk-tjube 的一个木雕饰上，也见此神的形象[29]。近年学者们更认为日本 Miho 博物馆所藏北朝画像石石板上对马的崇拜即与此神有关[30]。若学者们的考证得实，则有"金人"之称的得悉神不仅为粟特城邦所盛行的祆教女神，更是粟特祆教实行偶像崇拜的明证。得悉神（Tištriya）大约与阿娜希塔神同时，即公元前 5 世纪末 4 世纪初，被纳入琐罗亚斯德教偶像崇拜的序列[31]，说明其时粟特地区对此神的偶像崇拜当来自于阿契美尼时期的波斯故乡[32]。

本书绪论部分所提及的粟特文古信札（编号为 T. XII. a），系 1907 年英国考古学家斯坦因（A. Stein）在敦煌西北的一座长城烽燧下发现。1948 年，亨宁教授考证古信札的年代为 4 世纪初，并指出，其中一些神名包含了古代伊朗神祇的名称。如第二号信札的发信人 Nanai-Vandak，意为"娜娜女神之仆"，他的信是写给撒马尔干家乡的主人 Nanai-δvār，两者都含有娜娜女神（Nana）之名，或可见粟特人对此女神的崇拜[33]。印度河上游粟特铭文的发现，也印证了这一点。这些粟特铭文，镌刻在今天中巴高速公路巴基斯坦一侧，年代稍晚于古信札，其中也多带有"Nanai"神名[34]。又如 Artixw-Vandak，意为"（琐罗亚斯德教《阿维斯陀经》中）Ašiš-vaŋuhi 之仆"；还有第一号信札中的 βγnpt-，亨宁认为就是当年敦煌女神祠中的一位神职人员[35]。1965 年，亨宁在《粟特神祇考》一文中，列举了现存粟特语文献中出现的伊朗神祇，其中见于粟特文古信札人名中者，除上述 Nana 与 Ašiš 外，还有 Druvāspa（Druvāspā?）和 Taxsic[36]。学者们还根据粟特地区片治肯特的庙 I 和庙 II 遗址，以及沙赫里斯坦及乌什鲁沙那（Ustrushana，即《唐书》中的东曹，《大唐西域记》中称为窣堵利瑟那，慧超《往五天竺国传》称为曹）的粟特宫殿的壁画，复原了粟特本土的一系列神：Ahura-mazdāh，Zrvān，Miθra，Nana（i）the Lady，Vərəθraγna，Naryasaŋha，Māh，Aši-vaŋuhī，Druvāspa，Haoma，Xvarənah，Tištriya，Yima，vātahe ašaonō，Gandarva，并认为这些神不是起源于佛教、基督教或摩尼教，而是均具有伊朗琐罗亚斯德教内涵[37]。

　　根据考古发掘，粟特地区的神像是存放在四方庙里的，这种庙由四根独立的柱子支撑，形成门廊，上为平台或带天窗的屋顶，内有形制规则的圣坛。这种庙被称为"方庙"（faγn）[38]。从平面图和正面图来看，粟特地区的四方殿应溯源于早期琐罗亚斯德教的火坛，比如公元前 4 世纪首次出现于苏萨（Susa）火庙中的圣坛[39]。在塞琉古时代和帕提亚时代，伊朗的火庙明显是按照阿契美尼时期苏萨火庙的形状来建造的。萨珊时期的火庙则与之不同，其上为正方形穹顶，周围有四面拱门，与以前的方庙明显不同[40]。由此可见，粟特地区的方庙保留了早期波斯方庙的主要特征。类似的情形在敦煌地区也存在，敦煌文书《沙州图经》（P. 2005）记载敦煌地区："（祆神）右在州东一里，立舍，画神主，总有廿龛。其院周回一百步。"池田温先生认为，此祆舍为正方形，在建筑形制上可能承袭了波斯万神殿的四方形结构[41]。敦煌地区的祆祠乃为满足当地粟

特移民而建,他们将祆神置于方形祆舍中进行崇拜,更有助于说明
粟特地区的偶像崇拜乃沿袭阿契美尼遗风。

从帕提亚末期到萨珊时期,波斯明显经历了一次彻底的破坏
圣像崇拜运动。阿契美尼时期的偶像崇拜已不复存在,而阿契美
尼后期逐渐完善的拜火仪式,最终成为琐罗亚斯德教最重要的礼
拜仪式,圣火成为唯一礼拜的对象。因此隋唐时期粟特地区盛行
的祆神崇拜,当不是取法于同时期的萨珊波斯,而是阿契美尼时期
偶像崇拜的遗风遗俗。

隋唐时期,粟特地区与萨珊波斯的祆神崇拜,出现了偶像崇拜
与反偶像崇拜的差异,这是不难理解的。一方面,亚历山大东征所
带来的希腊化影响,并没有在粟特地区彻底消除;另一方面,彼时
粟特地区已非波斯管辖,因此波斯的破坏偶像运动并没有影响到
粟特地区。萨珊人反对偶像崇拜导致了他们积极增加圣火的数
量,尽管波斯帝国实行严厉的专制主义,但他们并没有成功地镇压
或劝说帝国的其他省份破坏圣像[42]。

当然,粟特地区的祆神信仰不可避免会受到当地民间信仰以
及周边佛教、印度教等其他宗教信仰的影响。从地理位置来看,唐
时的粟特诸城邦,扼中西交通大道的要冲,是中国、印度、波斯和拜
占庭四大文明汇聚之区,除了祆教外,佛教、基督教、摩尼教等各种
宗教都曾一度流行。因此考察粟特地区的祆教流行情况,要避免
踏入"凡粟皆祆"的误区[43]。另外,当地的祆教信仰不可避免会受到
多种文明、多种宗教的影响。如起源于美索不达米亚的娜娜女神
与粟特祆教相结合的情况[44]。这一融合也体现在片治肯特考古发
掘的1号和2号神庙中[45]。而2003年西安所发现的北周史君墓,
其石堂东墙图像则表明了印度湿婆神与伊朗气神的融合[46]。黎北
岚(Pénélope Riboud)[47]、毕波[48]则利用已有的研究成果,从整体上考
察了中亚地区宗教信仰的复杂情况。洪巴赫(H. Humbach)探讨了
粟特万神殿的印度因素。例如在粟特文佛教和摩尼教文献中,察

宛（Zrvān）被描绘成梵天（Brahma）的形象，阿摩（Adbag，大神）（奥尔穆兹德）被描绘成因陀罗（Indra）（释迦），维希帕尔卡尔（Vesh-parkar）（伐由）被描绘成摩诃提婆（Mahadeva）（湿婆）⑭。这些神祇虽然已不属于琐罗亚斯德教的万神殿，却生动地表现了琐罗亚斯德教与佛教、印度教等不同宗教相互混杂的情况⑮。从事中亚研究的学者曾以乌什鲁沙那为中心，探讨了琐罗亚斯德教的一种特殊的地方形态。根据文献记载和考古发现，此地把对偶像和各种神祇的崇拜以及其他宗教实践都合并进来，具体表现在其丰富多彩的纪念性艺术中。特别是卡拉—伊·卡赫卡哈 I 宫殿小厅中的壁画，描绘了一个三头四臂的神，这可能是印度神维希帕尔卡尔在乌什鲁沙那的特殊表现形式。此外该壁画还描绘了一位骑在狮子上的四臂女神，其被解释为乌什鲁沙那的主要女神、伟大的武士之母的神像，是用拟人的手法表现对自然生产力和生殖力的崇拜，她等同于贵霜—粟特伟大的女神娜娜⑯。这里，我们看到的是各种宗教混合存在进而互相影响的情况。可以说，在以粟特为中心的中亚地区，其祆教信仰必然是融合其他各种信仰而存在的。

三 粟特祆教的圣火崇拜

尽管粟特祆教有各种祆神崇拜，但也保存着圣火崇拜。段成式《酉阳杂俎》卷十记载道：

> 俱德健国乌浒河中，滩[流]中有火祆祠。相传祆神本自波斯国乘神通来此，常见灵异，因立祆祠。内无像，于大屋下置大小炉，舍檐向西，人向东礼。有一铜马，大如次马，国人言自天下，屈前脚在空中而对神立，后脚入土。自古数有穿视者，深数十丈，竟不及其蹄。西域以五月为岁，每岁日，乌浒河中有马出，其色金，与此铜马嘶相应，俄复入水。近有大食王不信，入祆祠，将坏之，忽有火烧其兵，遂不敢毁。⑰

俱德健国，冯承钧先生解释为："今中亚卡菲尔尼干（Kafirnagan）河下游之库巴的安(Kabadian)。"㊿虽然地处古代巴克特里亚,但是同样位于中亚河中地区,其祆祠中"内无像",或可说明粟特地区也有实行非偶像崇拜的火祆教徒,他们所本的波斯国,可能已是萨珊时期实行非偶像崇拜的波斯国了。

　　萨珊时期,中亚祆教与波斯琐罗亚斯德教之间的关系如何呢?我们知道,萨珊帝国包含了中亚西部和阿富汗的东部地区,并延伸到外高加索、美索不达米亚和阿拉伯的一部分。然而粟特地区并不在其版图之内㊾。在频繁的政治变迁中,粟特地区并未臣属于波斯,但政治联系的中断并不意味着文化上的隔绝㊺。经过萨珊王朝规范的波斯琐罗亚斯德教当然照样可以影响粟特地区,或在该地区传播。中古波斯语的作品就有这方面的记录。大约在 830 年,粟特的中心地区,即康国撒马尔干的琐罗亚斯德教徒,曾向波斯的宗教领袖法罗赫扎丹询问,当旧达克玛已损坏,新达克玛(dakhma,石制表面的塔,用来曝尸)建好后,应该如何举行仪式。法罗赫扎丹在回信中说道:"新达克玛完工后,如果有人死去,就在达克玛的角落里摆放一些石块,举行正确的仪式,然后把尸体放在上面。"㊻中亚地区火庙的存在,证明粟特祆教既崇拜有形象的祆神,也崇拜圣火,以圣火来与神沟通。也正因为其保有崇拜圣火的特征,在汉籍始有火祆、火胡之称。虽然吉钮(Ph. Gignoux)认为伊朗西部的琐罗亚斯德教将拜火作为唯一合法的崇拜形式,这种发展并没有影响中亚,"贵霜—萨珊钱币和索格底亚那文神庙一词(vaγn＜bahina:'神的住处')都显示了这一点,在索格底亚那神庙中似乎崇拜的是伊朗诸神像。"但他也指出:"在被发掘出来的神庙中,只有苏尔赫·科塔尔(Surkh Kotal)的神庙 B 可以认为是真正的火庙。"㊼另外,"塔赫特—伊·桑金的乌浒水神庙只有两间'小礼拜堂'用于拜火"㊽。虽然可确认的火庙遗址为数不多,但亦可证明粟特地区拜火仪式的存在。因此可以说,粟特地区的确存在"内无像"的火庙,与同期萨珊波斯正统的琐罗亚斯德教相同,不拜偶像。

通过以上分析可以看出，中古粟特地区的祆教信仰既保存了阿契美尼时期波斯琐罗亚斯德教偶像崇拜的遗风遗俗；但也流行萨珊波斯在火庙祭祀圣火的模式。当然，粟特祆教实行偶像崇拜，也必然会受到亚历山大东征所带来的希腊化以及当地和周边其他的各种宗教和民间信仰的影响。其具体情况如何，则需要做进一步的细致分析了。正如林悟殊先生指出："在琐罗亚斯德教的神话体系中，有众多的善神，善神往往又有诸多变相；在中亚地区传播后，又有当地诸多地方传统神祇加入。因此，古代中国人不可能分清个中复杂的关系，较大的可能性是把该教所崇拜的诸神都目为祆神。"⑤从另一个方面看，粟特地区祆神崇拜多元化的特点也反映了波斯原教旨琐罗亚斯德教在东传过程中所发生的变异。当变异了的粟特祆神传入中国以后，自然呈现出不同的表现形式。

第二节　唐伊吾祆庙"素书"非塑像辨

有关唐代伊吾祆庙供祀"素书"的记载，见于敦煌文书 S.367，该文书写于光启元年（885 年），现存英国国家图书馆⑥。文书述及贞观十四年（640 年）高昌未破以前敦煌北面伊州伊吾县祆庙的宗教仪式活动：

> 伊吾县……火祆庙中有素书，形像无数。有祆主翟槃陀者，高昌未破以前，槃陀因入朝至京，即下祆神，因以利刀刺腹，左右通过，出腹外，截弃其余，以发系其本，手执刀两头，高下绞转，说国家所举百事，皆顺天心，神灵助，无不征验。神没之后，僵仆而倒，气息奄，七日即平复如旧。有司奏闻，制授游击将军。⑥

羽田亨 1930 年发表的《唐光启元年写本沙州伊州地志残卷考》是 S.367 文书研究的发轫之作，是文主要讨论文书的体裁、性质与特征，并过录了文书，唯未论及祆庙"素书"的性质⑥。在有关祆教研究的论著中，神田喜一郎 1928 年发表的《祆教杂考》最先征引该条资料，然是文并未就"素书"作特别讨论⑥。事隔十余年后，神田氏根据唐代金石文字中常见的"素画"，而怀疑此处素书或为素画之误，认为此座祆庙供奉的乃该教神祇的彩绘塑像⑥。羽田亨、那波利贞氏都赞同神田氏的解释⑥。荣新江、林悟殊先生也注意到日本学者的观点，对素书究竟是画像还是塑像存疑，但并未专论⑥。姜伯勤先生在引用该条资料时，认为"伊州祆庙神主不是塑像，而是单线平涂（'素书'）绘像"，但对日本学者的观点并未回应⑥。其他从事敦煌文书研究的学者们在著录此段资料时，对伊吾祆庙"素书"未多措意⑥。下面，拟就"素书"是否可作塑像解试加考辨，庶几有助于祆教华化问题的探讨。

一 "素书"为画像

按"书"（書）与"画"（畫），字形相近，S.367文书所云的"素书"既然"形像无数"，那疑"书"为"画"之讹，便不无道理。不过，神田氏认为"素书"为彩绘塑像的主要理由，乃据钱大昕有关唐、宋碑刻中"素"字用法的论断：

> 碑有"素画弥勒佛"之语，按：《说文》无"塑"字，唐、宋碑刻或作"塐"，亦俗，不若作"素"之为得也。⑥

此处钱氏将"素"当为"塑"的通假字，而认为"素画"即为涂色彩的塑像。神田氏遂亦认为伊吾祆庙"素书"为"素画"之误，进而将其释为彩绘塑像。观神田氏立论之基础，乃将"素"通"塑"，作动词解。诚然，古汉语中存在"素"、"塑"通假的用法，但未必处处如是，具体情况还得具体分析。下面先就神田氏用以佐证自己观点的四个例子，逐一辨析：

其一，北齐天统三年（567年）《张静儒造浮图并素象记》：

> 在黄岗上，造浮图一区，素画像容，刊石立形，释迦菩萨，妙巧班公。⑦

按在山岗上造浮图，自以崖石为依托；要"刊石立形"——在石上刻出形象,自应先"素画像容"——素描画像。是以,就此处语境,"素"当非"塑"的通假,而应为副词,用于修饰动词"画","素画"应作素描解,与彩绘塑像无涉。

其二,唐太和七年(833年)《龙兴寺造上方阁画法华感应记》:

> 兼造上方阁一所,并画法华感应事相,及素画弥勒佛。㊆

钱大昕即举此例以证"素"为"塑"之通假。实际上,龙兴寺所造上方阁乃以画法华感应事相为主,而非供奉弥勒佛,弥勒佛只是兼画而已,其或与所画感应事有关。如弥勒佛为塑像,则该阁乃以供奉弥勒佛为主,与标题所突出的"画法华感应记"不符。

其三,《陇西李府君修功德碑记》:

> 由是巡山作礼,历险经行,盘回未周,轩辀屹(据《沙州文录》补)断。刻削有地,缔构无人,遂千金贸工,百堵兴役,奋锤垒(《西域水道记》录作龙)壑,揭石砧山。素涅槃像一铺,如意轮菩萨、不空胃索菩萨各一铺,画报恩、天请问、普贤菩萨、文殊师利菩萨、东方药师、西方净土、千手千眼观世音菩萨、弥勒上生下生、如意轮、不空胃索等变各一铺,贤劫千佛一千躯。初坏土涂,旋布错彩,豁开石壁,俨现金容。㊒

其四,《大蕃(《沙州文录》作番)故敦煌郡莫高窟阴处士公修功德记》:

> 遂则贸良工,招锻匠,第二层中方营窟洞。其所凿窟额,号报恩君亲也。龛内素释迦牟尼像并声闻菩萨神等共七躯,帐门两面画文殊、普贤菩萨并侍从,南墙画西方净土、法花、天请问、宝恩变各一铺,北墙药师净土、花严、弥勒、维摩变各一铺,门外护法善神。然则金乌东谷,随佛日以施仁;玉兔西山,引慈云而布润。㊓

在第三、四这两个例子中,"素"字可按神田氏引钱大昕的观点,通假为"塑",然文中,"素"与"画"并非连书。也就是说,当"素"用作"塑"的通假字时,并未与"画"连用。"画",作动词用,其意为绘,如与动词"塑"组合,则类乎复合动词,表示绘与塑两个动作,只能作谓语㉔;如作名词用,则指平面的图像,不能作动词"塑"的宾语,缘只有立体的图像才能被塑。因而神田氏在认定"素书"为"素画"之误后,按此两例中"素"字的用法,把伊吾袄庙的"素书"界定为彩绘塑像,显属误解。

S.367"伊吾县……火袄庙中有素书形像无数"一句中"素书",揣其文意,不论是"素书"抑或"素画",显为名词短语,即火袄庙中所有之物,"形像无数"则为补充说明"素书"或"素画"之特点。因此,是句也可断为:"伊吾县……火袄庙(,)中有素书,形像无数。"此处"素"为形容词,作白色、不加修饰解,符合古汉语中"素"的用法㉕。"素画",用现代汉语解释,即为素描之画,没有彩色之画。也就是说,唐代伊吾袄庙的"素书",应指该庙中所供祀的袄神素描画像,而不是彩绘塑像。

近时,林梅村教授撰文,认同神田氏的考证,把伊吾袄庙"素书"定为塑像。不过,他没有解读文字,而是以其他地区考古发现的一些疑似袄神塑像来佐证。首先要指出的是,文中其所举的出土物是否属于袄教,并未考实。例如,文章将近年发现的西安北周史君墓有关图像直当袄教图像解㉖,并由此把近年在大夏南部(今阿富汗的哈达)发现的神像当为琐罗亚斯德教主神阿胡拉·马兹达像㉗。其实,即便林文所举的例证确属于袄教的塑像,但亦不能因此就认为 S.367 文书所云伊吾这一特定袄庙的"素书"不可能是素描的画。因为学者业已证明中亚的袄教确实存在袄神画像崇拜,古代敦煌地区也确有袄画流行。

二 袄画来自中亚

伊吾袄庙供祀画像的风俗,自是来源于中亚袄教传统,缘该地向为中亚粟特人聚居之地。S.367 记载伊州的建置沿革如下:"隋大业六年于城东买地置伊吾郡。隋乱,复没于胡。贞观四年,首领石万年率七城来降。我唐始置伊州……管县三：伊吾、纳职、柔远。"⑦同卷记载伊州辖下柔远县阿览神的情况，与伊吾县的情况类似，也是由入华胡人所建："右相传隋大业十二年伊吾胡共筑营田。贞观四年胡归国，因此为县，以镇为名……柔远镇，镇东七里，隋大业十二年置伊吾郡，因置此镇……其州下立庙，神名阿览。"⑦伊州的胡人聚落是贞观初年由内迁的粟特人组成，他们入华既未久，华化亦未深，固容易保存本教原始信仰；其祆神信仰是粟特聚落内部的重要精神生活，如是，则供祀祆神画像应为沿袭粟特本土的信仰方式。

正如上文已经指出的，萨珊波斯时期正统的琐罗亚斯德教并不实行偶像崇拜，而以圣火为唯一礼拜对象。但粟特本土的祆教则不然，其更多地保持波斯阿契美尼时期琐罗亚斯德教的习俗，仍一直流行神像崇拜。粟特语"庙"(faγn)一词，其语源即与神像崇拜有关，而与火无涉⑩。一篇粟特语文书中则描述了庙中供祀装饰珠宝的金制神像的情况⑪。法国中亚考古专家葛乐耐教授研究了粟特本土，特别是离撒马尔干以西 70 公里 Biya-Nayman 遗址发现的祆教徒专用纳骨瓮，在其修饰图像上认读了一组六位稳定的人物形象，并将其比定为琐罗亚斯德教主神阿胡拉·马兹达的六位属神⑫。这些神像被刻于纳骨瓮，无疑意味着死者生前及其亲属对该等神像的崇拜。

纳尔沙希(Narshakhī)《布哈拉史》曾记载阿拉伯征服时期，屈底波(Qutaiba)将布哈拉的祆祠改造为清真寺的情况，该清真寺的门上绘有图像，人物面部被涂抹，但其他部分仍保持原状⑬。或以为此清真寺的大门实际上就是原来祆祠的门，绘制图像的习俗正为伊吾祆庙"素书"的母本⑭。另外，汉文史籍亦有关于粟特地区祆教实行神像崇拜的记载。详见本章第一节的论述，此处不赘。

以上所论，说明粟特地区在波斯萨珊王朝时期，仍一直流行神像崇拜，其间当然包括偶像和画像。伊吾祆庙的祆神画像，无疑来源于中亚粟特地区。

三 敦煌地区流行祆画

据敦煌出土的《沙州图经》(P. 2005)，敦煌地区的祆神乃与土地神、风伯神、雨师神一道，归入杂神之列：

四所杂神

土地神

　　右在州南一里，立舍，画神主，境内有灾患不安，因以祈焉。不知起在何代。

风伯神

　　右在州西北五十步，立舍，画神主，境内风不调，因即祈焉。不知起在何代。

雨师神

　　右在州东二里，立舍，画神主，境内亢旱，因即祈焉。不知起在何代。

祆神

　　右在州东一里，立舍，画神主，总有廿龛。其院周回一百步。⑥⑤

一般认为此沙州东的祆神祠即敦煌文书《敦煌二十咏》(P. 2784)第十二首《安城祆咏》所咏的神祠⑥⑥：

　　板筑安城日，神祠与此兴。一州祈景祚，万类仰休征。

　　苹藻来无乏，精灵若有凭。更有雩祭处，朝夕酒如绳。⑥⑦

姜伯勤先生根据粟特考古发现的火祠遗址大小，推测"周回一百步"的安城祆舍，"每边边长25步，约35米，则此数表明系一院落。此院落有一祆门，院落内有神堂，画神主廿龛(即所谓'精灵若有凭')，且永远都有人贡献祭品(即'苹藻来无乏')"⑥⑧。这处祆庙所供奉的神主很明确是画上去的。

有关粟特祆神画像，敦煌亦有发现。1978年，饶宗颐先生在《敦煌白画》一书中，论及法国国立图书馆藏 P. 4518(24)号白画⑥⑨。

姜伯勤、张广达先生相继对此图像进行考察㉚。尽管姜、张两位先生在具体神名的比对上意见有所不同,但界定为粟特祆神则无二致。

随着时间推移,传入中土的祆神画像其功能发生了改变。原本在祆庙中供奉的祆画,到了唐末五代,进入民间,为当地百姓赛祆所用。张义潮归义军时期(848~914 年),敦煌地区赛祆成为一种民俗,祆神画像普及到民间。这种风俗一直延续到曹氏归义军后期(914~1036 年)㉛。敦煌文书有丰富的资料证明这一点。日本小川阳一氏曾征引多种有关赛祆文书,如写于光化二年(899 年)至四年(901 年)之间的 P. 4640 纸背:

己未年

　　七月廿五日,支赛祆画纸三十张。

　　十月五日,又支赛祆画纸三十张。

庚申年

　　正月十三日,支与赛祆画纸三十张。

　　四月八日,赛祆支画纸三十张。

　　四月十六日,又赛祆画纸三十张。

　　七月九日,赛祆用画纸三十张。

　　十月九日,支与赛祆画纸三十张。

辛酉年

　　正月十一日,赛祆支画纸三十张。

　　二月廿一日,赛祆支画纸三十张。

　　三月三日,东水池及诸处赛祆用鹿纸一帖。㉜

考虑到"伊吾县……火祆庙中有素书,形像无数"及"(沙州祆神)右在州东一里,立舍,画神主,总有廿龛"的情况,此处所记赛祆画纸极有可能就是用于绘制祆神画像。根据文书所录,赛其他神也有用画纸者,而文书 127 行画钟馗用粗纸两帖,223 行赛钟馗又用细纸粘灯笼用㉝。学者据以指出画纸是根据质量而区分的一种纸,不一定只用于绘画⑭。但即便如此，似也并不排除赛祆画纸乃用作画祆神画像，正如 127 行画钟馗用粗纸一样。而赛其他神也有用画纸者，正表明此时的赛祆活动已与当地的祈赛民俗汇流。林悟殊先生认为这种庙会式的娱乐活动"其民俗意义已大大超过了严格的宗教意义。在当时敦煌地区，赛祆并不是火祆教徒特有的宗教仪式，不过是当地祈赛风俗中的一项"，"祆神之被祈赛，不过是当地的民俗，完全不是某一宗教门派所专有，而是当地各族居民所共享；其已失去琐罗亚斯德教固有的宗教意义了"⑮。在粟特聚落还未离散以前，祆神画像乃被供奉在祆庙中，但是到了晚唐时期，赛祆成为当地一种民俗，祆神画也在赛祆活动中被普及了。

到了五代时期，人们仍然采用画像形式祭祀祆神，不过此时祆神已经和当地的一般神祇无所区别，表明这一外来神灵逐渐融入中土社会。见于法藏敦煌文书 P. 2814 纸背《（后唐）天成年间（926～930 年）都头知悬泉镇遏使安进通状稿》：

> 都头知悬泉镇遏使银青光禄大夫检校国子祭酒兼御史大夫上柱国安某乙，乃觏古迹，神庙圮坼，毁坏年深，若不修成其功，恐虑灵祇无效，遂则彩绘诸神，以保河隍永固，贼寇不届于疆场。护塞清宁，戎烟陷灭，潜异境□，乃丰登秀实，万姓歌谣。有思狼心早觉。于时天成□年某月日。
>
> 门神、阿娘神、张女郎神、祆祠、□□、九子母神、鹿角将军、中竭单将军、玉女娘子、吒众□将军、斗战将军、行路神、五谷神、主（土）社神、水草神、郎君。⑯

在这里，祆祠和门神、阿娘神、张女郎神等当地神灵一样，都被彩绘，"以保河隍永固，贼寇不届于疆场"。

萨珊波斯琐罗亚斯德教本无神像崇拜，中土祆教的画像崇拜本身即表明其由中亚地区"间接"传入的特色。至迟到唐末五代，入华祆教仍是普遍以绘画来表现祆神的形象，用祆画来作为祭祀的对象。只是祆画已走出祆庙（祆舍），步入民间游神赛会的行列。

本节论证写于光启元年的敦煌文书 S.367 所述贞观十四年高昌未破以前,敦煌北面伊州伊吾县祆庙中的"素书"乃为粟特祆神的画像。然而,这并非意味着祆教在中国并不实行偶像崇拜。既然粟特本土祆教的神像包括画像和偶像,那么该教入华后也流行偶像崇拜就属顺理成章的事。其实,即便隋唐入华的祆教未曾带来祆神的偶像,但在古代中国盛行偶像崇拜的传统氛围下,其偶像化也是必然的。

唐代的祆教固有继承前朝的成分,但从阿拉伯东征导致大量西域人移民中土的历史背景看,其最大量的信众应以同时期的西域移民为主。在这些移民中,当然有中亚的祆教祭司,如上奏朝廷的穆护何禄便是;而且,也不排斥有来自波斯本土守护火庙圣火的祭司的可能性[⑰],中亚祆教徒固不在话下,至于奉正统琐罗亚斯德教的波斯移民,自也有之,如本书下面还将讨论的晚唐苏谅妻马氏就是[⑱]。由是,出现圣像崇拜与圣火崇拜并存的局面,就更可理解了。

第三节　摩醯首罗与唐宋祆神

上节我们讨论了唐伊吾祆庙"素书"乃指祆神画像,也就是说,祆教传入中土后,其所事祆神曾采取画像的模式,这与波斯本土琐罗亚斯德教迥异,后者并无圣像崇拜。然而考虑到粟特本土祆神崇拜呈画像和偶像等多种模式,以及古代中国盛行偶像崇拜的传统氛围,该教入华后也应流行偶像崇拜。只是由于文献记载阙略,考证殊为不易。汉文史籍曾记载时人将佛经中的摩醯首罗偶像当做祆神祭拜。摩醯首罗是否即为祆神,两者之间究竟是何关系,本节试作探讨[⑲]。

一　摩醯首罗与祆神 Weshparkar 混同原因试析

检索现有的文献,将祆神与摩醯首罗混同,似首见于唐韦述

《两京新记》卷三：

> （布政坊）西南隅胡祆祠（注：武德四年所立，西域胡天神，佛经所谓摩醯首罗也。）⑩

杜佑于唐德宗贞元十七年（801 年）完成的《通典》，其卷四十《职官》二十二所记：

> 视流内，视正五品：萨宝；视从七品：萨宝府祆正。祆，呼烟反。祆者，西域国天神，佛经所谓摩醯首罗也。武德四年，置祆祠及官，常有群胡奉事，取火呪诅。
>
> 视流外，勋品，萨宝府祓（祆）祝；四品：萨宝府率；五品：萨宝府史。⑩

其中有关武德四年（621 年）置祆祠及将祆神比作摩醯首罗之说，当取自《两京新记》，或与其同所本⑩。将祆神比作摩醯首罗乃附会之说，正如陈垣先生云：

> 以火祆为摩醯首罗，本于两京新记注（卷三）及通典注（卷四十）：摩醯首罗，大自在天也。翻译名义集卷四曰：摩醯首罗，诸经论多称大自在。大唐西域记所述凡百三十八国，有天祠者七十八，多供大自在天；然与波斯火祆教无涉，不得强为附会也。⑯

《两京新记》和《通典》的注释将祆神比附为摩醯首罗，这种误会之所以产生，究其原因，盖有以下几点，一是如陈垣先生所论：

> 唐时著述之用祆字，既如上述，然其例只限于外典，内典中尚罕见。玄奘大唐西域记卷十一，于波剌斯（波斯）之祆教，但称为天祠甚多，而不称为祆祠，与其他供大自在天之天祠，直无区别。⑭

正因为时人多称祆祠为天祠，"与其他供大自在天之天祠，直无区别"，才会导致将祆神与大自在天等同。按，"大自在天"，照辞书的一般解释："梵名 Maheśvara，巴利名 Mahissara。音译作摩醯首罗、莫醯伊湿伐罗。又作自在天、自在天王、天主……此天原为婆罗门

教之主神湿婆,信奉此天者被称为大自在天外道……大自在天外
道原为印度古代十六种外道之一。以大自在天为世界之创造神,
奉祀大自在天,期得解脱之外道。又称自在天外道、摩醯首罗论
师。其教徒涂灰于身,故又称涂灰外道。提倡三神一体之说,以摩
醯首罗为本体,并谓梵天及那罗延为其所化现。依外道小乘涅槃
论载,摩醯首罗论师主张摩醯首罗常住不变,三界中一切有命与无
命之物皆由摩醯首罗天而生。"[⑩]大自在天在印度教中为湿婆之别
名,原与那罗延天同列梵天之下位,其后升格为最高神。佛经中斥
此外道之说时,也提及摩醯首罗在大自在天外道中至高无上的地
位。如《提婆涅槃论》曰:"外道摩醯首罗论师作如是说,果是那罗
延所作,梵天是因,摩醯首罗一体三分。所谓梵天,那罗延摩醯首
罗。地是依处,地主是摩醯首罗天。于三界中所有一切命非命物,
皆是摩醯首罗天生。摩醯首罗身者,虚空是头,地是身,水是尿,山
是粪,一切众生是腹中虫,风是命,火是暖,罪福是业,是八种是摩
醯首罗身。"[⑯]《涅槃经》卷十九曰:"今有大师,名迦罗鸠驮迦旃
延……为诸弟子说如是法,若人杀害一切众生,心无惭愧,终不堕
恶。犹如虚空,不受尘水。有惭愧者,即入地狱。犹如大水,润湿
于地。一切众生,悉是自在天之所作。自在天喜,众生安乐。自在
天嗔,众生苦恼。一切众生若罪若福。乃是自在天之所为。云何
当言人有罪福。"[⑰]玄奘《大唐西域记》多处记载西行时此外道在印
度诸邦流行的盛况[⑱]。摩醯首罗在大自在天外道的最高神位,与时
人"祆神即西域天神"的观念类似,这可能是教外士人将两者混同
的主要原因[⑲]。

　　另外,从中亚考古发现可看到,摩醯首罗的形象与祆神形象类
似。1946 年起,苏联考古学家相继在片治肯特(Panjikent)古遗址
发现了大量壁画。片治肯特位于塔吉克境内,在撒马尔干以东,
722 年毁于战火,残留至 760 年,因此片治肯特壁画年代下限为 8
世纪。片治肯特的资料是 5 世纪至 8 世纪早期粟特史的原始资料。

片治肯特 XXII 号点 1 号居址壁画中,发现 8 世纪的三头六臂神像,披甲胄,一手执山型叉。V. A. 里夫什茨解读了该三头神像下部的题铭为 wsprkr,遂将其拟定为 Weshparkar 神[⑩]。片治肯特Ⅲ号点 6 号室西墙壁画中,发现一台座上有三个可以搬动的圣火祭坛,圣火祭坛上画有诸神,其中仅一个祭坛支柱上的神像保存得较为清晰,显出是为三人一体三头神。此神当为里夫什茨所比定的 Weshparkar 神。同样的图像也见于粟特东曹地区(Usrushana,今天据穆格山出土的粟特语文书得知,正确的拼写法当是 Ustrushana,唐代称之为东曹)Kala-I Kahkaha I 宫邸中一小厅内的壁画[⑪]。有关 Weshparkar 的语源,H. Humbach 教授认为其前一部分 wysh-,源于贵霜钱币上风神的希腊文铭文 Oesho(>古伊朗语 Vāyu),全名则源于阿维斯陀语 Vaiiush uparō kairyō>Weshparkar>风神[⑫]。在古伊朗的神话中,Vāyu 不仅是风,也是一切生命赖以存活的气息。而 Weshparkar 在粟特壁画中之所以具有三个面孔,因为三个面孔分别代表诞生、存续和消亡[⑬]。现有的研究成果将 Weshparkar 神与琐罗亚斯德教上神阿胡拉·马兹达(Ahura Mazda)、Zrvān 神并列为粟特三大男神[⑭]。而有关摩醯首罗的形象,《智度论》卷二曰:"摩醯首罗天,秦言大自在。八臂三眼,骑白牛"[⑮];《俱舍论记》卷七曰:"大自在天总有千名,今现行世唯有六十,鲁达罗即一名也。又解涂灰外道说,自在出过三界有三身:一、法身,遍充法界。二、受用身,居住色界上自在天宫,即佛法中说摩醯首罗天,三目八臂,身长万六千踰缮那。三、化身,随形六道种种教化"[⑯];上引《提婆涅槃论》曰:"外道摩醯首罗论师作如是说,果是那罗延所作,梵天是因,摩醯首罗一体三分。"据此,则摩醯首罗或作三目八臂,或作三分身,与粟特壁画所见 Weshparkar 神三头正好类似。因此,这或许是时人将二者混淆的又一原因。

然而,据考古发现,摩醯首罗的形象虽与 Weshparkar 三头类似,但二者毕竟还存在着明显差别。20 世纪初,斯坦因在和阗西北的丹丹乌里克(Dandan-Oilik)获得一幅大约属于 6 世纪的木板画，其间有手执日月的神像。此外，七号遗址住房中出土的另一幅双面木板画，年代接近，绘有三头四臂，上臂分执日轮月轮的神像。这一神像座前有两匹白色卧牛，论者认为其很可能就是摩醯首罗的形象⑩。摩醯首罗上臂分执日轮月轮与上文 Weshparkar 执山型叉的形象明显不同。十号遗址的寺庙出土的一幅双面木板画，一面画有三位神祇，左侧为执金刚杵的因陀罗(Indra)，右侧可能为三首三眼的梵摩罗(Brahmâ)，中间之神手执日月⑪。1998 年 10 月，瑞士学者鲍默(Christoph Baumer)在其编号为 D13 的殿堂建筑内侧墙壁上发现两幅壁画，都是三人组合的神像。其中北墙西侧的三人组合为：左面的神像三头，双腿下卧着一头黑牛。可以毫无疑问地把他比定为湿婆和他的坐骑牛(Nandi)，这个印度教神祇被纳入佛教金刚乘的万神殿中，于阗语文书中叫做 Mahesvara(摩醯首罗、大自在天)，是宇宙的八大守护神之一。其被描画成三头：中间的头上有第三只眼，象征着他的至高无上和高深莫测⑩。正如张广达教授所指出，从丹丹乌里克出土的木板画上的手执日月神像的其他特征以及处理与其他神祇的布列方式看，这一类神像显然不同于粟特地区壁画中的类似神像，应归属于佛教图像学系统⑩。

当然，我们认为摩醯首罗不是袄神，却并不排除佛教或印度教与袄教有相互影响的可能性。Weshparkar 一名，亦见于敦煌发现的两篇粟特文佛教文献，即《吠多檀多本生经》和巴黎藏敦煌粟特语文书八号(TSP8)。从这两份晚期佛教文献所载袄教神谱与印度教的对应情况看，粟特佛教徒系以梵王(Brahma)对祖尔万，以天王释(Sakra/Indra)对阿胡拉·马兹达，以大天(Mahādeva)或湿婆对风神(Weshparkar)⑩。这正好表明粟特宗教壁画与印度教神像及汉地早期佛教图形之间，应互有影响，对此，学界多位学者早已指出⑫。但必须指出的是，两者互相影响是一回事，却并不表明两者可以等同。

二　摩醯首罗并非祆神

宋敏求《长安志》卷十述及布政坊西南隅胡祆祠时并无"佛经所谓摩醯首罗也"一句，似乎也暗示了宋敏求对前人以"祆神即佛经所谓摩醯首罗也"之说不以为然：

> （布政坊）西南隅胡祆祠（注：武德四年立，西域胡祆神也。祠内有萨宝府官，主祠拔（引者按：当为"祆"之误）神，亦以胡祝充其职。沆按：胡祆神始末，见北魏书，灵太后时立此寺。）⑫

《长安志》多取《两京新记》，而有关布政坊西南隅胡祆祠条亦不例外，唯宋敏求删掉"佛经所谓摩醯首罗也"一句，增加有萨宝府官及胡祝主其事的记录，应更接近历史的真实。

也就是说，虽然唐代文献已出现将祆神与摩醯首罗混同的情况，但正如韦述、杜佑用"所谓"二字表明，这一比定仅为想当然之说，并无真凭实据。所以唐代文献并不见有将摩醯首罗当做祆神祭祀的记载。

宋代志磐撰《佛祖统记》卷三九，正（贞）观五年（631 年）条下曰："初波斯国苏鲁支立末尼火祆教，敕于京师建大秦寺。注：祆，火烟反，胡神，即外道梵志也。波斯国在西海，此云大秦。"⑬此处仅言祆神为胡神，是外道梵志，至于此外道究竟为何，则并未明指。内典佛书中既有提及祆教这一异教者，也有专门记述摩醯首罗这一外道，但从未将二者比附，也反证了"祆神即佛经所谓摩醯首罗"乃世人误会所致。

此外，据敦煌出土的《沙州图经》（P. 2005），敦煌地区的祆神形象有多种：

> 祆神
>
> 　右在州东一里，立舍，画神主，总有廿龛。其院周回一百步。⑭

可见时人所见祆神形象至少有廿种之多，这倒符合原始琐罗亚斯德教万神殿的情况。该教独尊阿胡拉·马兹达为上神,另有六大神作为辅神阿马拉斯潘德,包括:瓦曼(Vahman),象征"善良的意图",即获得幸福生活的美好愿望;阿德瓦希什特(Ardvahišt),"最公正者";沙赫里瓦尔(Shahrevar),"称心如意的统治",仅仅体现权力;斯奔达马特(Spendārmad),"仁慈的忠诚者";赫尔达特(Hordād),"健康";阿木尔达特(Amurdād),"长寿"或者"永生不死"。琐罗亚斯德教将其解释为阿胡拉·马兹达创造的第一批神,合称七圣神⑯。蔡鸿生先生曾指出,琐罗亚斯德教七圣神的观念在粟特祆神崇拜中仍有流行,并影响到宋代民间游艺七圣祆队的礼俗⑰。考古发现也印证了这一说法⑱。此外,该教于一年十二月,每月三十天还各有专司其职的神祇⑲。当然,该教也还崇拜其他各种大小神祇⑳。另外,中古粟特地区是东西文明的交汇地,其祆神信仰除继承波斯本土琐罗亚斯德教的成分外,难免还杂糅了古代希腊、印度及中亚地区的多种宗教成分㉑。因此若单以摩醯首罗一种形象来对应祆神,显然并不符合历史的真实情况。

三 宋代祆神之偶像化

尽管我们认为唐代文献将摩醯首罗比附为祆神,并不足信,然而到了宋代,祆教祠庙中直将祆神像作摩醯首罗像供奉,事见宋代董逌《广川画跋》卷四《书常彦辅祆神像》的记载:

> 元祐八年七月,常君彦辅就开宝寺之文殊院,遇寒热疾,大惧不良。及夜,祷于祆神祠。明日,良愈。乃祀于庭,又图像归之。属某书,且使教知神之休也。祆祠,世所以奉梵相也。其相希异,即经所谓摩醯首罗。有大神威,普救一切苦,能摄伏四方,以卫佛法。当隋之初,其法始至中夏,立祠颁政坊。常有番人奉事,聚火祝诅,奇幻变怪。至有出腹决肠,吞火蹈刃,故下俚佣人,就以诅誓,取为信重。唐祠令有萨宝府官主司,又有梵祝以赞于礼事,其制甚重,在当时为显祠。今

> 君以祷获应,既应则祠,既祠则又使文传,其礼至矣。与得悉
> 唐国顺大阇宾同号祆神者,则有别也。[⑫]

董逌关于祆祠"番人奉事,聚火祝诅"、"唐祠令有萨宝府官主司"的
叙述大抵符合史实,但这毕竟是对于祆教来源的追溯,而并非当时
的真实情况。从这段记载的行文语境看,祆神祠应是附属于文殊
院里面。而佛教寺院所供奉的神像,普遍是塑像,因而,该祆神祠
所供奉的祆神当亦为偶像。不过,其之附属于文殊院,则是由于人
们把其所奉之神目为摩醯首罗之故。该神既"有大神威,普救一切
苦,能摄伏四方,以卫佛法",自是佛教诸神之一。"祆祠,世所以奉
梵相也。其相希异,即经所谓摩醯首罗"一句,表明宋时将二者比
附的错误观念依然存在。由于常君所图之像已不存,该像究竟与
摩醯首罗有无区别,无从考证;但无论如何,这段记载无疑暗示了
宋代的祆神崇拜,已被偶像化了。

宋僧文莹的《玉壶清话》(又名《玉壶野史》)曾提及:

> 范鲁公质举进士,和凝相主文,爱其私试,因以登第……
> 初,周祖自邺起师向阙,京国雁乱,鲁公遁迹民间。一旦,坐对
> 正(应为封丘)巷茶肆中,忽一形貌怪陋者前揖云:"相公相公,
> 无虑无虑。"时暑中,公执一叶素扇,偶写"大暑去酷吏,清风来
> 故人"一联在上,陋状者夺其扇曰:"今之典刑,轻重无准,吏得
> 以侮,何啻大暑耶?公当深究狱弊。"持扇急去。一日,于祆庙
> 后门,一短鬼手中执其扇,乃茶邸中见者。未几,周祖果以物
> 色聘之,得公于民间,遂用焉。[⑬]

值得注意的是,该段文字记录了范鲁公质于封丘巷祆庙后门见有
一"土偶短鬼",或以为此土偶可作为祆庙有塑像的证据[⑭]。按中国
主流宗教所崇拜诸神,不乏有异貌者,但毕竟鲜被称"怪陋"。故祆
庙所奉"土偶短鬼",或为华化祆神也未可知。若果真如此,则亦可
佐证宋代祆神之偶像化。这与祆教初传中土时行画像崇拜的情况
显为不同,更与波斯正统琐罗亚斯德教崇拜圣火大异其趣。当然,

这些偶像虽被人们视为祆神,但并非正统琐罗亚斯德教万神殿的神祇,表明人们对祆教作为外来宗教的真实面目日益模糊,而民众则想当然地来祭祀所谓祆神,这种变化正反映了祆教之日益本土化。

波斯本土的琐罗亚斯德教并无偶像崇拜,传入中亚以后由于受到多方面影响,祆神崇拜呈现出多元化的模式。中古时代传入中土的祆教流行圣像崇拜,更多地保存了粟特本土的风俗习惯。随着入华日久,受中土多神崇拜的历史环境影响,一般民众按照自身需要塑造出祆神偶像加以祭祀。

同源于波斯的摩尼教传入中国后也出现了偶像崇拜,但与祆教却颇有不同。波斯摩尼教亦无神像崇拜,其传入中亚地区后所出现的用于宣传的壁画、解喻教义的插图,不过是继承本教形象宣传的传统,并没有产生神像或偶像的崇拜。到了 10 世纪末,摩尼佛像已正式出现在宋代的政治中心京城开封。12 世纪初叶,在中国的东南沿海一带,即两浙和福建地区,摩尼教的教主及诸神画像广为民众所接受。到了元代,摩尼教在缺乏统一教会组织的情况下,更向民间宗教靠拢,像其他民间宗教那样,以偶像崇拜作为宗教仪式的中心,以保存本教的命脉。迄今保存在泉州草庵的摩尼光佛雕像正是华化摩尼教实行偶像崇拜的历史见证[⑬]。

祆教与摩尼教则不同。祆教虽然也出现有偶像,但这种偶像并非正统琐罗亚斯德教的属神,乃民众按自身想象而创造出来的。其原因似乎可归结于两者不同的传播方式。摩尼教从创立之日起,就致力于向外传播,现今发现的各种古民族文字的摩尼教经文残片便是其致力在全世界传教的最好证明[⑭]。而琐罗亚斯德教则不同,在长期的宗教实践中,其只发展成伊朗系诸民族的宗教,而不是发展成世界性多民族的宗教。国际考古学界迄今并未发现古代琐罗亚斯德教经典《阿维斯陀经》有非波斯文的译本,唯见上古伊朗语的《阿维斯陀经》写本和中古伊朗语的帕拉维文写本[⑮]。正如林悟殊先生指出:"中亚胡人所信奉的火祆教,无论是在北朝,抑或是在唐代,都没有以一个完整的宗教体系的形式来向中国人推介。其作为一个完整或较完整的宗教体系,实际只局限在胡人移民中流行。该教不像其他两个夷教,即摩尼教、景教那样,力图把其整个宗教体系向汉人传播。"⑬火祆教徒并不主动以完整的宗教体系向汉人传播,汉人也无从深入了解该教神祇的形象。而且火祆教传入中国与传入中亚地区不同,中亚粟特地区,乃以伊朗系民族为主,火祆教为民众信奉的主流宗教。而在中国,西域移民毕竟只是少数,祆教并未在汉人中间传播开来。随着火祆教信仰主体西域移民入华日久,粟特聚落逐渐离散,粟特后裔华化日深,其间即便有某些虔诚保持本教传统的教徒,也无力举行本教的大规模仪式了,因此祆神形象只能越来越模糊,而无法被汉人得知,更遑论如实塑造出其偶像了。然而正是由于祆教入华以后以民俗的方式向汉人传播,才会被汉人吸纳到中国民间信仰的万神殿中,民众方可自行创造祆神偶像加以祭拜。

传入中国的火祆教在唐代以画祆神祭拜,与波斯本土的琐罗亚斯德教完全不同,是该教经由中亚间接传入中国的结果。到了宋代,其以偶像的形式被纳入中国的万神殿,则是其民俗化的表现。

───────────────

① Mary Boyce, *A Persian Stronghold of Zoroastrianism*, Oxford: Oxford University Press, 1977, repr. University Press of America: Lanhan • New York • London, 1989;中译本见[英]玛丽·博伊斯原著,张小贵、殷小平译:《伊朗琐罗亚斯德教村落》,北京,中华书局,2005 年。

② 林悟殊:《唐代三夷教的社会走向》,载荣新江主编:《唐代宗教信仰与社会》,上海,上海辞书出版社,2003 年,359 - 384 页,后收入林著《中古三夷教辨证》,北京,中华书局,2005 年,346 - 374 页。

③ George Rawlinson transl. , *The History of Herodotus*, *Great Books of The Western World*, Vol. 6, I. 131, The University of Chicago, 1952, p. 31;参阅王以铸译:《希罗多德历史》,北京,商务印书馆,1997 年,上册,68 页。

④　Mary Boyce, *A Hsitory of Zoroastrianism*, Vol. Ⅱ, Leiden/Köln: E. J. Brill, 1982, pp. 202 – 204.

⑤　J. Darmesteter transl. , *The Zend-Avesta*, Part Ⅱ, *The Sīrōzahs*, *Yasts and Nyāyis*, in F. Max Müller ed. , *SBE*, Vol. XXIII, First Published by the Oxford University Press, 1884, reprinted by Motilal Banarsidass, Delhi, 1965, 1969, 1975, 1981, pp. 52 – 84.

⑥　Mary Boyce, *A Hsitory of Zoroastrianism*, Vol. Ⅱ, p. 209.

⑦　Mary Boyce, *A Hsitory of Zoroastrianism*, Vol. Ⅱ, p. 201.

⑧　Mary Boyce, *A Hsitory of Zoroastrianism*, Vol. Ⅱ, pp. 201 – 202.

⑨　Mary Boyce, *A Persian Stronghold of Zoroastrianism*, p. 90; 中译本见[英]玛丽·博伊斯原著,张小贵、殷小平译:《伊朗琐罗亚斯德教村落》,96 页。

⑩　Mary Boyce, *A Hsitory of Zoroastrianism*, Vol. Ⅱ, pp. 221 – 222.

⑪　Stig Wikander, *Feuerpriester in Kleinasien und Iran*, Lund, 1946. 转引自 Mary Boyce, 'On the Zoroastrian Temple Cult of Fire', *JAOS*, 95. 3, 1975, p. 455。

⑫　K. Schippmann, *Die iranischen Feuerheiligtüer*, Berlin-New York, 1971.

⑬　Mary Boyce, 'On the Zoroastrian Temple Cult of Fire', pp. 455 – 456.

⑭　J. Darmesteter transl. , *The Zend-Avesta*, Part I, *The Vendīdād*, in F. Max Müller ed. *SBE*, Vol. IV, Oxford University Press, 1887, repr. Motilal Banarsidass, 1965, 1969, 1974, 1980, pp. 112 – 116.

⑮　Mary Boyce, 'Iconoclasm among the Zoroastrians', *Christianity*, *Judaism and Other Greco-Roman Cults : Studies presented to Morton Smith at Sixty*, ed. by J. Neusner, Vol. 4, Leiden, 1975, pp. 104 – 105.

⑯　Mary Boyce, 'On the Sacred Fires of the Zoroastrians', *BSOAS*, Vol. XXXI, 1968, pp. 63 – 64.

⑰　参阅林悟殊:《波斯拜火教与古代中国》,台北,新文丰出版公司,1995 年,51 – 60 页; J. J. Modi, *The Religious Ceremonies and Customs of the Parsees*, 2ⁿᵈ, Bombay, 1937, pp. 199 – 230。

⑱　Mary Boyce, 'On the Sacred Fires of the Zoroastrians', p. 63 n. 89.

⑲　《隋书》卷八三,1855 页。

⑳　《新唐书》卷二二一下,6245 页。

㉑　W. Tomaschek, *Centralasiatische Studien*, Bd. I. , Vienna, 1877, p. 152.

㉒　F. Hirth, *Ueber fremde einflüsse in der chinesischen kunst*, München: G. Hirth, 1896, p. 33 n. 1.

㉓　白鸟库吉:《粟特国考》,《西域史研究(下)》,《白鸟库吉全集》第七卷,东京,岩波书店,昭和四十六年(1971 年),78 页;中译本参阅白鸟库吉著,傅勤家译:《康居粟特

考》,上海,商务印书馆,1936 年,44－46 页。

㉔　W. B. Henning,'A Sogdian God', *BSOAS*, Vol. XXVIII：Ⅱ,1965,pp. 252－253.

㉕　林梅村:《中国境内出土带铭文的波斯和中亚银器》,《文物》1997 年第 9 期,56－57
　　页,收入其著《汉唐西域与中国文明》,北京,文物出版社,1998 年,160－161 页。

㉖　蔡鸿生:《唐代九姓胡与突厥文化》,北京,中华书局,1998 年,11－14 页。

㉗　姜伯勤:《天水隋石屏风墓胡人"酒如绳"祆祭画像石画像研究》,《敦煌研究》2003 年
　　第 1 期,16 页;并见姜伯勤:《中国祆教艺术史研究》,北京,生活·读书·新知三联
　　书店,2004 年,160－161 页。

㉘　F. Grenet & B. I. Marshak,'Le mythe de Nana dans l'art de la Sogdiane', *ArtsA*, Tome
　　53,1998,p. 13;姜伯勤:《天水隋石屏风墓胡人"酒如绳"祆祭画像石画像研究》,《敦
　　煌研究》2003 年第 1 期,16 页;姜伯勤:《中国祆教艺术史研究》,161 页。

㉙　F. Grenet & B. I. Marshak,'Le mythe de Nana dans l'art de la Sogdiane',p. 10.

㉚　B. I. Marshak,'La Thématique Sogdienne dans l'art de la Chine de la deuxième moitié
　　du Ⅵ^e siècle', *Comptes Rendus de l'Académie des Inscriptions & Belles-Lettres*, Paris,Janvi-
　　er-Mars 2001,pp. 227－264;Pénélope Riboud,'Le cheval sans cavalier dans l' art
　　funéraire sogdien en Chine:à la recherché des sources d'un thème composite', *ArtsA*,
　　58,2003,pp. 148－161;荣新江:《Miho 美术馆粟特石棺屏风的图像及其组合》,《艺
　　术史研究》第 4 辑,广州,中山大学出版社,2002 年,207－208 页。

㉛　Mary Boyce, *A Hsitory of Zoroastrianism*, Vol. Ⅱ,pp. 204－206.

㉜　有关得悉神的考证可参阅拙文《曹国"得悉神"考》,提交"丝路胡人暨唐代中外文化
　　交流学术讨论会"论文,西安,2008 年 10 月 11～12 日。

㉝　W. B. Henning,'The Date of the Sogdian Ancient Letters', *BSOAS*, XII,1948,
　　pp. 602－605.

㉞　N. Sims-Williams,'The Sogdian inscriptions of the Upper Indus:A preliminary re-
　　port',K. Jettmar ed., *Antiquities of Northern Pakistan. Reports and Studies*,1;Rock in-
　　scriptions in the Indus Valley, Mainz,1989,pp. 135;N. Sims-Williams,'Mithra the
　　Baga',P. Bernard et F. Grenet eds., *Histoire et cultes de l'Asie centrale préislamique*, Paris,
　　CNRS,1991,pp. 177－186;参阅荣新江:《祆教初传中国年代考》,《国学研究》第 3
　　卷,北京,北京大学出版社,1996 年,339－343 页;另见荣新江:《中古中国与外来文
　　明》,北京,生活·读书·新知三联书店,2001 年,291－293 页。

㉟　W. B. Henning,'The Date of the Sogdian Ancient Letters',pp. 602－605.

㊱　W. B. Henning,'A Sogdian God',pp. 252－253.

㊲　G. Azarpay,'The Theme:Religious Imagery', in G. Azarpay, *Sogdian Painting*, with
　　contributions by A. M. Belennitskii, B. I. Marshak & Mark J. Dresder, Berkeley-Los

Angeles-London：California University Press，1981，p. 126 and n. 1.

㊳　G. Azarpay，'The Theme：Religious Imagery'，in G. Azarpay, *Sogdian Painting*，p. 126，49.

㊴　K. Schippmann, *Die iranischen Feuerheiligtüer*，pp. 266－274.

㊵　Mary Boyce，'On the Zoroastrian Temple Cult of Fire'，p. 456，464.

㊶　池田温：《8 世纪中叶における敦煌のソグド聚落》，《ユーラシア文化研究》第 1 号，1965 年，90 页补注 1；中译本见辛德勇辑译：《日本学者研究中国史论著选译》第九卷，北京，中华书局，1993 年，219 页补注 1；池田温：《唐研究论文选集》，北京，中国社会科学出版社，1999 年，67 页补注 1。

㊷　Mary Boyce，'On the Zoroastrian Temple Cult of Fire'，pp. 462－463.

㊸　借给巴黎吉美国家亚洲艺术博物馆的私人所藏墓葬石棺床图像，便表现了中亚居民所信宗教的希腊和印度来源，见 Musée Guimet, *Lit de pièrre, sommeil barbare；Présentation, après restauration et remontage, d'une banquette funéraire ayant appartenu à un aristocrate d'Asie centrale venu s'établir en Chine au Ⅵ^e siècle*, Paris, Musée Guimet, 13 avril-24 mai 2004。特别是 C. Delacour 与 Pénélope Riboud 二氏的文章，见 37－42、43－47 页。

㊹　特别是 F. Grenet & B. I. Marshak，'Le mythe de Nana dans l'art de la Sogdiane'，pp. 5－18，49。

㊺　B. I. Marshak, V. I. Raspopova ed., *Materialy Pendzhikentskoj Akheologicheskoj Ekspeditsii*, Ⅵ：*Otchët o raskokpkakh drevnego Pendzhikenta v 2003 godu*, Sankt-Peterburg, Gos. Ermitazh，2004.

㊻　F. Grenet，P. Riboud & Yang Junkai(杨军凯)，'Zoroastrian Scenes on a Newly Discovered Sogdian Tomb in Xi'an，Northern China'，*St. Ir.*，Vol. 33/2，2004，pp. 273－285.

㊼　Pénélope Riboud，'Rendre un culte à la divinité Xian：quelles religions étaient pratiquées dans les communautés d'Asie centrale en Chine?'中译本见黎北岚著，毕波、郑文彬译：《祆神崇拜：中国境内的中亚聚落信仰何种宗教?》，提交 2004 年 4 月 23～25 日北京举行"粟特人在中国国际学术研讨会"论文，收入荣新江、华澜、张志清主编：《粟特人在中国——历史、考古、语言的新探索》，北京，中华书局，2005 年，416－429 页。

㊽　毕波：《信仰空间的万花筒——粟特人的东渐与宗教信仰的转换》，荣新江、张志清主编：《从撒马尔干到长安——粟特人在中国的文化遗迹》，北京，北京图书馆出版社，2004 年，49－56 页。

㊾　H. Humbach，'Vayu, Siva und der Spiritus Vivens im ost-iranischen Synkretismus'，

Acta Ir. 4; *Monumentum H. S. Nyberg*, Leiden, 1975, p. 404.

(50) B. A. Litvinsky, Zhang Guang-da(张广达) & R. S. Samghabadi(eds.), *History of Civilizations of Central Asia*, Vol. Ⅲ, Paris: UNESCO Publishing, 1996, p. 253;参阅[俄]李特文斯基主编,马小鹤译:《中亚文明史》第三卷,北京,中国对外翻译出版公司,2003年,214－216页。

(51) G. Azarpay, 'Nanā, the Sumero-Akkadian Goddess of Transoxiana', *JAOS*, Vol. 96. 4, 1976, pp. 536－542; B. N. Mukherjee, *Nanā on Lion: A Study in Kushāna Numismatic Art*, India · Calcutta: The Asiatic Society, 1969.

(52) [唐]段成式著,方南生点校:《酉阳杂俎》卷十,北京,中华书局,1981年,98－99页。

(53) 冯承钧原编,陆峻岭增订:《西域地名》,北京,中华书局,1980年,78页;这座祆祠已为考古发现所证实,见J.-P. Drège et F. Grenet, 'Un temple de l'Oxus près de Takht-i Sangin, d'après un témoignage chinois du Ⅷ^{e} siècle', *St. Ir.*, 16, 1987, pp. 117－121。

(54) B. A. Litvinsky, Zhang Guang-da(张广达) & R. S. Samghabadi(eds.), *History of Civilizations of Central Asia*, Vol. Ⅲ, p. 20, 233;参阅[俄]李特文斯基主编,马小鹤译:《中亚文明史》第三卷,1－2、195页。

(55) B. I. Marshak, 'New Discoveries in Pendjikent and a Problem of Comparative Study of Sasanian and Sogdian Art', *La Persia e l'Asia Centrale da Alessandro al X Secolo*, Roma 1996, pp. 425－438.

(56) B. N. Dhabhar, *The Persian Rivayats of Hormazyar Framarz and others, their version with introduction and notes*, K. R. Cama Oriental Institute, Bombay 1932, pp. 104－105. 转引自 Mary Boyce, *Zoroastrians: Their Religious Beliefs and Practices*, London, etc., Routledge and Kegan Paul, 1979, 1984(with 2 pp. insertion 'Additions and corrections'), 1998(3rd revised reprint), 2001, repr. 2002, pp. 157－158。

(57) B. A. Litvinsky, Zhang Guang-da(张广达) & R. S. Samghabadi(eds.), *History of Civilizations of Central Asia*, Vol. Ⅲ, p. 409;参阅[俄]李特文斯基主编,马小鹤译:《中亚文明史》第三卷,348页。

(58) B. A. Litvinsky, Zhang Guang-da(张广达) & R. S. Samghabadi(eds.), *History of Civilizations of Central Asia*, Vol. Ⅲ, p. 410;参阅[俄]李特文斯基主编,马小鹤译:《中亚文明史》第三卷,348页。

(59) 林悟殊:《波斯琐罗亚斯德教与古代中国的祆神崇拜》,原刊余太山主编:《欧亚学刊》第1辑,北京,中华书局,1999年,208页;又见林悟殊:《中古三夷教辨证》,324－325页。

(60) 此卷文书,王重民的《敦煌遗书总目索引》、黄永武的《敦煌宝藏》、向达的《伦敦所藏敦煌卷子经眼目录》皆定名为《沙州地志》,傅振伦的《从敦煌发现的图经谈方志的起源》定名为《瓜沙伊西残志》，日本羽田亨的《唐光启元年写本沙州伊州地志残卷考》、周丕显的《敦煌遗书概述》定名为《沙州伊州地志残卷》(见郑柄林:《敦煌地理文书汇辑校注》，兰州，甘肃教育出版社，1989 年，69 页)。这一定名多为学界所接受。最近李锦绣女史刊文，所论极详，认为此文书为“大中时张议潮收瓜沙、进《图经》后，中央对陇右道《图经》的重新编纂，时间在大中五年以后”，因此文书应定名为《陇右图经》。见李锦绣:《敦煌吐鲁番地理文书与唐五代地理学》，《吐鲁番学研究》2005 年第 1 期，60 - 62 页。

(61) 中国社会科学院历史研究所、中国敦煌吐鲁番学会敦煌古文献编辑委员会、英国国家图书馆、伦敦大学亚非学院编:《英藏敦煌文献》第一卷，成都，四川人民出版社，1990 年，158 页;录文参考唐耕耦、陆宏基编:《敦煌社会经济文献真迹释录》(一)，北京，书目文献出版社，1986 年，40 - 41 页。

(62) 羽田亨:《唐光启元年书写沙州・伊州地志残卷に就いて》，原刊石桥五郎编:《小川博士还历记念史学地理学论丛》，东京，弘文堂，1930 年，收入《羽田博士史学论文集》上卷“历史篇”，京都，京都大学东洋史研究会，1957 年，585 - 605 页;中译本《唐光启元年写本沙州伊州地志残卷考》，载万斯年辑译:《唐代文献丛考》，1957 年，上海，商务印书馆新 1 版，72 - 94 页。

(63) 神田喜一郎:《祆教杂考》，原刊《史学杂志》第 39 编第 4 号，昭和三年(1928 年)，381 - 394 页，昭和四年(1929 年)补订，后收入其著《东洋学说林》，东京，弘文堂，1948 年，此据《神田喜一郎全集》第一卷，京都，同朋社，1986 年，79 页。

(64) 神田喜一郎:《素画に就いて》，《东洋史研究》第 5 卷第 3 号，昭和十五年(1940 年)，后收入其著《东洋学说林》，此据《神田喜一郎全集》第一卷，85 - 88 页;另按，昭和十五年为 1940 年，论者或以为神田氏此说提出于 1969 年，不知何所据;林梅村《高昌火祆教遗迹考》，《文物》2006 年第 7 期，60 页。

(65) 羽田亨:《西域文化史・宗教美术》，刊[日]羽田亨著、耿世民译:《西域文明史概论(外一种)》，北京，中华书局，2005 年，159 页及注 20;那波利贞:《祆庙祭祀小考》，《史窗》第十号，1956 年，7 页。

(66) 荣新江:《中古中国与外来文明》，308 页;林悟殊:《波斯琐罗亚斯德教与古代中国的祆神崇拜》，余太山主编:《欧亚学刊》第 1 辑，208 页，收入林著《中古三夷教辨证》，325 页。

(67) 姜伯勤:《论高昌胡天与敦煌祆寺》，原载《世界宗教研究》1993 年第 1 期，9 页，是文修订作《高昌胡天祭祀与敦煌祆寺》，见其著《敦煌艺术宗教与礼乐文明》，北京，中国社会科学出版社，1996 年，491 页;姜伯勤:《高昌敦煌的萨宝制度与胡祆祠》，其著《敦煌吐鲁番文书与丝绸之路》，北京，文物出版社，1994 年，248 页。

(68) 如唐耕耦、陆宏基编:《敦煌社会经济文献真迹释录》(一)，40 页;郑柄林:《敦煌地理文书汇辑校注》,67页;王仲荦:《敦煌石室地志残卷考释》,上海,上海古籍出版社,1993年,204页;郝春文编著:《英藏敦煌社会历史文献释录》第二卷,北京,社会科学文献出版社,2003年,177页。

⑥⑨ [清]钱大昕著,祝竹点校:《潜研堂金石文跋尾》卷八《青莲寺碑》,《嘉定钱大昕全集》第6卷,南京,江苏古籍出版社,1997年,216-217页。

⑦⓪ [清]端方编:《陶斋藏石记》卷十二,据《石刻史料新编》第1辑第11册,台北,新文丰出版公司,1977年初版,1982年二版,8098页下;《续修四库全书》,905册,上海,上海古籍出版社,2002年,464页上。

⑦① [清]胡聘之撰:《山右石刻丛编》卷九,清光绪二十七年(1901年)刻本,8页;又见《续修四库全书》,907册,181页下。

⑦② [清]徐松著,朱玉麒整理:《西域水道记》(外二种),北京,中华书局,2005年,154页;此碑记存敦煌148窟,见贺世哲:《从供养人题记看莫高窟部分洞窟的营建年代》,敦煌研究院编:《敦煌莫高窟供养人题记》,北京,文物出版社,1986年,205-206页;另可参阅蒋斧辑:《沙州文录》,刊罗振玉编:《敦煌石室遗书》,宣统元年(1909)十二月诵芬室刊行,收入《罗雪堂先生全集》三编第六册,台北,文华出版公司,1970年,2141-2142页。

⑦③ 蒋斧辑:《沙州文录》,收入《罗雪堂先生全集》三编第六册,2158-2159页;此碑记存敦煌231窟,见贺世哲:《从供养人题记看莫高窟部分洞窟的营建年代》,敦煌研究院编:《敦煌莫高窟供养人题记》,207-208页。

⑦④ 《南海寄归内法传》卷一记载:"故西方诸寺每于门屋处,或在食厨内,塑画母形,抱一儿子于其膝下,或五或三,以表其像。每日于前盛陈供食。"此处之"塑"字,王邦维先生注曰:"塑,敦本、石本、金本、丽本、大本作'素'。"见[唐]义净原著,王邦维校注:《南海寄归内法传校注》(中外交通史籍丛刊8),北京,中华书局,1995年,50-51页。文中的"塑画"或"素画"类乎复合动词,在句里起谓语作用。

⑦⑤ 罗竹风主编:《汉语大词典》第9卷,上海,汉语大词典出版社,1992年,729页。

⑦⑥ 学者们已注意到史君墓石椁图像中印度因素与伊朗因素相融合的情况(参F. Grenet, P. Riboud & Yang Junkai(杨军凯), 'Zoroastrian Scenes on a Newly Discovered Sogdian Tomb in Xi'an, Northern China')。按祆教并非粟特人的唯一信仰,更何况粟特地区本来就是东西文明的汇聚地,粟特人入华后亦日益华化,是以,我们不宜单据墓主为粟特后裔的身份,未经过严密的考证,便将石椁图像概贴以祆教之标签,然后又把该等图像直当祆教数据使用。

⑦⑦ 文章所举的史君墓石椁图像一例,乃见于该石椁西壁南部石雕,描绘一神正在对周边众生说法。该神跌坐于莲花宝座上,身后有椭圆形背光。就这幅图,杨军凯先生早就指出其类乎佛陀为众生说法图(杨军凯:《西安北周史君墓石椁图像初探》,刊

荣新江、华澜、张志清主编：《粟特人在中国——历史、考古、语言的新探索》，5 页）。
但林文中没有就此作出回应。

⑱　《英藏敦煌文献》第一卷，158 页；录文参考唐耕耦、陆宏基编：《敦煌社会经济文献真
迹释录》（一），40 页。

⑲　《英藏敦煌文献》第一卷，158 页；录文参考唐耕耦、陆宏基编：《敦煌社会经济文献真
迹释录》（一），41 页。

⑳　Mary Boyce,'Iconoclasm among the Zoroastrians', p. 99.

㉑　W. B. Henning,'Soghdische Miszellen', *BSOS*, Vol. VIII, 1936, pp. 584 – 585.

㉒　F. Grenet,'Zoroastrian Themes on Early Medieval Sogdian Ossuaries', *A Zoroastrian
Tapestry*: *Art*, *Religion and Culture*, eds. by Pheroza J. Godrej & F. P. Mistree, Mapin
Publishing, Ahmedabad, 2002, pp. 91 – 97；此据中译本葛勒（又译乐）耐著，毛民译：
《北朝粟特本土纳骨瓮上的祆教主题》，刊张庆捷、李书吉、李钢主编：《4～6 世纪的
北中国与欧亚大陆》，北京，科学出版社，2006 年，190 – 198 页。

㉓　Richard N. Frye, *The History of Bukhara*, Translated from a Persian Abridgment of the
Arabic Original by Narshakhī, The Mediaeval Academy of America: Cambridge, Mas-
sachusetts, 1954, pp. 48 – 49.

㉔　尹磊：《阿拉伯征服后河中地区的文化转型刍议——以布哈拉为中心》，提交"第二
届传统中国研究学术讨论会"会议论文，中国·上海，2007 年 7 月 21～23 日。

㉕　池田温：《沙州图经略考》，《东洋史论丛：榎博士还历记念》，东京，山川出版社，1975
年，70 – 71 页；唐耕耦、陆宏基编：《敦煌社会经济文献真迹释录》（一），12 – 13 页。

㉖　神田喜一郎：《「敦煌二十詠」に就いて》，《史林》第 24 卷第 4 号，昭和十四年（1939
年），173 – 181 页，经修订收入《神田喜一郎全集》第一卷，115 – 117 页；池田温：《8
世纪中叶における敦煌のソグド人聚落》，《ユーラシア文化研究》第 1 号，1965 年，
49 – 51 页；中译本见辛德勇辑译：《日本学者研究中国史论著选译》第九卷，140 –
142 页；池田温：《唐研究论文选集》，3 – 4 页。

㉗　上海古籍出版社、法国国家图书馆编《法国国家图书馆藏敦煌西域文献》，第 18 册，
上海，上海古籍出版社，2001 年，68 页。

㉘　姜伯勤：《论高昌胡天与敦煌祆寺》，原载《世界宗教研究》1993 年第 1 期，8 – 9 页，
修订作《高昌胡天祭祀与敦煌祆寺》，见其著《敦煌艺术宗教与礼乐文明》，489 – 491
页；姜伯勤：《高昌敦煌的萨宝制度与胡祆祠》，其著《敦煌吐鲁番文书与丝绸之路》，
243 – 247 页。

㉙　Jao Tsong-yi(饶宗颐), *Peintures monochromes de Dunhuang* (Dunhuang Baihua 敦煌白
画), Paris, 1978；参阅《饶宗颐二十世纪学术文集》第八卷《敦煌学（上）》，台北，新文
丰出版公司，2003 年，653、662 页。

⑨　姜伯勤：《敦煌白画中的粟特神祇》，中国敦煌吐鲁番学会编：《敦煌吐鲁番学研究论文集》，上海，汉语大词典出版社，1991 年，296－309 页；姜伯勤：《中国祆教艺术史研究》，237－248 页；Zhang Guang-da（张广达），'Trois exemples d'influences mazdéennes dans la Chine des Tang'，*Études chinoises*，XIII. 1－2，1994，pp. 203－219；中译本见张广达：《祆教对唐代中国之影响三例》，《法国汉学》第 1 辑，北京，清华大学出版社，1996 年，143－154 页，收入其著《文本、图像与文化流传》，桂林，广西师范大学出版社，2008 年，240－249 页；F. Grenet & Zhang Guang-da（张广达），'The Last Refuge of the Sogdian Religion：Dunhuang in the Ninth and Tenth Centuries'，*BAI*，new series，10（Studies in Honor of Vladimir A. Livshits），1996，pp. 175－186；张广达：《唐代祆教图像再考》，荣新江主编：《唐研究》第 3 卷，北京，北京大学出版社，1997 年，1－17 页，收入《文本、图像与文化流传》，274－289 页；姜伯勤：《敦煌白画中粟特神祇图像的再考察》，《艺术史研究》第 2 辑，广州，中山大学出版社，2000 年，263－291 页；姜伯勤：《中国祆教艺术史研究》，249－270 页。

⑨　Arthur Waley，'Some References to Iranian Temples in the Tun-huang Region'，《中央研究院历史语言研究所集刊》第 28 本，1956 年，123－128 页；F. Grenet & Zhang Guang-da（张广达），'The Last Refuge of the Sogdian Religion：Dunhuang in the Ninth and Tenth Centuries'。

⑨　录文据上海古籍出版社、法国国家图书馆编：《法国国家图书馆藏敦煌西域文献》第 32 册，上海，上海古籍出版社，2005 年，括号内为引文所在页码；另参小川阳一：《敦煌における祆教庙の祭祀》，日本道教学会：《东方宗教》第 27 号，1967 年，26 页。

⑨　《法国国家图书馆藏敦煌西域文献》第 32 册，262 页 18－8、265 页 18－14。

⑨　蒙李锦绣老师赐教，给笔者很大启发，衷致谢忱。

⑨　林悟殊：《波斯琐罗亚斯德教与古代中国的祆神崇拜》，余太山主编：《欧亚学刊》第 1 辑，202－222 页；林悟殊著：《中古三夷教辨证》，316－345 页。

⑨　图版见《法国国家图书馆藏敦煌西域文献》第 18 册，354 页，惜图版倒置；录文据余欣：《信仰与政治：唐宋敦煌祠庙营建与战争动员关系小考》，原刊张涌泉、陈浩主编：《浙江与敦煌学——常书鸿先生诞辰一百周年纪念文集》，杭州，浙江古籍出版社，2004 年；此据余欣：《神道人心——唐宋之际敦煌民生宗教社会史研究》，北京，中华书局，2006 年，153－154 页。

⑨　参阅林悟殊：《唐季"大秦穆护祆"考》，其著《中古三夷教辨证》，284－315 页。

⑨　陕西省文物管理委员会：《西安发现晚唐祆教徒的汉、婆罗钵文合璧墓志——唐苏谅妻马氏墓志》，《考古》1964 年第 9 期，458 页。

⑨　法国汉学家童丕曾指出将摩醯首罗比作祆神是一种混淆，见童丕著、阿米娜译：《中国北方的粟特遗存——山西的葡萄种植业》，提交 2004 年 4 月 23～25 日北京举行

"粟特人在中国国际学术研讨会"论文；刊荣新江、华澜、张志清主编：《粟特人在中国——历史、考古、语言的新探索》，210 页；另一位法国学者黎北岚却认为摩醯首罗是汉文史料中明确指出的唯一的祆神，见 Pénélope Riboud, 'Rendre un culte à la divinité Xian：quelles religions étaient pratiquées dans les communautés d'Asie centrale en Chine?' 中译本见黎北岚著，毕波、郑文彬译：《祆神崇拜：中国境内的中亚聚落信仰何种宗教？》，提交 2004 年 4 月 23～25 日北京举行"粟特人在中国国际学术研讨会"论文，收入荣新江、华澜、张志清主编：《粟特人在中国——历史、考古、语言的新探索》，417 页。

⑩⓪ ［日］平冈武夫编：《唐代的长安和洛阳（资料）》，上海，上海古籍出版社，1989 年，185 页；［唐］韦述撰，辛德勇辑校：《两京新记辑校》（《两京新记辑校·大业杂记辑校》，魏全瑞主编：《长安史迹丛刊》），西安，三秦出版社，2006 年，34 页。《两京新记》是记唐两京最早的著作，作者韦述是玄宗时著名史官。《两京新记》五卷早已亡佚，只见于《新唐书》卷五八艺文志、《宋史》卷二〇四艺文志和《玉海》引《中兴馆阁书目》，以后公私书目均不见著录。现存残卷是日本镰仓时代抄写的尊经阁卷子本，存日本金泽文库，宽政、文化间由日本天瀑山人林衡刻入所辑《佚存丛书》中。见黄永年：《唐史史料学》，上海，上海书店出版社，2002 年，95-98 页。《两京新记》除旧本存卷三残卷外，清季曹元忠有补辑本，收入《南菁札记》，日本平冈武夫编：《唐代的长安和洛阳》，续辑得四十三则。今又知北宋晏殊编：《类要》中收录近三十则，有十多则为以上残卷和辑本未见之佚文。见陈尚君：《晏殊〈类要〉研究》，提交"北京大学国际汉学研讨会"论文，收入北京大学中国传统文化研究中心编：《文化的馈赠——汉学研究国际会议论文集》语言文学卷，北京，北京大学出版社，2000 年，323-336 页，又收入《陈尚君自选集》，桂林，广西师范大学出版社，2000 年，309 页；又参阅辛德勇：《〈两京新记辑校〉前言》，［唐］韦述撰，辛德勇辑校：《两京新记辑校》，1-6 页。

⑩① ［唐］杜佑撰，王文锦等点校：《通典》卷四十《职官典》，北京，中华书局，1988 年，1102-1103、1105-1106 页。

⑩② 伯希和即认为杜佑此说取于《两京新记》，见 P. Pelliot, 'Le Sa-pao', Bulletin de l'École Française d'Extrême-Orient (Hanoi-paris)，Ⅲ，1903，p. 669，note5。

⑩③ 陈垣：《火祆教入中国考》，据《陈垣学术论文集》第一集，北京，中华书局，1980 年，305 页。

⑩④ 陈垣：《火祆教入中国考》，313 页。

⑩⑤ 参阅星云大师监修，慈怡主编：《佛光大辞典》，北京书目文献出版社据台湾佛光山出版社 1989 年 6 月第 5 版影印，第 1 册，783-784 页。

⑩⑥ ［后魏］菩提流支译：《提婆菩萨释楞伽经中外道小乘涅槃论》，《日本大正新修大藏

经》(以下简称《大正藏》)卷 32,台北,佛陀教育基金会,1990 年,157 页 c - 158 页 a。

⑩⑦ [北凉]昙无谶译:《大般涅槃经》,《大正藏》卷 12,476 页 b。

⑩⑧ [唐]玄奘、辩机原著,季羡林等校注:《大唐西域记校注》,北京,中华书局,2000 年, 260、262、557 - 561 页。

⑩⑨ 美国汉学家丁爱博先生曾指出将摩醯首罗比作祆神从某种程度上反映佛教徒对琐 罗亚斯德教的了解,见 Albert E. Dien,"A Note on Hsien 祆'Zoroastrianism'", *Oriens*, Vol. 10, No. 1, Leiden: E. J. Brill, 1957, p. 286。

⑩⑩ G. Azarpay, *Sogdian Painting*, pp. 30 - 31.

⑪⑪ B. I. Marshak, N. N. Negmatov, 'Sogdian', B. A. Litvinsky, Zhang Guang-da (张 广达) & R. S. Samghabadi (eds.), *History of Civilizations of Central Asia*, Vol. Ⅲ, pp. 272 - 273;参阅[俄]李特文斯基主编,马小鹤译:《中亚文明史》第三卷, 224 - 233 页。

⑪⑫ H. Humbach, 'Vayu, Siva und der Spiritus Vivens im Ostiranischen Synkretismus', pp. 397 - 408.

⑪⑬ Mary Boyce, 'Great Vayu and Greater Varuna', *BAI*, 7, 1993, p. 36.

⑪⑭ G. Azarpay, *Sogdian Painting*, p. 29.

⑪⑮ [后秦]鸠摩罗什译:《大智度初序品中缘起义释论》,《大正藏》卷 25, 73 页 a。

⑪⑯ [唐]普光述:《俱舍论记》,《大正藏》卷 41, 140 页 a。

⑪⑰ D. VII. 6. , M. A. Stein, *Ancient Khotan*, Oxford, 1907, p. 260, pp. 277 - 279, Plate LX, LXI.

⑪⑱ D. X. 3. , M. A. Stein, *Ancient Khotan*, p. 260, pp. 299 - 300, Plate LXIV.

⑪⑲ Ch. Baumer, 'Dandan Oilik Revisited: New Findings a Century Later', *Oriental Art*, XLV. 2, 1999, pp. 12 - 13;转引自荣新江:《佛像还是祆神?——从于阗看丝路宗教 的混同形态》,郑培凯主编:《九州学林》1 卷 2 期,香港城市大学中国文化研究中心、 上海复旦大学出版社,2003 冬季,104 - 105 页。另,荣新江先生认为 D13 可能即为 斯坦因编号的 D. X 遗址。

⑫⑩ 张广达:《唐代祆教图像再考》,《唐研究》第 3 卷, 10 页;张广达:《文本、图像与文化 流传》,285 页。

⑫① E. Benveniste ed. , *Vessantara Jataka*, *Texte sogdien édité*, *traduit et commenté*, Paris, 1946, p. 72; *Textes sogdiens*, *edite*, *traduits et commentes*, Paris, Paul Geuthner, 1940, p. 107;转 引自张广达:《吐鲁番出土汉语文书中所见伊朗语地区宗教的踪迹》,《敦煌吐鲁番 研究》第四卷,北京,北京大学出版社,1999 年, 10 - 11 页;张广达:《文本、图像与文 化流传》,238 页。

⑫② 如张广达:《吐鲁番出土汉语文书中所见伊朗语地区宗教的踪迹》,《敦煌吐鲁番研

究》第四卷,11页;张广达:《文本、图像与文化流传》,238－239页;荣新江:《佛像还是祆神?——从于阗看丝路宗教的混同形态》,郑培凯主编:《九州学林》1卷2期,93－115页。

⑫③ [日]平冈武夫编:《唐代的长安和洛阳(资料)》,116页;按《长安志》宋元刻本已失传,今所传都是明以来与元李好文所撰《长安志图》的合刻本。其中通行的是清乾隆四十九年(1784年)毕沅灵岩山馆校刊本,收入所刻《经训堂丛书》中。此本所附校语,即"沅案"部分,是其幕客孙星衍所加。杨氏海源阁的藏书志《楹书隅录》卷二著录此卷,有黄丕烈跋,曾考订灵岩山馆校刊本出香严书屋藏汪文升钞本,而汪钞出明成化四年合阳书堂刻本。而《四库全书》本则据明嘉靖十一年(1532年)李经刻本。此处所引即清乾隆四十九年毕沅灵岩山馆校刊本。见黄永年:《唐史史料学》,99－101页。

⑫④ [宋]志磐撰:《佛祖统记》卷三九,见苏渊雷、高振农选辑:《佛藏要籍选刊》(十二),上海,上海古籍出版社,1994年,236页。

⑫⑤ 池田温:《沙州图经略考》,70－71页;唐耕耦、陆宏基编:《敦煌社会经济文献真迹释录》(一),12－13页。

⑫⑥ Mary Boyce, A History of Zoroastrianism, Vol. I, Leiden/Köln: E. J. Brill, 1975, p. 203.

⑫⑦ 蔡鸿生:《唐代九姓胡崇"七"礼俗及其源流考辨》,《文史》2002年第3辑,北京,中华书局,105－111页。

⑫⑧ F. Grenet, 'Zoroastrian Themes on Early Medieval Sogdian Ossuaries', pp. 91－97. 此据中译本葛勒耐著,毛民译:《北朝粟特本土纳骨瓮上的祆教主题》,190－198页。

⑫⑨ L. H. Mills transl. The Zend-Avesta, Part Ⅲ, The Yasna, Visparad, Āfrīnagān, Gāhs and Miscellaneous Fragments, in F. Max Müller ed., SBE, Vol. XXXI, Oxford University Press, 1887, repr. Motilal Banarsidass, 1965, 1969, 1974, 1981, pp. 255－258.

⑬⓪ Mary Boyce, A History of Zoroastrianism, Vol. I, pp. 192－228.

⑬① 参阅本书第二章第一节。

⑬② [宋]董逌撰,陈引驰整理,徐中玉审阅:《广川画跋》卷四,《传世藏书·集库·文艺论评》3,海南,国际新闻出版中心,1996年,2900－2901页;录文可参考景印文渊阁四库全书,子部一一九,艺术类,台湾,商务印书馆,1986年,813册,476－477页。

⑬③ [宋]文莹撰,郑世刚、杨立扬点校:《玉壶清话》卷六(《湘山野录·续录·玉壶清话》,唐宋史料笔记丛刊),北京,中华书局,1984年,57页。

⑬④ 那波利贞:《祆庙祭祀小考》,《史窗》第十号,1956年,16页。

⑬⑤ 参阅林悟殊:《元代泉州摩尼教偶像崇拜探源》,其著《中古三夷教辨证》,399－417页。

⑬⑥ 林悟殊:《本世纪来摩尼教资料的新发现及其研究概况》,原刊《世界宗教资料》1984

年第 1 期,后收入其著《摩尼教及其东渐》,北京,中华书局,1987 年,1 - 11 页,台北,淑馨出版社增订版,1997 年,1 - 11 页。

⑬ 林悟殊:《波斯拜火教与古代中国》,23 - 50 页;林梅村教授曾认为"敦煌藏经洞发现一部粟特语祆教残经(Or. 8212/84)",见林梅村:《从考古发现看火祆教在中国的初传》,原刊《西域研究》1996 年第 4 期,54 - 60 页;此据林梅村:《汉唐西域与中国文明》,103 页。按其文提到的粟特文残片 Or. 8212/84 有琐罗亚斯德教的词句,但该残片究竟是佛教徒或摩尼教徒的手笔尚有争议。徐文堪先生对其著的评论(《学术集林》卷 16,1999 年)中,已注意到作者对所依据的英文著作的理解有差。荣新江教授在为龚方震、晏可佳的《祆教史》所撰的书评中,对此有详细的批评,其文原刊余太山主编:《欧亚学刊》第 3 辑,北京,中华书局,2002 年,288 - 292 页,收入其著《中古中国与外来文明》,452 - 459 页。古代琐罗亚斯德教经典是否已发现有其他文字的译本残片,就该问题林悟殊先生在 2001 年 9 月初曾利用会议之便,当面请教伊朗学专家德国的 W. Sundermann 教授和英国的 N. Sims-Williams 教授,前者的回答是否定的,后者则云"粟特文有很小的一片",即其大作('The Sogdian Fragments of the British Library',*IIJ* Vol. ⅩⅧ, 1976, pp. 43 - 82)所提到编号为 Or. 8212 = Ch. 00289 的残片(见其文 46 - 48 页),详阅林悟殊:《唐代三夷教的社会走向》,载荣新江主编:《唐代宗教信仰与社会》,381 - 382 页注 42,经修订收入林著《中古三夷教辨证》,370 页注 44。

⑬ 林悟殊:《波斯琐罗亚斯德教与古代中国的祆神崇拜》,余太山主编:《欧亚学刊》第 1 辑,210 页;林悟殊:《中古三夷教辨证》,328 页。

第三章 "派提达那"与入华祆教的火崇拜

圣火崇拜在波斯琐罗亚斯德教中占有重要地位。在该教的创世说中,火是在第七阶段创造出来的:"第七造火,火之光芒来自无限光明神(The Endless Light),来自奥尔玛兹达的宝殿,他把火分给万物,他命令火在战斗中为人类服务,准备食物和征服寒冷。"①负责主管火的神阿萨(Asha),意为正直、正义。非神格化的阿萨,即正直、正义,是琐罗亚斯德教伦理观念的核心。在琐罗亚斯德教徒心目中,火占有如此崇高的地位,因此随着波斯文明的发展,琐罗亚斯德教徒发展了日益复杂化、高级化的拜火仪式②。随着琐罗亚斯德教的东传,其拜火仪式也必然会因应时间空间的转移而发生变化。

第一节 琐罗亚斯德教祀火及所用"派提达那"考

对琐罗亚斯德教来说,火的神圣地位并非自始就确立的。根据琐罗亚斯德教史,波斯阿契美尼(Achaemenian)王朝(约前550~前330年)开国君主居鲁士(Cyrus)把琐罗亚斯德教定为国教,使火崇拜日益风靡③。然而据文献记载,琐罗亚斯德教徒最初的火崇拜,与一般民族的火崇拜无甚区别,如公元前5世纪古希腊作家希罗多德(Herodotus)的记述:

> 波斯人是用下列的方式向以上所说的那些神奉献牺牲的:在奉献牺牲的时候,他们不设祭坛,不点火,不灌奠,不吹

笛,不用花彩,不供麦饼。奉献牺牲的人把他的牲畜牵到一个
洁净的场所,就在那里呼叫他要向之奉献牺牲的那个神的名
字。④

尽管希罗多德所述未必全面,但至少说明当时波斯人的祭祀仪式,
是较为简单的。琐罗亚斯德教最古老的经典之一,传为该教教主
琐罗亚斯德所作的《伽萨》(Gathas)中,颂火祷文不断出现,但却没
有火供奉于神殿的记载,也可佐证这一点⑤。从各种考古报告和文
献看,到了公元前 4 世纪,亦即阿契美尼王朝的晚期,才可能出现
火庙⑥。上一章我们考察了波斯琐罗亚斯德教反圣像崇拜的情况,
认为至帕提亚晚期,破坏圣像运动逐渐开展起来,到萨珊时赢得完
全胜利。这时,圣像崇拜逐渐被废除,圣火成为教徒们唯一礼拜的
对象。由是拜火仪式始变得日益繁复。我们从现代印度巴斯人
(Parsees)的圣火崇拜中可得窥一斑。据著名学者莫迪(Modi)的田
野调查⑦,巴斯人的圣火分三种不同的等级,第一种称阿塔斯·贝
喃(Ataš Behram),亦即“胜利之王火”(ādurān pādixšā pērōzgar)⑧,
第二种谓阿塔斯·阿达兰(Ataš Adaran),第三种名阿塔斯·达伽
(Ataš Dadgah)。建立这些圣火颇费功夫,尤以阿塔斯·贝喃圣火为
最:首先,要搜集十六种不同用途的火,以一定的仪式分别加以净化、
圣化,最后再将圣火入庙升座。整个过程甚多繁文缛节,十分复杂;
但各细节又均有章可循。第二种圣火阿塔斯·阿达兰的建立较为
简单:只需搜集四种不同用途的火,净化、圣化等程序虽然亦不可
缺,但仪式较为简化,费时较少。至于第三种圣火阿塔斯·达伽的
建立,算最简易,只取家用火,但亦得圣化。在废弃的神庙举行净
化仪式时,常采用第三种神火⑨。

尤其值得注意的是,琐罗亚斯德教非常重视洁净,严禁以各种
方式污染火,该教经典《辟邪经》(Vendīdad)中便规定了如何使受
污染的火重新洁净⑩。古希腊著名的地理学家和历史学家斯特拉
波(Strabo,前 64/63～23 年),记录了波斯境内的卡帕多西亚(Cap-

padocia,该地琐罗亚斯德教派十分活跃)火庙礼拜的情景:

> 他们有火庙,其四周显然有围墙;中间有祭坛,坛上有大量的火烬。麻葛们(即琐罗亚斯德教祭司)保持着火永燃不灭。他们每天都到里边祈祷约一个小时……在火前,他们披戴头巾,头巾垂至面颊,遮住嘴唇。⑪

此处祭司祀火时之所以要"披戴头巾,头巾垂至面颊,遮住嘴唇",乃和该教有关洁净的义理密不可分。琐罗亚斯德教认为人身所排出的诸物都是不净的,人的呼吸会带来污染;因此当祭司当值,甚至平时信徒祈祷时,必须戴口罩,以免自己的气息触及圣火⑫。琐罗亚斯德教礼仪专用口罩,见诸该教经典《阿维斯陀经》(Avesta);在该经的《辟邪经》中,这种口罩叫做"派提达那"(Paitidâna)。"派提达那"Paitidâna,为阿维斯陀语,帕拉维语作 padām,巴斯人古吉拉特语则作 padān,新波斯语作 panām⑬。这种"派提达那"的形制"包括两条白布,从鼻边下垂,至少至嘴下两寸,用两条带系于头后"⑭。《辟邪经》第十四章,先知查拉图斯特拉(Zarathustra,即琐罗亚斯德)询问上神阿胡拉·马兹达(Ahura Mazda),对那些重击水獭者应做何惩罚,阿胡拉·马兹达回答说:

> 他要向诸神虔诚地进献一些宗教器具,供祭司使用,以示向水獭灵魂赎罪。这些器具包括马鞭(The Astra)、奶盆、派提达那、捕蛇器(Khrafstraghna)、鞭子(Sraoshô-karana)等等。⑮

可见"派提达那"为祭司所专用的宗教器具,献予诸神,以表示犯过者赎罪。该经第十八章,在提到祭司不称职的种种表现时,阿胡拉·马兹达说:

> 哦,神圣的查拉图斯特拉(Zarathustra)!有这样一个人,他戴着"派提达那",但是他没有严格遵守教法。当他宣称自己是一名侍火祭司(Âthravan)时,他在撒谎,不要称他为祭司。
>
> 哦,神圣的查拉图斯特拉!阿胡拉·马兹达如是说。⑯

此章主要是说祭司虽然戴着"派提达那",但如不谨遵教法,亦不称职。可反证戴"派提达那"是祭司的一个重要标志。

2 世纪的希腊史地学家鲍萨尼阿斯(Pausanias)在其《希腊道里志》一书中,也记录了波斯地区祭司祀火戴口罩的情形⑰。可以说自独尊圣火后,火庙便成为祭祀等各种宗教活动的中心,教徒们咸希望通过拜火来与神沟通。上引鲍萨尼阿斯的记载中,祭司戴上口罩之后,即念诵祷文,祭祀圣火。即便在阿拉伯征服之后,波斯本土仍然保存着火庙祭祀;13 世纪的穆斯林作家,提到当时的琐罗亚斯德教祭司祀火时仍要遮盖口鼻:

> 在萨吉斯坦(Sagistan)的一座叫卡尔库叶(Karkuye)的古城,有两栋大圆屋建筑,据说是早在英雄鲁斯塔姆(Rustam)时代就有了。在这两座建筑之上,有两个角,弯曲相向,宛似两个牛角……建筑之下,有一火屋……该屋中之火永不熄灭,其有专人轮流照管。照料火的祭司,鼻口均有遮盖。他们用银钳夹小块柽柳木,投入火里。当火焰缩小时,便把木块一一投入。麻葛们视该屋为一所最大的火庙。⑱

有关这种口罩的考古资料也很多。赫茨菲尔德(E. E. Herzfeld)在《古代东方的伊朗》一书中述及伊朗西北部发现的两座米底时代的古墓(约前 600～前 550 年),其中一座大墓门上的浮雕像,雕刻为两人立于火坛旁,均戴口罩。口罩有两式:一种与帽相连,露眼和鼻;一种不与帽相连,只盖着嘴,用两条带子系于头顶⑲。传世萨珊银器中有萨珊王身旁侍者戴口罩之像,例如德黑兰博物馆收藏的一件在卡兹文发现的银盘,就有这种图像⑳。

以上从文献与文物两方面考察了琐罗亚斯德教祭司戴口罩的情况,其主要见于祀火仪式。学者们对现代琐罗亚斯德教徒的调查也发现,除了祀火仪式以外,口罩还广泛用于该教其他礼仪中。

1963～1964 年,英国伦敦大学著名伊朗学家玛丽·博伊斯(Mary Boyce)教授,在伊朗的琐罗亚斯德教村落进行田野调查,留下了弥足珍贵的记录。根据她的记录,沙里发巴特村的祭司胡达特(D. Khodadad)在为教徒举行大净礼"九夜之净"(barašnom-e nō-šwa)时,就戴着口罩,口罩连着帽子,使他看起来像现代的外科医生[21]。另一次需要戴口罩的仪式是新年早晨,胡达特举行维斯帕拉特仪式(Visperad)。这一仪式是专为庆祝琐罗亚斯德教七大节日而举行的[22]。

1972年,瑞典隆德大学的哈特曼(Sven S. Hartman)教授,在印度拍摄了有关印度琐罗亚斯德教徒(即巴斯人)仪式的珍贵照片,刊布在《帕尔西教——琐罗亚斯德的宗教》一书中[23]。其中,巴斯人在举行大净礼"九夜之净"时,负责仪式的祭司也要戴口罩,可与伊朗琐罗亚斯德教"九夜之净"礼相印证[24]。我们已知巴斯人是7至9世纪移居印度西海岸的琐罗亚斯德教徒。巴斯人与伊朗教徒仪式的一致性,可以证明戴口罩风俗,应在阿拉伯征服即7世纪中叶之前就已存在,且历经千年而不变。

从哈特曼教授刊布的照片中,我们看见祭司在室内举行的诸多仪式时要戴口罩,如"饮豪麻汁"(The Drinking of the Haoma)仪式。主礼祭司走入圣地时,右手持盛着净水的水盆,先清洁左手,同时唱诵Khshnaothra(意为"告解、安抚")祷文[25];再清洁右手。然后走近火盆,朝东面火而立。继而念诵一系列祀火祷文。最后,他念诵三遍《阿森·伏服》(Ashem Vohu),用手中水盆中的净水清洗放置火盆的石台;按照南、西、北、东的方向,依次全面清洗。直到饮豪麻汁时,才摘掉口罩,分三次饮用,每次间歇都要念诵《阿森·伏服》[26]。不过举行室外仪式,如水节(Ābān Jashan)、成年礼、日常早祷、婚礼等其他仪式时,祭司则很少戴口罩[27]。

第二节 粟特祆教火崇拜辨析

在第二章中,我们已经论证了粟特祆神崇拜的多元化,认为中古粟特祆教既流行圣像崇拜,也流行圣火崇拜。不过,从文献看,其对火的崇拜并不像萨珊波斯琐罗亚斯德教那样神圣严格。《大

慈恩寺三藏法师传》卷二,记载贞观初年玄奘西行路经康国,曾目睹胡律实行的一些情况:

> 五百余里,至飒秣建国(此言康国)。王及百姓不信佛法,以事火为道。有寺两所,迥无僧居,客僧投者,诸胡以火烧逐不许停住。法师初至,王接犹慢。经宿之后,为说人、天因果,赞佛功德,恭敬福利,王欢喜请受斋戒,遂致殷重。所从二小师往寺礼拜,诸胡还以火烧逐。沙弥还以告王,王闻令捕烧者,得已,集百姓令截其手。法师将欲劝善,不忍毁其肢体,救之。王乃重笞之,逐出都外。自是上下肃然,咸求信事,遂设大会,度人居寺。其革变邪心,诱开矇俗,所到如此。[②⑧]

撰成于贞观十年(636年)的《隋书》记载康国"有胡律,置于祆祠,决罚则取而断之。重罪者族,次重者死,贼盗截其足",表明玄奘西行时代康国政、教两大势力的结合[②⑨]。约一百年后的慧超也记录了此六国(安、曹、史、石骡、米、康)"总事火祆,不识佛法"[③⑩]。7世纪的布哈拉(即安国)和花剌子模的货币上铸有戴冠的像和燃着圣火的祭坛,也说明当地信仰拜火教,与中国史料所记一致[③①]。由是,尽管火崇拜绝非琐罗亚斯德教徒所专有,如印度教崇拜火神阿耆尼(Agni),希腊人崇拜火神普罗米修斯(Prometheus),"突厥事火不施床"[③②],但上引玄奘所记的康国事火之道,可确信为当地祆教信仰的习俗。细察文中所记,颇耐人寻味的是:一方面,其对火的重视,与琐罗亚斯德教尚火的特点相类似。另一方面,火直接与异教徒相接触,在正统的琐罗亚斯德教徒看来,实际是污染了火。因为琐罗亚斯德教徒对火是异常珍惜的,除了献祭特殊的祭品外,不能随便令火接触其他物品,在现代教徒的生活中,甚至用火做饭都要小心翼翼。只有干净的燃料和其他合适的祭品才能放在火上;虽然可以用火做饭,也应该采取预防措施。玛丽·博伊斯教授在沙里发巴特村调查时,曾记录道,琐罗亚斯德教的家庭主妇十分谨慎,从不把锅添得太满,以防溅出;烤面包时,如果面团掉进炉火,就是犯了罪过,需要赎罪,如念诵相应的《阿塔斯·尼亚耶斯》(Ātaš Niyāyeš,颂火祷文)。沙里发巴特人认定如果不赎罪,就会受到惩罚。D·胡达特的儿子谢赫里阿的眼睛患了麦粒肿,疼痛难忍,他认为这是因为自己不小心把土块弹进了炉火里,虽然他也去看了阿德肯的医生,但仍然念诵《阿塔斯·尼亚耶斯》来赎罪[33]。因此我们认为,康国诸胡以火烧逐异教徒,正是粟特地区火袄教实行圣像崇拜,并不独尊圣火的一种反映。中亚地区的考古发掘也证明了这一推测。如粟特文神庙一词(vaɣn < *bagina),意为"神的居所",表明在粟特神庙中崇拜的是伊朗诸神像,而非圣火。托普拉克—卡拉(属花剌子模,4~5 世纪)、伊尔—库尔干(粟特,2~7 世纪)、库尔甘·达坂(Kurgan-tepe,属康国,3~4 世纪)、片治肯特(5~8 世纪)、凯拉加奇(Kayragach,属费尔干纳,5~6 世纪)以及其他一些地方所发现的神庙并非火庙,因此,"在东伊朗,崇拜神像并不属于萨珊琐罗亚斯德教禁止圣像崇拜的范围之内"[34]。正是由于粟特地区有诸多袄神可以祭拜,教徒不必将拜火视为与神沟通的唯一手段,因而其圣火崇拜才出现了与同时期萨珊波斯的琐罗亚斯德教不同的情况。

当然,祭司祀火戴口罩的图像在中亚也有发现。1962 年,苏联考古学家马松(Masson)教授在马里地区发现的双耳彩绘陶罐,一面为骑士射猎之图,另一面为骑士夫妇宴饮之图,旁有侍者戴口罩[35]。普加琴科娃(G. A. Pugachenkova)论述的莫拉—库尔干(Molla-Kurgan)所出纳骨瓮(ossuary)图像也有戴口罩的祭司。该件文物上部为金字塔式顶,高 73 厘米,矩形面上有三拱,中间拱下有火坛。火坛上部呈三级檐,上有七火舌。祭司在两侧,一站一跪。他们手持火钳和燃料,脸戴口罩[36]。近年来,法国—乌兹别克考古队在古代撒马尔干遗址阿弗拉西阿卜(Afrasiab)发掘,其发现的纳骨瓮残片上也有祭司的形象,"它形象地表现了一个祭司的标准特征,一面口罩和一顶无檐有翼软帽"[37]。这里需要指出的是,此类图像反映的情况属实的话,则刚好给粟特祆教的多元性作一有力的注脚。

第三节　考古所见的"派提达那"与入华祆教的火崇拜

已故孙培良教授曾撰《祆教杂记》一文,将琐罗亚斯德教祭司祀火时所专用的"派提达那"比对为汉籍所记之"屏息",试图揭示该教祭火仪式在中国传统社会中所留下的影响,于中国祆教礼俗研究颇具启发意义⑱。近年来,随着国际琐罗亚斯德教研究的进展,以及中国考古的新发现,特别是 1999 年山西太原虞弘墓、2000年陕西西安安伽墓以及 2003 年西安史君墓的发掘,使我们有可能在前辈学者的基础上,对"派提达那"与"屏息"之关系做进一步探讨。

一　北朝隋胡裔墓葬图像中的"派提达那"

20 世纪初叶,河南省彰德府(安阳)近郊古墓出土的一组石棺床雕刻,墓石八块,形成一组,分藏美国华盛顿弗里尔艺术馆(Freer Gallery of Art,Washington)、波士顿艺术博物馆(Museum of Fine Arts,Boston)、德国科隆东亚艺术博物馆(Museum für Ostasiatische Kunst,Cologne)。其中藏于德国科隆东亚艺术博物馆的左右门阙二件,门阙的侧面各有一祭司状人物,免冠,着联珠纹大翻领胡袍,有腰带。两人手执香炉之类的祭器,戴口罩,挂在颔下,未及口鼻。这两个祭司身旁均有祭盆、祭酒胡瓶及拜火火坛各一,火坛中圣火熊熊。20 世纪 50 年代纽约大学的斯卡格里亚(Gustina Scaglia)氏就曾撰文,不同于早期喜龙仁(Sirén)称这几块墓石是"曹操床",而判断其为北齐文物,认为石刻上的人物是来自粟特地区,而"这件纪念性文物,十之八九是为一位驻在邺都的人物制作的,他很可能是一位萨宝"⑲。以后俄罗斯学者马尔沙克(B. I. Marshak)《阿弗拉西阿卜(撒马尔干)"使节大厅"绘画的图像程序》⑳一文,法国学者葛乐耐(F. Grenet)主编的《前伊斯兰中亚崇拜与宗教文物》⑪一书封面,都曾提及安阳棺床石雕双阙中的祆教祭司图像。孙培良先生很早就注意到斯卡格里亚氏的研究成果,在前揭文章中征引了安阳棺床石雕双阙中戴口罩的祆教祭司图像;但限于当时中国境内考古发现的资料不是很多,并未申论。近年姜伯勤先生据甘肃天水发现的隋唐屏风石棺床画像石实物,对散居各地的安阳棺床石雕进行了拼接和全面考察,对图像所反映的宗教内涵所论尤为深入⑫。

日本 Miho 美术馆藏山西出土石棺,年代在北朝后期。该石棺床后壁第三块石板 J 上,保存了一幅珍贵的粟特丧葬图。美国学者乐仲迪(Judith Lerner)在《6 世纪中国的中亚人——琐罗亚斯德教丧葬仪式》一文中,描述了图像的内容:

> 画面分上下两部分。上部的中央站立着一位身穿长袍的祭司,脸的下面,戴着一种白色的口罩(padām),前面有一火坛,坛前站着护持圣火的祭司,当是举行"户外奉献仪式(āfrīnagān)"。火坛旁边,有一个托盘,上面有面包或水果;火坛的另一边有一瓶子,盛着供仪式用的液体。祭司后面有四人,二跪二立,均手持小刀篾面。祭司等人物的左边有七人,前面是两个女子,一人手持几个小包袱,后面五个男子叉手站立,悲伤地注视着前方。火坛和女子前面是一围栏,里面有三头骆驼,只有后腿显露出来。下部有二女三男。二男在前,一男二女在后,身后有三匹马,人和马向着树的方向前进。上下两部分的中间,有一条小狗,站在祭司旁边,面朝火坛。⑬

1999 年 7 月,山西考古工作者在太原市晋源区王郭村,发掘出完整的虞弘墓石椁,并有墓志,记有确切的入葬年代(隋开皇十二年,592 年)和墓主人身份(检校萨保府)。虞弘墓石椁下面的床座上,也有浮雕火坛,两边是半鸟半人形的祭司。考古报告的描写如下:

　　(该画面)位于樽座前壁下栏正中,处樽座浮雕之最中心和显要的位置。

　　画面中部是一个束腰形(发掘简报写为:灯台形)火坛,坛座中心柱较细,底座和火盆较粗,火坛上部呈三层仰莲形,坛中正燃烧着熊熊火焰。在其左右两旁,各有一人首鹰身的人相对而立。他们均戴冠,黑色长发呈波形披在头后,深目高鼻,浓眉大眼,须髯浓密。头后有两条红白二色的飘带,向后翻飞。均上半为人身,着红色圆领半袖衫,袖口处有花边,肩披宽大的带端为葡萄叶形的(发掘简报写为:一轻柔的火焰形)长帔,经过肩臂,飘卷于身后。腰系一带,带在腹前打结后垂地,带端也为葡萄叶形状(发掘简报写为:火焰形状)。下半为鹰身,有鹰翅、鹰尾、鹰腿爪。两人均上身倾向火坛,两手皆戴手套,一手捂嘴,一手伸出,各抬着火坛一侧。⑭

有关这种火坛,考古报告解释道:

　　类似火坛形式在世界各地拜火教图像和波斯银币图案中常见,如夏鼐研究波斯银币时,对银币上的火坛图案有所描述,他说"银币上的祭坛底座有二级,中心柱较细,有打三角结的条带在柱的两侧,带的末端向下飘扬。坛的上部三层,逐层外伸扩大,最上层有横置联珠一列或二列。再上为上升的火焰"(夏鼐《新疆吐鲁番最近出土的波斯萨珊朝银币》,见中国社会科学院考古研究所编《夏鼐文集》下,社会科学文献出版社,2000年,第41页)。这是典型的祆教礼仪的标志。中国古代也有人首鸟身之神,如[晋]郭璞《山海经·中山经》记载:"自辉诸之山至于蔓渠之山,凡九山,一千六百七十里。其神皆人面而鸟身……自景山至琴鼓之山,凡二十三山,二千八百九十里,其神状皆鸟身而人面。"在湖南长沙马王堆西汉墓帛画和河南邓县东汉彩色画像砖中,也有人首鸟身图像。佛教石窟壁画中也有人首鸟身图像,称伽陵频迦。但这种图像傍皆无火坛与祭司,内涵也不尽相同。[45]

其中半鸟半人形祭司,并没有戴口罩[46]。

2000年5～7月,陕西省考古所在西安市北郊发掘了北周安伽墓,墓志题"大周大都督同州萨保安君墓志铭",主人卒于北周大象元年(579年)五月,系来自中亚粟特地区的安国人。在安伽墓墓门的门额上,刻画着三只骆驼支撑的火坛,两旁是半鸟半人形的祭司:

> 门额呈半圆形,高0.66、宽1.28米,正面装饰有减地浅浮雕贴金彩绘图案。图案内容为祆教祭祀场面,可分四组,并以纵中心线为轴对称分布。中部为火坛,三头骆驼(一头面前,两头分别面向东或西)踏一硕大的覆莲基座,驼背负一较小的莲瓣须弥座,座上承大圆盘,盘内置薪燃火,火焰升腾幻化出莲花图案。火焰左右各有一乐神,上身袒裸、腰系裹体红色长裙、跣足,肩披飘动飞扬的条帛,四周祥云缭绕。左侧乐神弹奏曲颈琵琶,项圈和手镯贴附金箔;右侧乐神舞弄箜篌。骆驼座两侧各有一人身鹰足祭司,上半身为人身,卷发、深目、高鼻、络腮胡须,似戴口罩,上身赤裸,下身为鹰身,双翼伸展上翘,尖尾鹰爪,双手握神杖伸向火坛两侧的供案。供案为三兽足,案面两端呈鱼尾状,案上放置瓶、叵罗、盘、罐等器物,瓶内插祭祀用吉祥花叶,叵罗可能用来盛酒;瓶贴金,其他器物施白彩,花叶贴金或饰绿彩,案涂黑彩。[47]

韩伟先生对这一人身鹰足神进行了考证:

> 门额正中拜火坛左右的神祇呈人首鹰爪之状。身着大袍,头发卷曲,络腮大胡,公牛躯干,男根裸露,鼓舞双翅,羽尾上翘,双腿分立,足爪犀利,是祆教的幻想形象。从其戴口罩、执法杖的特征分析,其职能当为专司祭祀的神祇。这类图像亦曾在太原隋代虞弘墓的石椁基座上发现,只是时代比安伽墓要晚。在苏尔赫—考塔尔火坛遗址之火坛一侧,有所谓两

个"对鸟"的图像,上半截已毁,下半截与安伽墓之人首鹰足图像极相似,若头部原系人首,"对鸟"的称谓尚可商榷。这类人首鹰爪躯体若牛的专司祭祀的神祇,看来在中亚早有流传。[48]

有关安伽墓的祆教意义,马尔沙克教授的解释最为透彻:

> 墓门门楣上画着一对鸟人形状的祆教祭司,以及中间喷火的火坛。火坛放置在由三匹骆驼托起的宝座上。这种火坛以前从未见过。画家很有可能来自中亚,在粟特地区,祆神的宝座通常都是用一匹或两匹骆驼托着的。我自己认为是胜利之神,在粟特即 Washaghn(《阿维斯陀经》的 Verethraghna,是骆驼的化身)。在粟特艺术中,骆驼托举的宝座上的神常常负责守护主要的火坛。在伊朗,最高等级的火坛称为"Wahram火",这个名称源于 wahrām 神(Verethraghna 的帕拉维语形式)。安伽墓门楣上承托火坛的骆驼似乎更像是 Washaghn。[49]

由于安伽墓的出土,学者们现在可以确定上文提到的安阳石棺床、Miho 美术馆的石屏风、太原虞弘墓石椁,以及益都和天水发现的石棺床[50]都是属于同一组的粟特系统的图像。荣新江先生指出:"从北朝到隋唐,在以粟特人为主体的胡人聚落未分散之前,聚落内部的宗教主要应当是祆教,而聚落的首领萨保,固然总管聚落内部各种事务,但他本人的宗教信仰,显然也应当和聚落内部的大多数胡人一样,是祆教而非佛教。"[51]

2003 年 6 月 12 日～10 月 28 日,西安市文物保护考古所在今西安市未央区大明宫乡井上村东,西距汉长安城遗址 6.6 公里处清理了北周史君墓。其中出土有浮雕彩绘贴金作装饰的石堂。根据发掘简报的描述,石堂南壁东西两侧的两个直棂窗下,"分别各有一个戴口罩的人身鹰足的祭司——穆护,手持火棍,并分别设有火坛"[52]。石堂东壁浮雕画面分成三个部分,从北到南编号为 E1、E2、E3。其中 E1 图画面下部"为起伏的山峦,山上用石绿点染树木,山坡上有两犬,犬颈下挂铃。山下有一个雕栏的拱形桥,桥头有一对望柱。桥左侧站立两位祭司，戴口罩，穿圆领窄袖长袍，足登高靿靴，腰束带，腰的左侧均悬挂有物，双手持火棍。桥上方和望柱上分别刻有两团火焰”[53]。杨军凯先生将其与 Miho 丧葬仪式画面作比，讨论了此图的宗教内涵[54]。如果杨先生的考证得实，则中国考古发现又见“派提达那”之实例。

如同中亚地区所发现的此类图像一样，这些图像的粉本可能是传统沿袭下来的，未必是下葬年代中土祆教的写实。但从祭司祀火一点来看，中国境内的祆教徒有拜火习俗，是不容否认的。

二 “派提达那”非“屏息”辨

上文我们考察了琐罗亚斯德教诸礼仪中使用的“派提达那”，及北朝隋胡裔墓葬的有关图像资料。那么这种独特的宗教用品是否对中土文化产生什么实质性的影响？本节试对认为“派提达那”即“屏息”的观点重新检讨，并借以深化对祆教在华传播特点的认识。

“屏息”之名首见于明代顾起元（1565～1628 年）《客座赘语》的记载：

> 太常供奉祭品如羹醢之类，其捧献人口鼻，用物作长袋系于颈后，俗名“抵须”，非也，志名曰“屏息”。太庙以黄罗，它祀以红纻绢为之。[55]

明末方以智《通雅》曾加以引用，见该书卷三六“屏息奉献以掩鼻者”条：

> 遯园曰：太常供奉祭品如羹醢之类。其奉献人口鼻用物作长袋系颈后，俗名“抵须”，非也。志名曰“屏息”。太庙以黄罗，他祀以红纻绢为之。家君戊寅代署南太常篆，智随殿上，窃瞻典礼，不见有奉献带屏息者。故事之废，岂一端哉。[56]

“遯园”即顾起元。从顾起元和方以智的记述中，我们可知“屏息”乃用于太常供奉，其形制为“用物作长袋系颈后”，太庙以黄罗，他祀则以红绉绢。太常礼使用"屏息",可从明代《太常续考》中得到印证[57]。方以智(1611～1671年),字密之,安徽桐城人,是明末清初的著名学者。其父方孔炤,字潜夫,桐城人,万历四十四年(1616年)进士[58]。文中提到的戊寅年,当为明崇祯十一年(1638年)[59]。《马可波罗行纪》记忽必烈汗饮宴时亦提到这种口罩,可与上文相印证:

> 并应知者,献饮食于大汗之人,有大臣数人,皆用金绢巾蒙其口鼻,俾其气息不触大汗饮食之物。大汗饮时,众乐皆作,乐器无数。大汗持盏时,诸臣及列席诸人皆跪,大汗每次饮时,各人执礼皆如上述。[60]

《行纪》的注者沙海昂注云:

> 此种卫生方法,出于游牧部落之蒙古人,似不应知之,殆因袭汉人之制。1421年沙哈鲁使臣志明代之事有云:"两宦者侍立,口覆厚纸,覆及耳下。……每次进馔于帝前,乐人皆奏乐。(颇节本281页引Quatremère译文)[61]

沙海昂以为那是蒙古人因袭汉人之制,并未提出根据。孙培良先生指出:"唐宋诸史礼仪等志既不见有关'屏息'的记载,而伊朗乃至中亚却有以帛覆口鼻侍宴之风,且有实物可证,则未尝不可设想蒙古人是在西侵过程中从中亚或伊朗学得这种'卫生方法'。至于明朝是否在灭元之后因袭蒙古人的制度,或另有来源,尚难确定。"[62]然而仔细考察"屏息"的形制与用途,其与火祆教中的"派提达那"是不同的:"屏息"或为黄罗,或为红绉绢,而祆教尚白,"派提达那"为白色;"屏息"主要用于宫廷的太常祭祀之礼,而"派提达那"则用于祆教祀火和净礼等重要宗教场合,两者显然不可简单等同。

检明代以前诸史礼仪等志,不见有关"屏息"的记载。从唐代有关祆祠祭祀的史料中,我们也否定了这种风俗在教外人士中的流行,论者谓"屏息"受祆教影响并不具备事实基础。而且,以巾覆面并非袄教独有的传统,我国自古有之。

1913～1915 年,匈牙利裔英籍考古学家斯坦因(Aurel Stein,1862～1943 年)进行第三次中亚考察,曾到吐鲁番发掘阿斯塔那墓(Astana),发现有"复面"(face-cover)[63]。1959 年 10～11 月,新疆博物馆东疆文物工作组在吐鲁番阿斯塔那的墓葬进行发掘,从六个墓葬里获得一批 4 至 7 世纪的资料,其中死者脸部有"复面"(面罩):

> 303I 女尸复面残长 28、宽 24 厘米(连边),以素绢为面,内夹丝锦,紫锦银边,边宽 4 厘米。上缀穿珠三颗,两颗骨质,约当眼部,一颗玛瑙质,约当鼻尖。302 墓男尸复面已失,从残存迹象看,上压眉、下护嘴、两边齐腮,四角有带子以束系,眼部开洞。[64]

新疆博物馆又于 1960 年在阿斯塔那墓区发掘清理,两次共清理墓葬四十座,出土复面三十二件。新疆博物馆和武伯纶先生都将其定为文献记载的面衣,并旁征博引,对面衣在古代中国的流行情况进行了系统研究[65]。王㒟先生根据新疆博物馆现藏的几件较好标本,认为"复面"并非"上压眉、下护嘴、两边齐腮,四角有带子以束系,眼部开洞"的复布式制品,而是一种冒套式的面衣。并对其面料、制作方法等进行了详细的描述,最后指出:"从实物看来,口部或眼部,都没有发现任何开洞的痕迹。"[66]关于面衣口部是否开洞,文献的记载是模糊的。《仪礼·士丧礼》记载:

> 布衣、环幅不凿。[正义]郑氏康成曰:"环幅,广袤等也。不凿者,士之子亲舍,反其巾而已;大夫以上,宾为之舍,当口凿之,嫌有恶。"贾疏:《杂记》"凿巾以饭,公羊贾为之也"。注云,记士失礼所由始。盖士亲饭必发其巾;大夫以上臣为宾,宾含饭嫌有恶,故凿之,士则不凿也。[67]

这里,凿与不凿(即在不在口部开洞),主要是视社会身份不同而规定的,大夫以上可以凿洞。而士,"亲饭必发其巾",不应当凿口的。

唐段成式《酉阳杂俎》关于复面制法的记述：

> 崔生初隔纸隙见亡兄以帛抹唇如损状，仆使共讶之，一婢泣曰："几郎就木之时，面衣忘开口，其时匆匆就剪，误伤下唇，然旁人无见者。不知幽冥中二十余年，犹负此苦。"⑩

事虽无稽，但此处明确记载面衣在口部开洞，应是确凿无疑的。无论如何，面衣至少有口部开洞与不开洞两种，这与祆教祭司戴"派提达那"以防气息污染圣火的功能是迥异的。

值得注意的是面衣除用于死者的复面之外，还可用于生人日常御寒⑩。《晋书·惠帝纪》记载永兴元年（309年）十一月乙未："行次新安，寒甚，帝堕马伤足，尚书高光进面衣，帝嘉之。"⑩ 著名的玄奘法师西去印度求法，路过高昌时，高昌王麴文泰为其打点盘缠，制备行装，其中包括必备的御寒之具："以西土多寒，又造面衣、手衣、靴、袜等各数事。"⑪ 面衣可用于御寒和死者的复面，无论从其形制或功能来看，都与"派提达那"绝不相类。但二者俱以巾覆面。由此可以推想，蒙古族久居漠北风沙之地而独自发明了以巾覆面的"卫生方法"，并进而演变为宫廷侍宴和祭祀中的"屏息以献"，与火祆教的"派提达那"则无甚关联了。

另外，喇嘛庙打鬼仪式（即跳布扎）也有戴面巾之习俗。清人徐松曾目睹了绥定喇嘛庙的打鬼仪式："几上陈胡朗叭令（以醍醐拌面，作人兽形，为鬼食），二甲士左右立，以帛束口，恐人气触之，鬼不食也……复有一僧曰乃冲，戎装执戟，吐火吞刀，云神附于身。观者皆膜拜奉界单（紬巾）于神以问休咎。"⑫ 既然喇嘛庙打鬼仪式可以"以帛束口"，那么，"屏息以献"乃源于本民族的自我发明，也就不足为异了。在资料匮乏的情况下，实不宜把这种风俗与火祆教的"派提达那"简单等同。

由此看来，元明时期"屏息以献"用于宫廷侍宴和祭祀，或许是蒙古族久居漠北风沙之地而独自发明的一种"卫生方法"，后逐渐走向宫廷，成为王朝祭祀的一部分。"派提达那"与"屏息"，一为专用的宗教用品,一为彰显身份地位的"卫生用品",分别具有宗教与世俗的不同含义,实在不应该简单混淆。

波斯正统琐罗亚斯德教乃通过拜火与神沟通,因此并不拜神像。该教入传粟特地区后,在当地圣像崇拜的氛围下,产生了诸多的祆神形象,因此其教徒不必专门通过拜火来与神沟通,火的地位未必像波斯原教那样至高神圣,教徒们即使礼拜圣火,也未必会严格遵守本教教规教律,专门佩戴"派提达那"以防止污染圣火。而入华祆教徒主要来自粟特地区,在祭祀戴口罩这一环节上,其与波斯正统琐罗亚斯德教之间恐怕就存在着这种差异。中国考古发现中所见"口罩"的图像,属于祆教祭祀场合。虽然我们并不排除当时入华祆教有波斯移民直接导入的成分,他们或许会严守戴"派提达那"祀火的戒律,然而就现在的研究表明入华祆教毕竟以粟特人信仰为主。况且这些图像资料是否为当时中土祆教祭祀的写实,尚无法断定。唐代文献记载群胡"聚火咒诅",而未专书祭司戴口罩的细节,或许告诉我们,粟特祆教徒并不像其波斯故乡的教友把火看得那样神圣。

① Mary Boyce ed. & transl. , *Textual Sources for the Study of Zoroastrianism*, Manchester University Press, 1984, pp. 48 - 49;译文参考林悟殊《琐罗亚斯德教的圣火崇拜》,见其著《波斯拜火教与古代中国》,台北,新文丰出版公司,1995 年,52 页。

② Mary Boyce, 'On the Zoroastrian Temple Cult of Fire', *JAOS* 95. 3(1975), pp. 454 - 465; Yumiko Yamamoto, 'The Zoroastrian Temple Cult of Fire in Archaeology and Literature(I)', *Orient* Vol. XV, *Report of the Society for Near Eastern Studies in Japan*, 1979, Tokyo, pp. 19 - 53; (II), Vol. XVII, 1981, pp. 67 - 104;林悟殊:《琐罗亚斯德教的圣火崇拜》,其著《波斯拜火教与古代中国》,51 - 60 页。

③ Mary Boyce, *A History of Zoroastrianism*, Vol. II, Leiden/Köln: E. J. Brill, 1982, pp. 49 - 69.

④ George Rawlinson transl. , *The History of Herodotus*, *Great Books of The Western World*, Vol. 6, I. 132, The University of Chicago, 1952, p. 31;参阅王以铸译:《希罗多德历史》,北京,商务印书馆,1997 年,上册,68 - 69 页。

⑤ S. Insler, *The Gāthās of Zarathustra*, Téhéran/Liége, 1975. 近年来国际琐罗亚斯德教

学界研究表明除 Gāthās 外,《七章偈》(Yasna Haptanhaiti)亦为琐罗亚斯德所作,见 Mary Boyce, *Zoroastrians : Their Religious Beliefs and Practices*, London etc. , Routledge and Kegan Paul, 1979, 1984(with 2 pp. insertion 'Additions and corrections'), 1998 (3rd revised reprint), 2001, repr. 2002, p. xiv。

⑥   K. Schippmann, *Die iranischen Feuerheiligtüer*, Berlin-New York, 1971; Mary Boyce, 'On the Zoroastrian Temple Cult of Fire'.

⑦   J. J. Modi, *The Religious Ceremonies and Customs of the Parsees*, 2nd ed. , Bombay, 1937, pp. 200 – 213; Mary Boyce, 'On the Sacred Fires of the Zoroastrians', *BSOAS*, Vol. XXXI: I, 1968, pp. 52 – 68.

⑧   *Ātaxš Niyāyišn*, § 18, B. N. Dhabhar ed. , *Zand-i Khūrtak Avistāk*, Bombay, 1927, 45. 17 – 18.

⑨   参阅林悟殊:《波斯拜火教与古代中国》,56 – 57 页。

⑩   J. Darmesteter transl. , *The Zend-Avesta*, Part I, *The Vendīdād*, in F. Max Müller ed. *SBE*, Vol. IV, Oxford University Press, 1887, repr. Motilal Banarsidass, 1965, 1969, 1974, 1980, pp. 110 – 113; Mary Boyce ed. & transl. , *Textual Sources for the Study of Zoroastrianism*, pp. 61 – 62.

⑪   Mary Boyce ed. & transl. , *Textual Sources for the Study of Zoroastrianism*, p. 63.

⑫   *SBE*, Vol. IV, p. 168 n. 7.

⑬   J. K. Choksy, *Purity and Pollution in Zoroastrianism : Triumph over Evil*, Austin: University of Texas Press, 1989, p. 162.

⑭   J. J. Modi, *The Religious Ceremonies and Customs of the Parsees*, p. 110.

⑮   *SBE*, Vol. IV, pp. 168 – 169.

⑯   *SBE*, Vol. IV, p. 189.

⑰   Mary Boyce ed. & transl. , *Textual Sources for the Study of Zoroastrianism*, p. 63.

⑱   Mary Boyce ed. & transl. , *Textual Sources for the Study of Zoroastrianism*, pp. 63 – 64.

⑲   Ernest E. Herzfeld, *Iran in Ancient East*, London 1941, pp. 204 – 205, Figs. 313, 314; 引自孙培良:《祆教杂记》,载中国世界中世纪史研究会理事会编:《中国世界中世纪史研究会首届年会学术论文集》,西宁,青海人民出版社,1982 年,42 页。

⑳   Gustina Scaglia, 'Central Asians on a Northern Ch'i Gate Shrine', *AA*, Vol. XXI, 1958, p. 21, Fig. 7.

㉑   Mary Boyce, *A Persian Stronghold of Zoroastrianism*, Oxford: Oxford University Press, 1977, repr. University Press of America: Lanham • New York • London, 1989, p. 127; 中译本见[英]玛丽·博伊斯原著,张小贵、殷小平译:《伊朗琐罗亚斯德教村落》,北京,中华书局,2005 年,136 页。

㉒ Mary Boyce, *A Persian Stronghold of Zoroastrianism*, p. 231; 中译本见［英］玛丽·博伊斯原著, 张小贵、殷小平译:《伊朗琐罗亚斯德教村落》, 250 - 251 页。

㉓ Sven S. Hartman, *Parsism: The Religion of Zoroaster*, Leiden: E. J. Brill, 1980.

㉔ Sven S. Hartman, *Parsism: The Religion of Zoroaster*, pp. 26 - 27, Plate XXVIII-XXX; 有关帕尔西人举行"九夜之净"的具体情况, 则可参阅 J. J. Modi, *The Religious Ceremonies and Customs of the Parsees*, pp. 126 - 127。

㉕ 即小西罗扎祷文(Sīrōzah), 内容主要为献给每月三十日守神的颂诗和祷词, 比大西罗扎祷文短, 内容出自《阿维斯陀经》的选译本(Khorda Avesta), 经文内容见 J. Darmesteter transl., *The Zend-Avesta*, Part Ⅱ, *The Sīrōzahs, Yasts and Nyāyis*, in F. Max Müller ed. *SBE*, Vol. XXIII, Oxford University Press, 1884, repr. Motilal Banarsidass, Delhi, 1965, 1969, 1975, 1981, pp. 3 - 13。

㉖ Sven S. Hartman, *Parsism: The Religion of Zoroaster*, pp27 - 29; J. J. Modi, *The Religious Ceremonies and Customs of the Parsees*, p. 300 f., 293 f.。

㉗ 分别见 Sven S. Hartman, *Parsism: The Religion of Zoroaster*, Plate XXXIX、XXVII、XL。

㉘ ［唐］慧立、彦悰著, 孙毓棠、谢方点校:《大慈恩寺三藏法师传》(中外交通史籍丛刊 2), 北京, 中华书局, 2000 年, 30 页。

㉙ 《隋书》卷八三, 1848 - 1849 页; 蔡鸿生先生就两段史料所反映的康国胡律的执行情况进行了探讨, 见其著《唐代九姓胡与突厥文化》, 北京, 中华书局, 1998 年, 8 - 9 页。

㉚ ［唐］慧超著, 张毅笺释:《往五天竺国传笺释》(中外交通史籍丛刊 9), 北京, 中华书局, 2000 年, 118 - 130 页。

㉛ W. Barthold, *Turkestan Down to the Mongol Invasion*, London, 1928, p. 204, 206. 转引自［日］羽田亨著、耿世民译:《西域文明史概论(外一种)》, 北京, 中华书局, 2005 年, 137 页。

㉜ 参阅林悟殊:《波斯拜火教与古代中国》, 51 页。

㉝ Mary Boyce, *A Persian Stronghold of Zoroastrianism*, p. 95; 中译本见［英］玛丽·博伊斯原著, 张小贵、殷小平译:《伊朗琐罗亚斯德教村落》, 105 - 106 页。

㉞ B. A. Litvinsky, Zhang Guang-da(张广达) & R. S. Samghabadi(eds.), *History of Civilizations of Central Asia*, Vol. Ⅲ, Paris: UNESCO Publishing, 1996, pp. 409 - 410; 参阅［俄］李特文斯基主编、马小鹤译:《中亚文明史》第三卷, 北京, 中国对外翻译出版公司, 2003 年, 348 页。

㉟ Grégoire Frumkin, *Archaeology in Soviet Central Asia*, Leiden 1970, pp. 147 - 149, Fig. 38; 见弗鲁姆金著:《苏联中亚考古》, 新疆, 新疆维吾尔自治区博物馆, 1981 年,

66、136 页。

㊱ G. A. Pugachenkova, 'The Form and Style of Sogdian Ossuaries', *BAI*, *new series*, 8 (The Archaeology and Art of Central Asia. Studies from the Former Soviet Union), 1996, pp. 235 – 236.

㊲ 法兰兹·格瑞内(Frantz Grenet,按:即葛乐耐)著,阿米娜译:《法国——乌兹别克考古队在古代撒马尔干遗址阿弗拉西阿卜(Afrasiab)发掘的主要成果》,《法国汉学》第 8 辑(教育史专号),北京,中华书局,2003 年,518 页、530 页图五。

㊳ 孙培良:《祆教杂记》,35 – 45 页。

㊴ Gustina Scaglia, 'Central Asians on a Northern Ch'i Gate Shrine', *AA*, Vol. XXI, 1958, pp9 – 28.

㊵ B. I. Marshak, 'Le programme iconographique des peintures de la "Salle des ambassadeurs" à Afrasiab(Samarkand)', *ArtsA*, 49, Paris, 1994, p. 13.

㊶ F. Grenet, *Cultes et monuments religieux dans L'Asie centrale préislamique*, Paris, 1987, 封面。

㊷ 姜伯勤:《安阳北齐石棺床画像石的图像考察与入华粟特人的祆教美术——兼论北齐画风的巨变及其与粟特画派的关联》,《艺术史研究》第 1 辑,广州,中山大学出版社,1999 年,151 – 186 页;并见姜伯勤:《中国祆教艺术史研究》,北京,生活·读书·新知三联书店,2004 年,33 – 62 页。

㊸ J. A. Lerner, 'Central Asians in Sixth-Century China: A Zoroastrian Funerary Rite', *IA*, XXX, 1995, p. 180, Pl. I.

㊹ 山西省考古研究所、太原市文物考古研究所、太原市晋源区文物旅游局:《太原隋虞弘墓》,北京,文物出版社,2005 年,130 – 131 页,135 页图版 182;山西省考古研究所、太原市文物考古研究所、太原市晋源区文物旅游局:《太原隋代虞弘墓清理简报》,《文物》2001 年第 1 期,43 – 44 页,图三一、三六。

㊺ 山西省考古研究所、太原市文物考古研究所、太原市晋源区文物旅游局:《太原隋虞弘墓》,155 页注 135。

㊻ 蔡鸿生先生曾提示笔者,戴口罩是否为人神之异,值得进一步探讨。

㊼ 陕西省考古研究所编著:《西安北周安伽墓》,北京,文物出版社,2003 年,16 页,图版十四、十八、十九;参阅陕西省考古研究所:《西安发现的北周安伽墓》,《文物》2001 年第 1 期,5 – 6 页,图八 – 十。

㊽ 韩伟:《北周安伽墓围屏石榻之相关问题浅见》,《文物》2001 年第 1 期,91 页。

㊾ B. I. Marshak, 'La Thématique Sogdienne dans l'art de la Chine de la seconde moitié du Ⅵ^e siècle', *Académie des Inscriptions & Belles-Lettres*, *Comptes rendus des séances de l'année* 2001 (janvier-mars), Paris, 2001, pp. 244 – 245.

㊿ 见夏名采:《益都北齐石室墓线刻画像》,《文物》1985 年第 10 期,49－54 页;天水市博物馆:《天水市发现隋唐屏风石棺床墓》,《考古》1992 年第 1 期,46－54 页。

51 荣新江:《北朝隋唐胡人聚落的宗教信仰与祆祠的社会功能》,载荣新江主编:《唐代宗教信仰与社会》,上海,上海辞书出版社,2003 年,396 页。

52 西安市文物保护考古所:《西安北周凉州萨保史君墓发掘简报》,《文物》2005 年第 3 期,9－10 页,封面、图三一;并见西安市文物保护考古所:《西安市北周史君石椁墓》,《考古》2004 年第 7 期,41 页,图版八－3。

53 西安市文物保护考古所:《西安北周凉州萨保史君墓发掘简报》,16－17 页,图四三;并见西安市文物保护考古所:《西安市北周史君石椁墓》,44－45 页,图六、图版九－3。

54 杨军凯:《北周史君墓石椁东壁浮雕图像初探》,《艺术史研究》第 5 辑,广州,中山大学出版社,2003 年,189－198 页;杨军凯:《西安北周史君墓石椁图像初探》,提交"粟特人在中国——历史、考古、语言的新探索学术研讨会"论文,2004 年 4 月 23～25 日,中国北京,刊荣新江、华澜、张志清主编:《粟特人在中国——历史、考古、语言的新探索》,《法国汉学》第 10 辑,北京,中华书局,2005 年,3－17 页;姜伯勤先生则讨论了整个石堂图像的祆教内涵,见其文《北周粟特人史君石堂图像考察》,《艺术史研究》第 7 辑,广州,中山大学出版社,2005 年,281－298 页。

55 [明]顾起元撰,谭棣华、陈稼禾点校:《客座赘语》(《庚巳篇·客座赘语》,元明史料笔记丛刊),北京,中华书局,1987 年,86－87 页。

56 [明]方以智:《通雅》卷三六,景印文渊阁四库全书,子部一六三,杂家类,台湾,商务印书馆,857 册,701 页。

57 [明]《太常续考》卷二、卷三、卷八,景印文渊阁四库全书,史部三五七,职官类,台湾,商务印书馆,599 册,1－330 页。

58 《明史》卷二六〇,6744－6745 页。

59 任道斌编著:《方以智年谱》,合肥,安徽教育出版社,1983 年,84 页。

60 冯承钧译:《马可波罗行纪》,上海,上海书店出版社,2000 年,217 页;党宝海先生在新注冯译《马可波罗行纪》时,并未对此段文字进行解释,见 A. J. H. Charignon 著,冯承钧译,党宝海新注:《马可波罗行纪》,石家庄:河北人民出版社,1999 年,329－333 页。

61 冯承钧译:《马可波罗行纪》,220 页。

62 孙培良:《祆教杂记》,43 页。

63 Aurel Stein, *Innermost Asia*, Vol. Ⅱ, New Delhi-India: Cosmo Publications, 1981, p. 677。

64 新疆维吾尔自治区博物馆:《新疆吐鲁番阿斯塔那北区墓葬发掘简报》,《文物》1960 年第 6 期,15 页。

⑥ 武伯纶:《唐代的复面和胡部新声》,《文物》1961 年第 6 期,42－44 页。

⑥ 王澍:《复面、眼罩及其他》,《文物》1962 年第 7、8 期,83－85 页。

⑥ 《仪礼注疏》卷三十五,[清]阮元校刻:《十三经注疏》,北京,中华书局影印本,1980年,1130 页。

⑥ [唐]段成式著,方南生点校:《酉阳杂俎》续集卷一,北京,中华书局,1981 年,205页。

⑥ 向达:《西域见闻琐记》,《文物》1962 年第 7、8 期,34 页。

⑦ 《晋书》卷四,103－104 页。

⑦ [唐]慧立、彦悰著,孙毓棠、谢方点校:《大慈恩寺三藏法师传》,21 页。

⑦ [清]徐松著,朱玉麒整理:《西域水道记(外二种)》卷四,北京,中华书局,2005 年,240－241 页。

附：

虞弘墓祭火图像宗教属性辨析

众所周知，火崇拜并非琐罗亚斯德教徒所专有。世界各民族，在其蒙昧的时代，都或多或少表现出对火的崇拜。火对于他们来说，既是非常神秘，可畏可惧；又是极其重要，同其生活密切相关。无论佛教、道教，还是基督教、印度教，无论蒙古人、汉人，还是希腊人，都有不同程度上的火崇拜①。然而，与畏火惧火不同，波斯琐罗亚斯德教认为火是神圣的。正统的琐罗亚斯德教并不礼拜该教神祇的偶像②，而是将拜火作为与上神阿胡拉·马兹达沟通的手段。在琐罗亚斯德教徒心目中，火占有如此崇高的地位，因此随着波斯文明的发展，琐罗亚斯德教徒发展了日益复杂化、高级化的拜火仪式。在琐罗亚斯德教徒心目中，火至为神圣，因而严禁对其有任何污染。如上文论述的祭司祀火时之所以要披戴垂至面颊、遮住嘴唇的"派提达那"，就是为了保持圣火洁净。

然而，有关虞弘墓石椁浮雕祭火图像，考古报告的描写如下：

（该画面）位于椁座前壁下栏正中，处椁座浮雕之最中心和显要的位置。

画面中部是一个束腰形（发掘简报写为：灯台形）火坛，坛座中心柱较细，底座和火盆较粗，火坛上部呈三层仰莲形，坛中正燃烧着熊熊火焰。在其左右两旁，各有一人首鹰身的人相对而立。他们均戴冠，黑色长发呈波形披在头后，深目高鼻，浓眉大眼，须髯浓密。头后有两条红白二色的飘带，向后翻飞。均上半为人身，着红色圆领半袖衫，袖口处有花边，肩披宽大的带端为葡萄叶形的（发掘简报写为：一轻柔的火焰形）长帔，经过肩臂，飘卷于身后。腰系一带，带在腹前打结后垂地，带端也为葡萄叶形状（发掘简报写为：火焰形状）。下半为鹰身，有鹰翅、鹰尾、鹰腿爪。两人均上身倾向火坛，两手皆戴手套,一手捂嘴,一手伸出,各抬着火坛一侧。③

就这一祭火场景的宗教属性,学界一般认为:"这种半人半鸟的祭司护持火坛的形象,是最具特征的祆教图案。"④尔后,西安北周安伽墓、西安北周史君墓等相继出土,该等墓葬葬具石雕图像蕴含丰富的中亚、西亚文化因素,引起学界关注,学界也多将其归为祆教艺术史进行讨论。其间亦有学者注意到不同墓葬的火坛形制存在差异,但并未申论⑤。本节拟比对不同葬具浮雕的祭火图像差异,就虞弘墓石椁浮雕祭火图像的宗教属性进行辨析。

一　仰莲形火坛

有关虞弘墓石椁浮雕所见火坛,考古报告解释道:

类似火坛形式在世界各地拜火教图像和波斯银币图案中常见,如夏鼐研究波斯银币时,对银币上的火坛图案有所描述,他说"银币上的祭坛底座有二级,中心柱较细,有打三角结的条带在柱的两侧,带的末端向下飘扬。坛的上部三层,逐层外伸扩大,最上层有横置联珠一列或二列。再上为上升的火焰"。这是典型的祆教礼仪的标志。⑥

我们考察了不同历史时期琐罗亚斯德教火坛的形制,并结合同类考古发现,认为虞弘墓石椁火坛图案,具有浓厚的佛教因素。其重要表现之一即为该火坛上部呈三层仰莲形。火坛的形制出现莲花图案,为波斯琐罗亚斯德教考古与文献所未见。

琐罗亚斯德教火庙仪式中使用火坛,可追溯至阿契美尼王朝晚期,从当时的印章上得知其形制主要分三种类型:第一种好似方形座基,方柱体,表面有凿刻,顶部为层级的雉堞,像一只风格化的大碗,用来盛火与灰烬。这种火坛由石块或砖砌成,不过迄今并无实物发现可资证明。据研究,这种火坛可能是帝王之家用来祭祀圣火的⑦。第二种火坛呈柱状,上下各有两级或三级均匀的层级,中间柱较细。这种火坛亦由石块或砖砌成,中间柱则可能使用了金属。在 Naqsh-i Rustam 和 Persepolis 的墓雕上都可见这种火坛⑧。伊朗现存最早的此种火坛则见于哈马丹附近的 Nūsh-i Jān Tepe⑨。时至今日,琐罗亚斯德教徒还仍在使用这种形制的火坛,因此其也被称为"标准火坛"。第三种火坛呈细柱状,主要见于巴比伦和亚述的印章上,迄今考古发掘尚未发现实物⑩。现存最早的琐罗亚斯德教火坛为第二种"标准"火坛,上下各有三层级,时间大约在公元前 1 世纪,发见于萨珊时期的 Kūh-i Khwāja 火庙遗址⑪。

萨珊初期,Fīrūzābād 桥附近的石雕表明阿达希尔一世(Ardashīr)从奥尔马兹达(即琐罗亚斯德教主神阿胡拉·马兹达)手中接过王权的情景。在他与奥尔马兹达中间立有一座及膝的小火坛。这座火坛是立于方座之上的柱坛,它的顶部像一个大碗⑫。阿达希尔一世统治中期开始发行的钱币,背面印有火坛。这种火坛是标准的形制,即立于三级基座上的柱坛,顶部同样有三级⑬。此即"标准"化火坛。这种形制亦即上文夏鼐先生所描述的波斯银币图案中常见的火坛。

有关萨珊时期波斯钱币上所见的火坛形象,可参阅李铁生先生编著《古波斯币》一书所附图片⑭。从中可以看出,坛柱分为光柱、柱上系吉祥带,柱上有币文或神授徽等不同形式,坛侧亦分别装饰神授徽、公牛徽、新月和星等不同图案,唯未见有装饰莲花,或采用莲形基座图案者。

中古中亚地区流行的火袄教源于波斯琐罗亚斯德教,但又与之不同⑮。但就目前考古发现所见中亚地区的火坛,亦未见有以仰莲形或用莲花装饰的报道,如:

> 克拉斯诺列申斯克大墓地所出纳骨瓮前片图像,图像中央为一圣火坛,上有火焰,两旁各有祭司,皆戴口罩,身着长袍,其前面有供桌,空白处有各种符号——太阳花、星星、飞鸟。⑯

莫拉—库尔干(Molla-Kurgan)所出纳骨瓮图像上部为金

字塔式顶,高 73 厘米,矩形面上,有三拱,中间拱下有火坛。火坛上部呈三级檐,上有七火舌。祭司在两侧,一站一跪。他们手持火钳和燃料,脸戴口罩。[17]

吉尔吉斯 Nawekat 遗址出土的陶质纳骨瓮上,绘有两位穿着琐罗亚斯德教传统服装的祭司,站在有三级台阶的火坛前,火坛器形与 Naqsh-i-Rustam 遗址所见的相同。[18]

粟特片治肯特(Panjikent)Ⅲ区 6 号地点壁画,上有有翼神羊托负的拜火坛,其上有三个火坛,其中一个保存较好。[19]片治肯特Ⅰ区 10 号点,片治肯特Ⅲ区 7 号点,Ⅱ号区 E 地点,均绘有火坛。[20]

瓦尔赫萨(Varakhsha)6 号点东厅,绘有一男子照料火坛。[21]

观以上诸火坛图像,虽具体形制各有差别,但大都与波斯火坛图像类似,且均未见装饰有莲花图案。

与虞弘墓石椁类似的中国境内出土的其他葬具中,所见火坛图像多未见有莲花装饰图案,如:

日本 Miho 美术馆藏山西出土石棺,年代在北朝后期。该石棺床后壁第三块石板 J 上,保存了一幅珍贵的粟特丧葬图:画面分上下两部分。上部的中央站立着一位身穿长袍的祭司,脸的下面,戴着一种白色的口罩(padām),前面有一火坛,坛前站着护持圣火的祭司。[22]

2003 年 6 月 12 日～10 月 28 日,西安市文物保护考古所在今西安市未央区大明宫乡井上村东,西距汉长安城遗址 5.7 公里处清理了北周史君墓。其中出土有浮雕彩绘贴金作装饰的石椁。史君石椁正南的两个直棂窗下,各有一个人首鸟身鹰足的祭司,头戴冠,冠上有日月图形的装饰。头上束带,飘于脑后。高鼻深目,长胡须,鼻子下戴一弯月形口罩,肩生双翼,身穿窄袖衣,腰束带,两臂交叉置于胸前,右臂在上,右手

持两个长火棍,下半身为鸟身,尾部饰有羽毛,双足有力,似鹰足。在其左前方置一火坛,火坛为方形底座,束腰,上有火团。㉓

就此类浮雕火坛形象来看,并无用莲花装饰图案。

20 世纪初叶,河南省安阳近郊古墓出土的一组石棺床雕刻,墓石八块,其中藏于德国科隆东亚艺术博物馆的左右门阙二件,上刻火坛各一:

> 门阙的侧面各有一祭司状人物,免冠,着联珠纹大翻领胡袍,有腰带。两人手执香炉之类的祭器,戴口罩,挂在颌下,未及口鼻。这两个祭司身旁均有祭盆、祭酒胡瓶及拜火火坛各一,火坛中圣火熊熊。㉔

从其图像来看,火坛装饰有莲花图案㉕。另有 2000 年 5～7 月,陕西省西安市北郊发掘的北周安伽墓,墓门的门额上,刻画着三只骆驼支撑的火坛,其基座用莲花图案装饰,与虞弘墓火坛形制类似:

> 门额呈半圆形,高 0.66、宽 1.28 米,正面装饰有减地浅浮雕贴金彩绘图案。图案内容为祆教祭祀场面,可分四组,并以纵中心线为轴对称分布。中部为火坛,三头骆驼(一头面前,两头分别面向东或西)踏一硕大的覆莲基座,驼背负一较小的莲瓣须弥座,座上承大圆盘,盘内置薪燃火,火焰升腾幻化出莲花图案。火焰左右各有一乐神,上身袒裸、腰系裹体红色长裙、跣足,肩披飘动飞扬的条帛,四周祥云缭绕。左侧乐神弹奏曲颈琵琶,项圈和手镯贴附金箔;右侧乐神舞弄箜篌。骆驼座两侧各有一人身鹰足祭司,上半身为人身,卷发、深目、高鼻、络腮胡须,似戴口罩,上身赤裸,下身为鹰身,双翼伸展上翘,尖尾鹰爪,双手握神杖伸向火坛两侧的供案。供案为三兽足,案面两端呈鱼尾状,案上放置瓶、叵罗、盘、罐等器物,瓶内插祭祀用吉祥花叶,叵罗可能用来盛酒;瓶贴金,其他器物施白彩,花叶贴金或饰绿彩,案涂黑彩。㉖

众所周知,莲花与佛教关系密切,莲花图案也常被佛教艺术所采用,来表达净土的观念㉗。是则虞弘、安伽等墓葬所见莲花图案或为佛教影响的产物。

另外,太原发现的北齐娄睿墓(570年)和徐显秀墓(571年),内中出土瓷器"灯",有学者认为其并非照明的灯,而是祆教祭火的小型火坛㉘。鉴于这些瓷器装饰有莲花图案,因此即便将它们比定为火坛,其究竟是否属于祆教所用,尚值得重新考虑。

二 人首鹰身的祭司

除莲花之外,虞弘墓石椁火坛两侧为人首鸟身鹰足的祭司,同样的形象仅见于安伽墓、史君墓葬石椁,这一形象亦可能乃受佛教影响所致。

有关虞弘墓人首鹰身的形状,《考古报告》解释道:

> 中国古代也有人首鸟身之神,如[晋]郭璞《山海经·中山经》记载:"自辉诸之山至于蔓渠之山,凡九山,一千六百七十里。其神皆人面而鸟身……自景山至琴鼓之山,凡二十三山,二千八百九十里,其神状皆鸟身而人面。"在湖南长沙马王堆西汉墓帛画和河南邓县东汉彩色画像砖中,也有人首鸟身图像。佛教石窟壁画中也有人首鸟身图像,称伽陵频迦。但这种图像傍皆无火坛与祭司,内涵也不尽相同。㉙

有关安伽墓墓门的半鸟半人形祭司,韩伟先生进行了考证:

> 门额正中拜火坛左右的神祇呈人手鹰爪之状。身着大袍,头发卷曲,络腮大胡,公牛躯干,男根裸露,鼓舞双翅,羽尾上翘,双腿分立,足爪犀利,是祆教的幻想形象。从其戴口罩、执法杖的特征分析,其职能当为专司祭祀的神祇。这类图像亦曾在太原隋代虞弘墓的石椁基座上发现,只是时代比安伽墓要晚。在苏尔赫—考塔尔火坛遗址之火坛一侧,有所谓两个"对鸟"的图像,上半截已毁,下半截与安伽墓之人首鹰足图

像极相似,若头部原系人首,"对鸟"的称谓尚可商榷。这类人首鹰爪躯体若牛的专司祭祀的神祇,看来在中亚早有流传。[30]

马尔沙克教授(B. I. Marshak)曾就火坛置于三匹骆驼托起的宝座上进行解释:

> 墓门门楣上画着一对鸟人形状的祆教祭司,以及中间喷火的火坛。火坛放置在由三匹骆驼托起的宝座上。这种火坛以前从未见过。画家很有可能来自中亚,在粟特地区,祆神的宝座通常都是用一匹或两匹骆驼托着的。我自己认为是胜利之神,在粟特即 Washaghn(《阿维斯陀经》的 Verethraghna,是骆驼的化身)。在粟特艺术中,骆驼托举的宝座上的神常常负责守护主要的火坛。在伊朗,最高等级的火坛称为"Wahram 火",这个名称源于 wahrūm 神(Verethraghna 的帕拉维语形式)。安伽墓门楣上承托火坛的骆驼似乎更像是 Washaghn。[31]

另外,史君墓石椁正南的两个直棂窗下,各有一个人首鸟身鹰足的祭司,《发掘简报》的描述较为简单:"两个直棂窗下分别各有一个戴口罩的人身鹰足的祭司——穆护,手持火棍,并分别设有火坛。"[32]《从撒马尔干到长安——粟特人在中国的文化遗迹》所附图录介绍较为详细:

> 史君石椁正南的两个直棂窗下,各有一个人首鸟身鹰足的祭司,头戴冠,冠上有日月图形的装饰。头上束带,飘于脑后。高鼻深目,长胡须,鼻子下戴一弯月形口罩,肩生双翼,身穿窄袖衣,腰束带,两臂交叉置于胸前,右臂在上,右手持两个长火棍,下半身为鸟身,尾部饰有羽毛,双足有力,似鹰足。在其左前方置一火坛,火坛为方形底座,束腰,上有火团。[33]

其实,就目前所见的琐罗亚斯德教火坛旁边的侍者形象,或为世俗的统治者及其继承人,或为现实中人形的祭司,未见有人首鹰身者。

有学者认为这种人头鸟身的形象为赫瓦雷纳鸟(hvarenah),即

琐罗亚斯德教圣鸟 Senmurv 之一种㉞。按,Senmurv 为中古波斯
文化圈所流行的一种吉祥神兽,婆罗钵语称为"森木鹿"(Sen-
murv),在琐罗亚斯德教《阿维斯陀》经中称"塞伊娜"(Saena),在近
代波斯文中称"希姆夫"(Simurgh),为萨珊波斯和粟特艺术所常
见。如 8 世纪早期粟特本土的片治肯特壁画中,"森木鹿"被刻画
成一只飞鸟,立于一位英雄之前(或以为此英雄即鲁斯塔姆)㉟。而
在萨珊波斯和早期伊斯兰艺术中极其流行的是森木鹿的另一种形
象,状如狗头,有翼和孔雀尾(或鱼尾),被解读成"神的荣光
(farn)"㊱。"森木鹿"的半犬半鸟形象,不仅被伊斯兰艺术所继承,
也被拜占庭基督教艺术所采用。就康马泰(Matteo Compareti)的
研究可以看出,Senmurv 并未呈现人首鸟身的形象,而且尔后 Sen-
murv 所演变的各种形象,已经很难和"祆教的象征联系起来,它也
不再是萨珊王朝的保护神,因为萨珊波斯帝国曾与阿拉伯帝国和
拜占庭帝国多年为敌。在这里,作为广义'神的荣光'的象征神兽,
它依旧为穆斯林和基督徒所欣赏,并不属于某一种特殊的宗教"㊲。

　　王小甫教授曾论及蒙古国和硕柴达木(Hoshoo Tsaydam)的阙
特勤碑和毗伽可汗碑文物陈列室,有一块出土于阙特勤墓地的红
色花岗岩巨形石板,其表面阴刻线雕图案,类乎虞弘墓两个鸟身祭
司相对护持圣火,遂认为此鸟身祭司为突厥斗战神形象,本为拜火
教神祇 Verethraghna(Warahrān/Bahrām)的化身之一㊳。王先生
文中称这块巨石线雕上半部残缺,不知鸟身祭司图案有无残缺?
本文并非讨论突厥与祆教的关系,只想就此提出两点疑问。一,琐
罗亚斯德教经典《阿维斯陀》中《诸神颂》第 14 篇开篇便描写 Vere-
thraghna /Bahrām 的十种化身,即:一阵猛烈的狂风,一头长有金
角的公牛,一匹长有金耳和金蹄的白马,一匹发情的骆驼,一头公
野猪,一个 15 岁的青春少年,一只 Vareghna 鸟,一只弯角的公绵羊
(ram),一只尖角的野山羊(goat)和一个武装的战士㊴。其中并无
可与人首鸟身形象对应者。况且,马尔沙克教授曾解释安伽墓墓

门火坛托起宝座的三匹骆驼为胜利之神的化身,岂非与将人首鸟身形象比对为胜利之神相矛盾。二,既然《安禄山事迹》记载安禄山是"营州杂种胡","母阿史德氏,为突厥巫,无子,祷轧荦山,神应而生焉","我父是胡,母是突厥女"[40]。因此在考察其事火拜天的信仰时,似不应对其突厥起源避而不谈[41]。至于故宫博物院藏北魏苟景墓志志盖所绘"上方半人半鸟神,一捧莲,一捧树叶,中为荷花荷叶,摇曳有姿。下方左为牛,右为羊,有翼和尾羽,中间绘花卉,画中升起火焰,火焰中出现一方形祭坛"[42],观其图像内容很难和祆教相联系,可以不论[43]。窃以为,倒不如从中国古代传说的"千秋"、"万岁"之鸟中寻找答案[44]。

上文提及虞弘墓《考古报告》已经注意到:"佛教石窟壁画中也有人首鸟身图像,称伽陵频迦。"按,迦陵频伽一词见于佛经,是梵文 Kalavinka 的音译。巴利文作 Karavika,又译作歌罗频伽鸟、羯罗频伽鸟、迦兰频伽鸟、迦陵毗伽鸟。略称迦陵频鸟、迦娄宾鸟、迦陵鸟、羯毗鸟等[45]。因其声音美妙动听,婉转如歌,故又名美音鸟。《翻译名义集》卷六:"迦陵频伽,此云妙声鸟。"又引《正法念经》云:"山谷旷野,其中多有迦陵频伽,出妙音声。如是美音,若天若人,紧那罗等无能及者,唯除如来音声。"[46]一般认为,此鸟产于印度,本出自雪山,山谷旷野亦多。其色黑似雀,羽毛甚美,喙部呈赤色,在卵壳中即能鸣,音声清婉,和雅微妙,为天、人、紧那罗、一切鸟声所不能及。在佛教经典中,常以其鸣声譬喻佛菩萨之妙音。或谓此鸟即极乐净土之鸟,在净土曼荼罗中,作人头鸟身形[47]。根据学者的研究:"迦陵频伽来源于古印度的神话传说,它借鉴了古希腊罗马神话中有翼神祇——天使的某些形象特征,是印度神话、希腊罗马神话相结合的产物。""迦陵频伽则来源于神鸟的传说与神话中人鸟结合的形象,在当时他们已有各自的名称和活动领域。印度桑奇第1塔浮雕的迦陵频伽与敦煌壁画的迦陵频伽,形象大体一致——人首、人身、鸟腿。敦煌壁画上甚至保留了鸟嘴(如榆林窟第25窟南壁唐代壁画中），只是在不同的民族地区出现了不同的民族风格、人物面相、衣冠服饰等。桑奇第1塔上的迦陵频伽作为一种装饰，仍飞行于虚空，而敦煌壁画上的迦陵频伽在唐代已经着陆，其装饰作用在敦煌壁画中至少晚于印度达600年。"[48]

　　有学者曾举大夏东部 Surkh Kotal 发掘的早期贵霜火庙为例，指其内建有一座石基火坛，装饰着两只大鸟，并有大量灰烬，借以说明这种图像的琐罗亚斯德教内涵。此图像即上引韩伟先生文中提及的"对鸟"图像。其实，发掘者早就指出这一形式体现了希腊与伊朗艺术的结合，带有明显的犍陀罗艺术风格[49]。由于该火坛顶部毁坏，并未见鸟头，其究竟是否人首尚未可知。而且这一火庙的平面设计与火坛形制都与琐罗亚斯德教相异，因此并不能断定这一遗址的琐罗亚斯德教属性。相反，其可能反映琐罗亚斯德教火庙仪式对当时贵霜信仰的影响[50]。其实，拜火仪式也体现在犍陀罗艺术中佛或菩萨的雕像上。人们在类似于琐罗亚斯德教的火坛前祈祷。贵霜印章上也刻有此种火坛，所刻之神有四面，表现湿婆、两位不知名的人物、赫拉克利斯，"一位王子身着印度－斯基泰服饰，戴着前突的头盔，在坛前祭祀"。后一场景经常出现在贵霜钱币正面。有学者认为，火坛的相似性表明帕提亚时期，琐罗亚斯德教火庙仪式在这些地区的影响[51]。马尔沙克先生在北京大学的演讲中指出，安伽墓中的人头鹰身像，可与阿富汗巴米扬大佛龛中密特拉神像旁边的人头鸟身像相比较。法国学者葛乐耐先生对巴米扬与《密特拉颂》(Mihr Yašt，即歌颂密特拉神的颂赞)进行了研究，所著《根据图像学数据看〈阿维斯陀·诸神颂〉在大夏及粟特的意义》一文中，分析了此一线图。在巴米扬两个大佛石窟中较小一个佛头的拱顶上，有密特拉神像。神像两边，各有一手持火炬的人头鸟身像，作者指出此即与伊玛神有关的赫瓦雷纳鸟[52]。人头鸟身像既然出现在佛窟中，倒不如从佛教的影响中去寻找其来源。

　　其实，有学者已注意到虞弘墓"对饮乐舞图"的构图类似敦煌

净土天宫乐舞㊿。另外,就史君墓石椁图像受佛教等多种文化影响
的情况,学者们亦早已指出。如其西壁南部石雕画面为一个神正
在对周围一切众生讲经说法。画面上部中心位置有趺坐于莲花宝
座上的神像,身后有椭圆形背光。杨军凯先生早就正确指出了这
幅图很像是佛教图像中佛为众生说法的内容㉚。学者们也注意到
史君墓石椁图像印度因素与伊朗因素相融合的情况㉝。另外,2004
年春季,巴黎吉美博物馆展出了一套私人收藏的 6 世纪末中国西
北地区的胡裔墓葬所出围屏石榻。刻绘在榻座正面的中心画框里
的两个跪拜祭司,手中持着各种可能装有祭祀用品的口袋,并将祭
品撒在香炉的火炭上。祭坛柱的两侧圆雕两身立在莲花上的裸身
童子,童子各伸一手作撑托香炉状。两位充任祭司的世俗角色,头
上戴着绑扎繁复的巾帽,其样式与阿富汗君王之服饰极为近似。
研究者指出:"画面中的几种因素使得我们绝不能将此场景简单视
为琐罗亚斯德教祭祀火坛之表现。因为这个祭坛已经是多种风格
的混合——印度化的希腊祭祀香炉(thymiaterion);其祭祀活动实
际是在炭上而不是在火中进行;祭司面部也没有覆盖那种袄教仪
轨中用来防止玷污圣火的白色口罩(padām)。""此一图像或许是一
种盛行于东亚之古老吠陀拜火仪式。实际上,Homa 仪式被佛教界
之菁英阶层所吸收,而因此才不但于印度北部、阿富汗,而且于尼
泊尔、中国和日本(即天台宗)广为流传。"㉚

从上文考察可以看出,虞弘墓石椁浮雕的祭火图像更多地包
含了佛教的文化因素。早年学界曾误认为太原"黄坑"反映了火袄
教的葬俗,对此蔡鸿生先生已经详辨:"按胡化程度而言,唐代的
'三河'(河西、河北、河东)地区,以河东为最轻。西域的'兴生胡'
入华行贾,历代均罕取河东道。当地城乡,未见有什么胡人聚落的
痕迹。尽管有若干胡姓人士的墓志出土,但其家世早已汉化。迄
今已知的火袄寺分布状况,也都是远离太原的。因此,把'黄坑'看
做'无言台'的变异,可以说完全缺乏种族文化的基础。事实上,

'户多侫佛'、'丧用浮屠'，才是中古时代三晋的民风。"⑦虞弘墓正出土于太原，虽然有关其族属的争论方兴未艾⑧，但中古太原地区浓厚的佛教文化传统，有助于说明其祭火图像的佛教内涵。当然，就虞弘墓图像的宗教属性究竟是以佛教为主，受祆教影响，渗入祆教因素，抑或是以祆教为主，渗入佛教因素，还待详细辨析。但无论如何，不能仅就祭火图像一点，而无条件地圈定其祆教属性。

---

① 参阅林悟殊：《琐罗亚斯德教的圣火崇拜》，见其著《波斯拜火教与古代中国》，台北，新文丰出版公司，1995年，51页。

② Mary Boyce, 'Iconoclasm among the Zoroastrians', *Christianity, Judaism and Other Greco-Roman Cults: Studies presented to Morton Smith at Sixty*, ed. by J. Neusner, vol. 4, Leiden, 1975, pp. 93 - 111.

③ 山西省考古研究所、太原市文物考古研究所、太原市晋源区文物旅游局：《太原隋虞弘墓》，北京，文物出版社，2005年，130 - 131页，135页图版182；山西省考古研究所、太原市文物考古研究所、太原市晋源区文物旅游局：《太原隋代虞弘墓清理简报》，《文物》2001年第1期，43 - 44页，图三一、三六。

④ 荣新江：《中古中国与外来文明》，北京，生活·读书·新知三联书店，2001年，164页。

⑤ 如荣新江、张志清主编：《从撒马尔干到长安——粟特人在中国的文化遗迹》，北京，北京图书馆出版社，2004年，65页。

⑥ 山西省考古研究所、太原市文物考古研究所、太原市晋源区文物旅游局：《太原隋虞弘墓》，155页注135；夏鼐先生文见《新疆吐鲁番最近出土的波斯萨珊朝银币》，中国社会科学院考古研究所编：《夏鼐文集》（下），北京，社会科学文献出版社，2000年，41页。

⑦ Yumiko Yamamoto, 'The Zoroastrian Temple Cult of Fire in Archaeology and Literature (I)', *Orient* Vol. XV, *Report of the Society for Near Eastern Studies in Japan*, Tokyo, 1979, pp. 30 - 32.

⑧ E. F. Schmidt, *Persepolis*, Ⅲ, Chicago University Press, 1970.

⑨ D. Stronach, 'Tepe Nūsh-i Jān, 1970: Second Interium Report', *Iran*, XI, 1973, pp. 129 - 138.

⑩ Yumiko Yamamoto, 'The Zoroastrian Temple Cult of Fire in Archaeology and Literature(I)', pp. 35 - 36.

⑪　E. Herzfeld, *Iran in the Ancient East-archaeological Studies Presented in the Lowell Lectures at Boston*, London, 1941, p. 301.

⑫　Yumiko Yamamoto, 'The Zoroastrian Temple Cult of Fire in Archaeology and Literature(Ⅱ)', *Orient* Vol. XVII, *Report of the Society for Near Eastern Studies in Japan*, Tokyo, 1981, p. 68.

⑬　Yumiko Yamamoto, 'The Zoroastrian Temple Cult of Fire in Archaeology and Literature(Ⅱ)', p. 68.

⑭　李铁生编著:《古波斯币》,北京,北京出版社,2006 年。

⑮　参阅拙文,本书绪论《祆教释名》。

⑯　G. A. Pugachenkova, 'The Form and Style of Sogdian Ossuaries', *BAI*, *new series*, 8 (The Archaeology and Ant of Central Asia. Studies from the Former Soviet Union), 1996, pp. 235 - 236.

⑰　G. A. Pugachenkova, 'The Form and Style of Sogdian Ossuaries', pp. 235 - 236.

⑱　F. Grenet, 'Zoroastrian Themes on Early Medieval Sogdian Ossuaries', *A Zoroastrian Tapestry: Art, Religion and Culture*, eds. by Pheroza J. Godrej & F. P. Mistree, Mapin Publishing, Ahmedabad, 2002, pp. 91 - 97;此据中译本葛勒(又译乐)耐著,毛民译:《北朝粟特本土纳骨瓮上的祆教主题》,张庆捷、李书吉、李钢主编:《4～6 世纪的北中国与欧亚大陆》,北京,科学出版社,2006 年,193 页。

⑲　G. Azarpay, *Sogdian Painting*, with contributions by A. M. Belenitskii, B. I. Marshak & Mark J. Dresden, Berkeley-Los Angeles-London: California University Press, 1981, p. 31.

⑳　姜伯勤:《安阳北齐石椁床画像石的图像考察与入华粟特人的祆教美术——兼论北齐画风的巨变及其与粟特画派的关联》,《艺术史研究》第 1 辑,151 - 186 页;并见姜伯勤:《中国祆教艺术史研究》,北京,生活·读书·新知三联书店,2004 年,40 页。

㉑　马采:《艺术学与艺术史文集》,广州,中山大学出版社,1997 年,201 页。

㉒　J. A. Lerner, 'Central Asians in Sixth-Century China: A Zoroastrian Funerary Rite', *IA*, XXX, 1995, p. 180, Pl. I.

㉓　荣新江、张志清主编:《从撒马尔干到长安——粟特人在中国的文化遗迹》,64 - 65 页。

㉔　Gustina Scaglia, 'Central Asians on a Northern Ch'i Gate Shrine', pp. 9 - 28; B. I. Marshak, 'Le programme iconographique des peintures de la "Salle des ambassadeurs" à Afrasiab(Samarkand)', *Arts Asiatiques*, 49, Paris, 1994, p. 13; F. Grenet, *Cultes et monuments religieux dans L'Asie centrale préislamique*, Paris, 1987, 封面。

㉕　彩图见施安昌:《火坛与祭司鸟神》,北京,紫禁城出版社,2004 年,46 页图 24。

㉖　陕西省考古研究所编著:《西安北周安伽墓》,北京,文物出版社,16 页,图版十四、十八、十九;参阅陕西省考古研究所:《西安发现的北周安伽墓》,《文物》2001 年第 1 期,5－6 页,图八－十。

㉗　李正晓、崔德卿:《高句丽墓室壁画的佛教因素——与周边地区的比较研究》,《4～6 世纪的北中国与欧亚大陆》,北京,科学出版社,2006 年,283－290 页。

㉘　山西省考古研究所、太原市文管会:《太原市北齐娄睿墓发掘简报》,《文物》1983 年第 10 期;山西省考古研究所、太原市文物考古研究所:《太原北齐徐显秀墓发掘简报》,《文物》2003 年第 10 期;文见施安昌:《北齐徐显秀、娄睿墓中的火坛和礼器》,原刊《故宫博物院院刊》2004 年 6 期,41－48 页,收入其著《火坛与祭司鸟神》,118－128 页。

㉙　《太原隋虞弘墓》,155 页注 135。

㉚　韩伟:《北周安伽墓围屏石榻之相关问题浅见》,《文物》2001 年第 1 期,91 页。

㉛　B. I. Marshak, 'La thèmatique sogdienne dans l'art de la Chine de la seconde moitié du Ⅵᵉ siècle', pp. 244－245.

㉜　西安市文物保护考古所:《西安北周凉州萨保史君墓发掘简报》,《文物》2005 年第 3 期,10 页。

㉝　荣新江、张志清主编:《从撒马尔干到长安——粟特人在中国的文化遗迹》,64－65 页。

㉞　姜伯勤:《中国祆教艺术史研究》,104 页。

㉟　G. Azarpay, Sogdian Painting, pp. 95－102.

㊱　B. I. Marshak, Legends, Tales, and Fables in the Art of Sogdiana, New York, Bibliotheca Persia Press 2002, p. 37.

㊲　康马泰著,毛民译:《对北朝粟特石屏所见的一种神异飞兽的解读》,《4～6 世纪的北中国与欧亚大陆》,173 页。

㊳　王小甫:《拜火教与突厥兴衰——以古代突厥斗战神研究为中心》,《历史研究》2007 年第 1 期,24－40 页。

㊴　SBE, Vol. XXIII, pp. 231－238;[伊朗]贾利尔·杜斯特哈赫选编,元文琪译:《阿维斯塔——琐罗亚斯德教圣书》,北京,商务印书馆,2005 年,244－251 页;王小甫:《拜火教与突厥兴衰——以古代突厥斗战神研究为中心》,26 页。

㊵　[唐]姚汝能撰,曾贻芬点校:《安禄山事迹》,上海,上海古籍出版社,1983 年,1、14 页。

㊶　蔡鸿生早就指出古突厥人原始信仰中的事火和拜天的渊源,见其文《突厥事火和拜天》,收入其著《唐代九姓胡与突厥文化》,北京,中华书局,1998 年,130－143 页。

㊷　施安昌:《火坛与祭司鸟神》,43 页图 20、53 页图 27、61 页图 30－31。

㊸ 王小甫:《拜火教与突厥兴衰——以古代突厥斗战神研究为中心》,30-31页。

㊹ 《抱朴子内篇》卷之三:“千岁之鸟,万岁之禽,皆人面而鸟身,寿亦如其名。”按“千岁”敦煌本、日本田中庆太郎藏古写本《抱朴子》,作“千秋”。《太平御览》卷九二八亦作“千秋之鸟”、“万岁之鸟”。见[晋]葛洪撰、王明校释《抱朴子内篇校释(增订本)》,北京,中华书局,1985年,47、57页注41、42。

㊺ 星云大师监修,慈怡主编:《佛光大辞典》,北京书目文献出版社据台湾佛光山出版社1989年6月第5版影印,第4册,3965-3966页。

㊻ [宋]释法云撰:《翻译名义集》上,扬州,江苏广陵古籍刻印社,1990年,309页。

㊼ 星云大师监修,慈怡主编:《佛光大辞典》,第4册,3965-3966页。

㊽ 陈雪静:《伽陵频迦起源考》,《敦煌研究》2002年第3期,9-13页。

㊾ D. Schlumberger, 'The Excavations at Surkh Kotal and the Problem of Hellenism in Bactria and India', *Proceedings of the British Academy*, 47, 1963, pp. 77-95.

㊿ Yumiko Yamamoto, 'The Zoroastrian Temple Cult of Fire in Archaeology and Literature(I)', p. 45.

(51) J. M. Rosenfield, *The Dynastic Arts of the Kushans*, Berkely, University of California Press, 1967, p. 103.

(52) 姜伯勤:《中国祆教艺术史研究》,102页。

(53) 张倩仪:《从虞弘墓看敦煌经变天宫乐舞图像来源——祆教、佛教、中土传统融合一例》,提交“学艺兼修·汉学大师——饶宗颐教授九十华诞国际学术研讨会”论文,香港大学,2006年12月14~15日,刊饶宗颐主编:《华学》第九、十辑(二),上海,上海古籍出版社,2008年,693-702页。

(54) 杨军凯:《西安北周史君墓石椁图像初探》,5页。

(55) F. Grenet, P. Riboud & Yang Junkai(杨军凯), 'Zoroastrian Scenes on a Newly Discovered Sogdian Tomb in Xi'an, Northern China', *St. Ir.*, vol. 33/2, 2004, pp. 273-285.

(56) 德凯琳、黎北岚著,施纯琳译:《巴黎吉美博物馆展围屏石榻上刻绘的宴饮和宗教题材》,《4~6世纪的北中国与欧亚大陆》,119-120页;有关中国大乘佛教吸收这一宗教仪式的情况可参阅 Giovanni Verardi, *Homa and other Fire Rituals in Gandhāra*, Instituto Universario Orientale, Supplemento n. 79 agli ANNALI-vol. 54(1994), fasc. 2, 18, 29, 46。

(57) 蔡鸿生:《唐代“黄坑”辨》,原刊余太山主编:《欧亚学刊》第3辑,北京,中华书局,2002年,249页,收入其著《中外交流史事考述》,郑州,大象出版社,2007年,67页。

(58) 杨晓春:《隋〈虞弘墓志〉所见“鱼国”、“尉纥驎城”考》,《西域研究》2007年第2期,113-120页,140页。

第四章　琐罗亚斯德教内婚
及其在唐宋社会的遗痕

根据学者们的研究，对家庭、婚姻持积极态度，是琐罗亚斯德教的一大特色。而其中最极端者是主张近亲结婚，即双亲和子女结婚，兄弟姊妹自行通婚①。元代俗文学作品中屡屡出现"火烧祆庙"的用典，颇疑与祆教婚俗给时人造成"淫秽之甚"的印象有关。本章试结合琐罗亚斯德教史，对汉文献记载的琐罗亚斯德教内婚制略作考证，对祆庙如何由祈神之所变为幽会之地试加阐释，进而勾勒该教内婚在唐宋社会的遗痕。

第一节　汉籍所记的琐罗亚斯德教内婚

唐时的祆教婚俗，见于时人对西域（主要是中亚和波斯）风俗的描述。开元中期（723～727 年）去天竺巡礼的新罗僧慧超在《往五天竺国传》中记载："又从大食国已东，并是胡国。即是安国、曹国、史国、石骡国、米国、康国等……又此六国总事火祆，不识佛法。唯康国有一寺，有一僧，又不解敬也。此等胡国，并剪鬓发。爱着白氎帽子。极恶风俗，婚姻交杂，纳母及姊妹为妻。波斯国亦纳母为妻。"②8 世纪中期（751～762 年）曾被大食人所俘而西行的杜环在《经行记》中记载："诸国陆行之所经也，胡则一种，法有数般。有大食法、有大秦法、有寻寻法，其寻寻烝报于诸夷狄中最甚，当食不语。"③这里,"烝报于诸夷狄中最甚"的寻寻法,一般被认为是祆教法④,可与慧超所记的中亚六国风俗相印证。其中,作为西粟特中心的安国,其婚俗似更引人注目:"(安息国)王姓昭武,与康国王同族……风俗同于康国,唯妻其姊妹,及母子递相禽兽,此为异也。"⑤此处的安息国显然即粟特安国,有《隋书》的相关记载为证:

> 安国,汉时安息国也。王姓昭武氏,与康国王同族,字设力登。妻,康国王女也。都在那密水南,城有五重,环以流水。宫殿皆为平头。王坐金驼座,高七八尺。每听政,与妻相对,大臣三人评理国事。风俗同于康国,唯妻其姊妹,及母子递相禽兽,此为异也。炀帝即位之后,遣司隶从事杜行满使于西域,至其国,得五色盐而返。⑥

以上所述,主要为中亚粟特地区的祆教婚俗。但根据记载,安国实行的血缘婚,在康国似乎并不存在,表明这一婚姻主要为西粟特所有,东粟特却不见记载。详细情况值得进一步探讨。而作为火祆教故乡的波斯国婚俗,与粟特地区情况类似,见于《周书·异域传》的记载:

> (波斯国)俗事火祆神。婚合亦不择尊卑,诸夷之中,最为丑秽矣。民女年十岁以上有姿貌者,王收养之,有功勋人,即以分赐。⑦

《魏书》卷一百二、《北史》卷九十七所载与《周书》略同⑧。《隋书》亦记载波斯国:"妻其姊妹。"⑨可见这种风俗在中亚、波斯等地的流行。以上所述为父系集团内婚制的极端例子,亦即父女为婚,母子为婚和兄妹为婚。尽管汉文典籍记载其为"诸夷之中最为丑秽",而正统的琐罗亚斯德教却把这种族内血亲婚目为功德和虔诚的善行。

根据文献记载,琐罗亚斯德教最近亲婚例(khvaetuadatha)首见于波斯阿契美尼(Achaemenian)王朝(约前550～前330年)初期的君主刚比西斯(Cambyses,约前530～前522年在位),他娶了两个

自己的姐妹为妻⑩。根据希罗多德(Herodotus,前484～前430/420年)的记载,

> 刚比西斯爱上了他的一个姊妹并想立刻娶她为妻,但他的打算是违反惯例的,于是他便把王家法官召了来,问他们是否有一条法律,可以容许任何有这样欲望的人娶他自己的姊妹。这些王家法官是从波斯人中间选出来的人,他们的职务是终身的,除非他们被发现做了什么不正当的事情,他们是不会被解职的;正是这些人判决波斯的诉讼事件,并且解释那里的世世代代传下来的各种法律;一切问题都是要向他们请教的。这些人向刚比西斯作了一个既公正又安全的回答,这就是,他们找不到一条可以使兄弟有权娶自己的姊妹的法律,但是他们又找到一条法律,而根据这条法律则波斯国王可以做他所愿意做的任何事情。这样,他们由于害怕刚比西斯而没有破坏法律,然而为了不致由于维持这条法律而自己有性命的危险,他们又找到了另外一条法律来给想和自己的姊妹结婚的人辩护。因此刚比西斯立刻便娶了他所热恋的姊妹;但不久他又娶了另一个姊妹为妻。⑪

与希罗多德同时代的吕底亚(Lydia)的桑瑟斯(Xanthos)也谈及:"麻葛(The Magian,琐罗亚斯德教僧侣)男子与他们的母亲同居,他们也与自己的女儿和姐妹有同等关系。"⑫考虑到阿拉美、小亚部分地区也存在这种与母权制相关的血缘婚,玛丽·博伊斯教授(Mary Boyce)认为:"可能是西部伊朗人吸收了异教崇拜强大母亲神的传统,后逐渐行于整个琐罗亚斯德教社区。"⑬

古罗马历史学家库尔提乌斯(Curtius),记录了在亚历山大(前356～前323年)东征期间,粟特(Sogdia)诺塔卡(Nautaca)地区总督西西米特勒斯(Sisimithres)娶自己的母亲为妻,并生有两子。在粟特人中间,父母与子女结婚是合法的。普鲁塔克(Plutarch)也注意到这一风俗,声称亚历山大对此加以压制,让波斯人"尊重他们

的母亲,不要与之婚媾"⑭。

萨珊王朝(Sasanian,224～651 年)时期,开国君主阿尔达希尔(Ardashir,约 226～240 年在位)娶了自己的姐妹丹娜(Denak)为妻;沙普尔一世(Shapur I,239～272 年在位)则娶了自己的女儿阿杜尔·阿娜希特(Adur-Anahid)为后⑮。时任大祭司的克德尔(Kirder)鼓励这种近亲婚姻,甚至目为虔诚的功德⑯。当时的基督教徒 Basil 也曾报道了这种奇特的婚俗,并认为其是不合法的⑰。萨珊王朝后期,著名的祭司米赫兰(Mihram-Gushnasp)七岁时就熟知琐罗亚斯德教圣经,并虔诚遵守本教近亲结婚的风俗,娶了自己的姐妹为妻⑱。到了 11 世纪,帕拉维语(Pahlavi)文书仍然记有琐罗亚斯德教兄妹结婚的例子⑲。14 世纪的文献则记录了祭司们极力主张中表等旁系血亲结婚。此后这种近亲婚渐成为琐罗亚斯德教社区中最为流行的婚姻形式⑳。

琐罗亚斯德教实行这种血亲婚姻,从教义上认为其是"功德和虔诚的善行"。最早的记录出现在《亚斯那》(Y. 12. 9)中:"我向崇拜马兹达(Mazda)的宗教效忠,摈弃进攻,放下武器,行血缘婚,这是正当的。"㉑帕拉维文经典《巴曼·亚什特》(Bahman Yast)第 2 章第 57 节训示道:

> 最为正直而又正直的人,便是奉我马兹达教的信徒,他们
> 一遵我教近亲结婚之规矩行事。㉒

帕拉维文经典《许不许》(Shāyast nā-Shāyast)第 8 章第 18 节也把近亲婚姻称为是"对付恶神阿里曼的有力武器"㉓。

当然,我们并没有找到琐罗亚斯德教规定教徒必须父女、母子及兄妹通婚的证据,也未发现处罚不实行此类婚姻的案例。穆格山出土粟特语文书 Nov. 3 和 Nov. 4,是订于康国王突昏十年(710年)的婚约,表明康国上层社会的婚姻生活已经具有相当完备的法律形态㉔,与前引史载康国婚俗不同于安国的情况吻合。因此慧超和杜环笔下"极恶风俗,婚姻杂交,纳母及姊妹为妻",及"烝报于诸

夷狄中最甚"之类的血缘群婚残迹,"就只能看做是中亚两河流域婚姻制度发展不平衡在唐人行纪中的反映,而不应当用它来概括唐代九姓胡婚俗的全貌"[26]。可以这样说,血亲婚为波斯琐罗亚斯德教的独特婚俗,但并不能概括粟特祆教婚俗的全貌。

与琐罗亚斯德教同源于波斯的摩尼教,在阿拉伯的阿拔斯朝(750~1258年)时,西亚的教徒也曾坚持近亲结婚,主张与自己的姐妹或女儿结婚[27]。然而,摩尼创教之初禁止教徒结婚[27],中东和西亚的摩尼教团之所以有此变通,缘因教主摩尼被处死后,他们首当其冲遭到残酷迫害,为了求得生存,不得不根据当地的社会条件,不断改变自己宗教的内容和形式。而8到9世纪中亚的摩尼教僧侣却还恪遵摩尼的种种清规戒律[28]。这似可反证族内血亲婚为祆教所有。

至于文献记载的"烝母报嫂"类的收继婚,虽然也被汉人目为丑秽,但与祆教的族内血亲婚毕竟不同,不可混淆。如《旧唐书》记载,党项人"妻其庶母及伯叔母、嫂、子弟之妇,淫秽烝亵,诸夷中最为甚","然不婚同姓"[29]。这种收继婚尚流行于突厥、匈奴、乌桓等其他民族,他们不但不是杂乱无章地上下"聚麀",且对于犯奸的行为,常处以严重的刑罚[30]。

血缘婚姻,作为一种习俗,是原始社会的遗存,是愚昧无知的产物;然而琐罗亚斯德教的血族内婚,却是作为宗教善行和功德提倡,汉人目其为丑秽之甚,自是缘于不同文化背景所致。

第二节　琐罗亚斯德教内婚与汉族的"同姓不婚"

"纳母及姊妹为妻"的祆教内婚制之所以被汉籍目为"极恶风俗"、"诸夷之中最为丑秽",显然与古代中国"同姓不婚"等婚姻禁忌有关。一般认为,同姓不婚在中国始自周代,其原因既有对"男女同姓,其生不蕃"(《左传·僖公二十三年》)等自然现象的顾虑,也有基于"异姓则异德,异德则异类"(《国语·晋语四》)等社会现象的解释③。到了春秋战国,同姓不婚的限制逐渐减弱。如鲁哀公曾娶同姓女子为妃,卢蒲癸也娶了同姓女子为妻②。汉代吕后把妹妹嫁给吕平,王莽取王威的女儿,魏王基认为与王沈虽同姓而异源,乃娶王沈之女为媳,晋刘聪以刘康公不同祖而与其女成婚③。这是因为姓氏的内涵,随社会结构的发展而变化,同姓与同宗已不能一致了。

到了唐代,同姓不婚的限制又得以恢复。唐代法律规定:"诸同姓为婚者,各徒二年。缌麻以上,以奸论。"③所谓"缌麻",是丧服五服中最轻的一种,指较为疏远的亲属或亲戚,如高祖父母、曾伯叔祖父母、中表兄弟等等。也就是说,唐朝法律不仅规定同姓不得结婚,而且如果近亲结婚也要以犯奸科罪。唐李回为建州刺史时,因"取同姓女子入宅"及其他事由,被仇人锻成大狱,贬为抚州司马,最后在贬所死去③。这是唐代"同姓不婚"的显例。另外,唐代曾任余杭太守的张守信,欲将自己的女儿嫁与富阳尉张瑶,后因人提醒,及时制止了这桩"同姓"婚姻。而任汉州雒县县令的李逢年,也差点娶了蜀中望族李札之妹,后亦因"同姓"而终止婚姻③。可见"同姓不婚"观念在时人中之流行。宋代法律规定与唐相同,对同姓不婚的规定也是极为严格的③。以后各代也各有对同姓不婚的规定,只是细节略有不同而已。同时,由于中国古代极为重视伦常,因此关于宗亲、中表以及其他亲属之间禁止婚姻的规定也是极其严格的③。虽然从历史上看,姓氏有"同名异实"或"姓同源异"的事例,但在相当长的时期内,限制同姓为婚就等于禁止同族为婚,与之相为补充的是繁复严格的"近亲禁婚制"。在这种严格的婚姻禁忌下,波斯和中亚粟特人"纳母及姊妹为妻"的祆教婚俗自然容易被汉人目为"诸夷之中最为丑秽"了③。

关于入华粟特人的婚姻形态,不少学者都指出,在很长时间里,粟特人中间保持着内部通婚的习惯④。陈海涛先生以康、安两姓的碑志材料,论证安史之乱以前,入华粟特人主要是内部通婚,同时与其他入华少数民族通婚也较普遍,而与汉人通婚则较少见。安史之乱后,粟特人内部通婚明显减少,与其他少数民族通婚几乎不见,与汉人通婚明显增加[41]。荣新江先生则讨论了粟特人在聚落内部的婚姻状态,除了三个特例外(一是支茂先娶康氏,再娶王氏;安延娶汉姓刘氏;史诃耽先娶康氏,再娶汉族张氏),"所有已知的唐朝前期粟特人的婚姻资料,都表明是内部通婚。这中间有些人必然原本是生活在粟特聚落当中的,如六胡州大首领安菩;又如697年去世的康氏,是康国首领之女,夫子则是安国首领。这些资料充分说明,在粟特聚落没有离散之前,粟特人主要是采取内部通婚的制度,时而与其他胡人(特别是伊朗系统的胡人)通婚,而基本上未见与汉人通婚的例子"[42]。当然,胡人初入异邦,由于各种原因主要与同族人为婚,应是正常情况。由于墓志所见有限,虽然唐前期粟特人的婚姻资料表明其主要是内部通婚,但我们并无直接证据表明粟特人排斥与汉人结婚,因而对入华粟特人的婚姻态度实很难遽下定论。这些胡姓联婚的实例,虽然大都同属于粟特人,但是很难说他们在血缘上具有近亲关系,因此就胡姓联婚这一点还很难证明其婚俗的祆教属性。当然,上文已经说明近亲结婚是该教的极大功德,却不是教徒必须遵守的义务,所以这些胡姓联婚者中或不乏祆教徒。

另外,从出土墓志中,尚可发现以下数组在华胡姓居民同姓联婚的事例:

(一)陕西博物馆收藏的《米继芬墓志》,记载米继芬"其先西域米国人",配偶为"夫人米氏"[43]。根据墓志记载,米继芬幼子"僧思圆,住大秦寺",有学者据此断定米氏应为信仰景教的粟特家庭[44]。僧思圆为景教僧,与其父信仰何教是两回事。以一个人的信仰来断定整个家族的信仰,未必合乎逻辑。

(二)黄文弼《高昌砖集》所获的《唐神龙元年(705年)康富多夫人墓志铭》:"康富多夫人康氏以十月廿四日亥时崩,愕栖宿之。"[45]

（三）莫高窟第 180 窟题记中，明确记载曹元德女第十五小娘子"出适曹氏"[46]。就曹元德之籍贯，莫高窟第 100 甬道题记有"谯郡开国公曹元德"[47]，谯郡在今天的安徽亳县，三国中魏国的创立者曹操就出自这一门，谯郡曹姓后发展为汉族大姓。但是荣新江等先生指出敦煌归义军曹氏统治者当为粟特后裔[48]。考虑到曹元德女"出适曹氏"，毫不避讳唐律"同姓不婚"的规定，亦可反证曹氏应来自中亚粟特曹国。

（四）康君与夫人康氏。《大唐故康夫人墓志并序》载："游击将军、上柱国、赏绯鱼袋康府君夫人康氏，会稽人也。去乾元元年二月廿五日，终于醴泉坊里之私第……春秋五十有七，以乾元三年二月廿二日，葬于长安县城西龙首原，礼也。"[49]唐初醴泉坊有祆祠两所，皆见于韦述《两京新记》卷三的记载："醴泉坊西北隅祆祠"[50]，"西京醴泉坊，十字街南之东，波斯胡寺。注：仪凤二年，波斯王卑路斯奏请于此置波斯寺"。关于此波斯胡寺，《长安志》卷十的记载尤为详细："（醴泉坊）街南之东，旧波斯胡寺。注：仪凤二年，波斯王卑路斯奏请，于此置波斯寺。景龙中，幸臣宗楚客筑此。寺地入其宅，遂移寺于布政坊之西南隅祆祠之西。"[51]私第在醴泉坊的康氏夫妇，极有可能同信祆教。

另外，学者们也注意到贞观年间任陪戎副尉的康武通夫妇，也可能是同姓联婚[52]。

遵"蕃人多以部落称姓，因以为氏"[53]的胡姓汉译通例，米、康、曹同姓为婚，也许只表明夫妻双方来自同一邦国，未必就具有近亲血缘关系。因此上举婚例，实难体现祆教血亲婚的文化内涵。

就目前所知，现可确认的入华祆教徒婚例，应是晚唐苏谅与马氏夫妇。1955 年冬，陕西省文物管理委员会，在西安西郊大土门村附近，发现一方晚唐时期苏谅妻马氏巴列维文（Pahlavi，或译作婆罗钵文、帕拉维文）与汉文双语合刻墓志，为白色石灰石，略呈方形，高 35.5、宽 39.5、厚 7 厘米，无盖[54]。志面刻有两种志文：汉字

刻在下半部,共有 7 行,每行从 6 至 8 字不等,最后一行为 3 个字,
共 44 字。志文为:

> 左神策军散兵马使苏谅妻马氏,己巳生,年廿六,于咸通
> 十五年甲午岁二月辛卯建廿八日丁巳申时身亡,故记。⑤

志面上半为婆罗钵文,共 6 行,横书,与古汉字习惯的直书不同。
马氏的婆罗钵文墓志表明其是虔诚的祆教徒。为解读该志文,半
个世纪以来,各国学者付出了大量努力,其中不乏歧异之处⑤。张
广达先生综合各家成果,概括婆文墓志大意为:

> 1-2 行　此(乃)苏谅(Sūrēn?)家族之故兵马使×××的
> 　　　　女儿,故马氏之墓。
> 2-4 行　亡于(已)故伊嗣俟之二百四十年(872 年)、唐朝
> 　　　　之二六○年(874 年)、永胜之君、至圣天子咸通十
> 　　　　五年(874 年)之 Spandarmat 月 Spandarmat 日
> 5-6 行　建卯(?)二十八日。(下句动词 YHWWNT't/
> 　　　　bavād 为祈愿语气)(愿)她归位于阿胡拉马兹
> 　　　　达和诸天使(身侧),永生于天堂。愿她安息。⑤

其中与本文论题直接相关的是马氏与苏谅的关系:据汉文志文,马
氏是苏谅之妻;而据婆文志文,首先对之解读的日本著名伊朗学家
伊藤义教认为马氏是苏谅的女儿,他曾将这种亦女亦妻的疑难解
归结为伊朗的血亲相婚的习俗⑤。但是,许多学者对此未表首肯。
时至今日,马氏夫妇是否具有血缘关系,仍未有定论,因而此例婚
姻并不能用以证明入华祆教徒曾虔诚地遵循本教血亲婚⑤。考虑
到上述的社会背景,亦很难证明马氏夫妇为父女通婚。

　　由以上论述可以看出,即便这些入华胡裔中不乏祆教信徒,其
亦极难保持本教奉为功德的血亲婚。至于学者们研究的胡汉通婚
的例子,虽然很难遽断其已非祆教信徒,但彼等在婚俗方面保持本
教传统的信念更加不坚定了。究其原因,当求之于陈寅恪先生的
卓识:

　　夫僧徒戒本本从释迦部族共和国之法制蜕蝉而来，今竟
数典忘祖，轻重倒置，至于斯极。橘迁地而变为枳，吾民族同
化之力可谓大矣。但支那佛教信徒，关于君臣父子之观念，后
虽同化，当其初期，未尝无高僧大德，不顾一切忌讳，公然出而
辩护其教中无父无君之说者。独至男女性交诸要义，则此土
自来佛教著述，大抵嗫嚅不置一语。如小乘部僧尼戒律中，颇
有涉及者，因以"在家人勿看"之语标识之。（《高僧传》一《康
僧会传》云："（孙皓）因求看沙门戒，会以戒文禁秘，不可轻
宣。"疑与此同。）盖佛藏中学说之类是者，纵为笃信之教徒，以
经神州传统道德所薰习之故，亦复不能奉受。特以其为圣典
之文，不敢昌言诋斥。惟有隐秘闭藏，禁绝其流布而已。莲花
色尼出家因缘中聚麀恶报不载于敦煌写本者，即由于此。[50]

通过这段有关文化交流中客体文化如何适应主体文化的宏论，陈
先生道出了中国传统道德中的人伦之始亦即"夫妇"之义的重要。
正是由于此，佛法初来时虽敢昌言"无父无君"之说，对类乎莲花色
尼因"聚麀恶报"而出家的因缘，却大抵嗫嚅不置一语。这样看来，
原本崇尚"纳母及姊妹为妻"的袄教徒，在入华以后，自是很难实行
这种"聚麀乱伦"之婚。更何况若依陈先生"（吾国中古史）种族之
分，多系于其人所受之文化，而不在其所承之血统"的观念，唐宋时
代出土墓志所披露多为"世代甚远久"的胡姓居民，对其信仰的观
察必须注重世代层次，始能做出更精确的分析[51]。

第三节　"火烧袄庙"的历史分析

　　在元代俗文学作品中，袄庙由祭袄之所变为幽会之地。元曲
时演袄神，陈垣先生早有注意，唯对此类资料与火袄教之关系，持
谨慎态度：

　　　　明万历间臧晋叔编元曲选，卷首载陶九成论曲，仙吕宫中
　　有袄神急一出，注曰：与双调不同；双调中亦有袄神急一出，亦

注曰，与仙吕不同。元曲中既时演祆神，则祆神至元时，不独
未曾消灭，且更形诸歌咏，播之管弦，想其意义已与中国旧俗
之火神相混，非复如原日西来之火祆教矣。元曲选卷首又有
李直夫所撰火烧祆庙一出，与上述祆神急两出，均未入选，不
能得其词，莫由定其为中国火神，抑西来祆教，为可惜耳。朝
野新声太平乐府卷六有仙吕祆神急一曲，朱庭玉撰，玩其词
意，与祆教无关，盖数典忘其祖矣！⑫

尔后，日本学者神田喜一郎、石田干之助等辑录了若干元曲中涉及
祆庙的例子，并直当火祆教资料来考证⑬。40 年代，我国学者刘铭
恕先生系统辑录了元杂剧中所见的祆庙资料，对其含义及与宋代
祆神灵应之关系进行了解释⑭。罗新先生也补充了前人未引及的
三条元曲祆教资料⑮。元曲中出现的祆庙，系文学上的用典，林悟
殊先生已经详辨，不赘⑯。

　　元曲中的祆庙用典，主要表现男女风情故事，这一点是很明显
的，仅举前人引及的数例为证。王实甫《崔莺莺待月西厢记》第二
本《崔莺莺夜听琴杂剧》第四折：

　　　　（末见旦科）（夫人云）小姐近前拜了哥哥者！（末背云）
呀，声息不好了也！（旦云）呀，俺娘变了卦也！（红云）这相思
又索害也。（旦唱）［雁儿落］荆棘剌怎动挪！死没腾无回豁！
措支剌不对答！软兀剌难存坐！［得胜令］谁承望这即即世世
老婆婆，着莺莺做妹妹拜哥哥。白茫茫溢起蓝桥水，不邓邓点
着祆庙火。碧澄澄清波，扑剌剌将比目鱼分破；急攘攘因何，
疙搭地把双眉锁纳合。⑰

石子章《秦修然竹坞听琴》第四折：

　　　　（正旦唱）［甜水令］你只待掀倒秦楼，填平洛浦，摧翻祆
庙，不住的絮叨叨。为甚么也丢了星冠，脱了道服，解了环绦？
直凭般戒行坚牢！［折桂令］多应是欲火三焦，一时焰起，遍体
焚烧。似这等难控难持，便待要相偎相傍，也顾不得人笑人

嘲。想着你瘦岩岩精神渐槁,何况我娇滴滴颜色方妖?(老道姑云)他原是我相公,被土贼赶散。也比你偷的?(正旦唱)你既有夫主相抛,我岂无亲事堪招? 总不如两家儿各自团圆,落的个尽世里同享欢乐。⑥

郑德辉《迷青琐倩女离魂》第四折:

> (魂旦唱)[四门子]中间里列一道红芳径,教俺美夫妻并马儿行。咱如今富贵还乡井,方信道耀门闾画锦荣。若见俺娘,那一会惊,刚道来的话儿不中听,是这等门厮当,户厮撑,怎教咱做妹妹哥哥答应。[古水仙子]全不想这姻亲是旧盟,则待教祆庙火刮刮匝匝烈焰生,将水面上鸳鸯忒楞楞腾分开交颈,疏剌剌沙鞴雕鞍撒了锁鞌呈,厮琅琅汤偷香处唱号提铃,支楞楞争弦断了不续碧玉筝,吉丁丁珰精砖上摔破菱花镜,扑通通冬井底坠银瓶。⑥

郑德辉《伯梅香骗翰林风月杂剧》第三折:

> [金蕉叶]这的是桃源洞花开艳阳,须不比祆庙火烟飞浩荡。(正旦推白云)去。(旦儿叫云)是甚么人?(白慌科云)是小生。(正旦唱)阳台上云雨渺茫,可做了蓝桥水洪波泛涨。⑩

无名氏《风雨像生货郎旦》第三折:

> (云)哥哥,你肯跟我回河南府去,凭着我说唱货郎儿,我也养的你到老。何如?(李彦和云)罢罢罢,我情愿丢了这般好意,跟的你去。(副旦云)你可辞了你那主人家去。(李彦和向古门云)主人家,我认着了一个亲眷,我如今回家去也。牛羊都交还与你,并不曾少了一只。(副旦云)跟的我去来波。(唱)[随尾]祆庙火,宿世缘,牵牛织女长生愿,多管为残花几片,误刘晨迷入武陵源。⑪

根据现有资料,上引诸典极有可能来自以下这个祆庙幽会的故事。

明彭大翼纂著《山堂肆考》宫集·帝属·第三十九卷《公主》条:

> (幸祆庙)蜀志:昔蜀帝生公主,诏乳母陈氏乳养。陈氏携

幼子与公主居禁中,约十余年。后以宫禁,逐而出者六载。其子以思公主疾亟。陈氏入宫,有忧色。公主询其故,阴以实对公主。遂托幸祆庙为名,期与子会。公主入庙,子睡沉。公主遂解幼时所弄玉环,附之子怀而去。子醒见之,怨气成火而庙焚。按祆庙,胡神庙也。⑫

清代类书《渊鉴类函》曾引用这则故事⑬。神田喜一郎认为这个与祆庙有关的故事,应流行于元代⑭。已故庞俊先生认为这个故事应出自《法苑珠林》所引《大智度论》的记载⑮。文见《法苑珠林》卷二十一:

> 又智度论云:"女人相者,若得敬待,则令夫心高;若敬待情舍,则令夫心怖。女人如是,恒以烦恼忧怖与人,云何可近亲好?如说国王有女,名曰狗牟头。有捕鱼师,名术波伽,随道而行,遥见王女在高楼上,窗中见面。想像染著,心不暂舍,弥历日月,不能饮食。母问其故,以情答母:我见王女,心不能忘。母喻儿言:汝是小人,王女尊贵,不可得也。儿言:我心愿乐,不能暂忘。若不如意,不能活也。母为子故,入王宫中,常送肥鱼鸟肉以遗王女,而不取价。王女怪而问之:欲求何愿?母白王女:愿却左右,当以情告。我唯有一子,敬慕王女,情结成病,命不云远。愿垂愍念,赐其生命。王女言:汝去,至月十五日于某甲天祠中,住天像后。母还语子:汝愿已得。告之如上。沐浴新衣,在天像后住。王女至时,白其父王:我有不吉,须至天祠,以求吉福。王言:大善!即严车五百乘,出至天祠。既到,敕诸从者齐门而止,独入天祠。天神思惟:此不应尔。王为施主,不可令此小人毁辱王女。即厌此人,令睡不觉。王女既入,见其睡重,推之不寤,即以璎珞直十万两金遗之而去。后此人得觉,见有璎珞,又问众人,知王女来,情愿不遂,忧恨懊恼,淫火内发,自烧而死。以是证知,女人之心,不择贵贱,唯欲是从。"⑯

由于文献记载缺略，我们无从确定火烧祆庙的用典究竟起于何时。上引《秦修然竹坞听琴》的作者石子章为由金入元时人，与元好问（1190～1257年）同时代。明涵虚子《太和正音谱》记有《火烧祆庙》一剧[77]，作者李直夫也是元初之女真人[78]，虽然该剧已失传，仍可说明这类故事当在元代之前就已流行。上文宋代诸多记载皆表明祆庙的祭祀功能，则该故事的流行很可能是宋末元初。其时，人们对祆祠的真实情况已不甚了了，遂将佛经的故事比附发生于祆祠，亦未可知。

这里值得注意的是，男女私自幽会，虽然亦不合于婚礼规定，因"仅由男求之，再不经过聘娶程序，则仍目为私诱，为淫荡"，然而较之骨肉乱伦导致上下失序的禽兽行径，则有不及。关于男女私会之事，历代皆有。所以中国文献对胡人"烝报"的恶俗，全部都是记境外之胡，至于入华之胡，并无其事。但是把祆庙与男女风情之事相连，则既不触犯该教禁忌，亦有汉地风俗可循，固并不足奇。

对于"火烧祆庙"的用典，林悟殊先生指出："元代俗文学作品中涉及男女之情，屡以祆为典，要准确追溯其出实，看来不易。但在唐代中国流行的三夷教中，独有祆教在文学作品中，被与男女之情挂钩，以至成为典故，这倒不难解释。缘因祆教与摩尼教、景教不同，完全不存在禁欲主义；其在西域胡人中最为流行，而西域胡人婚姻关系的状况，自来就给中国人留下'淫秽之甚'的印象。故民间把男女之情的故事设定在祆庙，并不触犯该教禁忌。"[79]祆教初传之时，自以胡人信仰为主，而汉人多明其为外来宗教，对境外与境内之胡在婚俗上的差异，多能客观记录。而到了宋代，人们往往通过追溯祆教的西域起源来对其进行了解，如《西溪丛语》、《广川画跋》的记录。时人的认识可能更多地停留在对境外之胡的描述，因而将其婚俗上的淫秽成分，与男女私会等不合礼法的行为相连，后又成为文学作品中的用典。

文学作品中频频出现男女风情故事，与唐代贞元（785～805

年)之后社会风俗的变化不无关系。李肇《唐国史补》下云:"长安风俗,自贞元侈于游宴。"⑧杜牧之感怀诗谓:"至于贞元末,风流恣绮靡。"㊿陈寅恪先生认为倡伎文学的兴盛与高宗武后以来进士科的兴起有关,缘其重辞赋而不重经学,尚才华而不尚礼法,为浮薄放荡之徒所归聚。进士科举者之任诞无忌,乃极于懿僖(860~888年)之代。而其发生,则始于贞元时代的社会变化:"贞元之时,朝廷政治方面,则以藩镇暂能维持均势,德宗方以文治粉饰其苟安之局。民间社会方面,则久经乱离,略得一喘息之会,故亦趋于嬉娱游乐。因此上下相应,成为一种崇尚文词,矜诩风流之风气。"⑳

我们考察一下唐代诗人笔下的"酒家胡"形象,也可看出这一时代变化。唐初被称为"斗酒学士"的王绩光顾胡人酒肆,对酒家胡并无特别的描述:"有客须教饮,无钱可别沽。来时常道贳,惭愧酒家胡。"㊿盛唐诗仙李白(701~762年)笔下的"酒家胡"还只是"延客醉金樽"的当垆胡姬:

胡姬貌如花,当垆笑春风。笑春风,舞罗衣,君今不醉将安归?(《前有樽酒行二首》其二)

五陵年少金市东,银鞍白马度春风。落花踏尽游何处,笑入胡姬酒肆中。(《少年行二首》其二)

银鞍白鼻𬐚,绿地障泥锦。细雨春风花落时,挥鞭直就胡姬饮。(《白鼻𬐚》)

双歌二胡姬,更奏远清朝。举酒挑朔雪,从君不相饶。(《醉后赠王历阳》)

何处可为别?长安青绮门。胡姬招素手,延客醉金樽。(《送裴十八图南归嵩山二首》)㊿

到了唐代后期,胡姬则成为留宿客人的娼妓了。元和十年(815年)登第的施肩吾《戏郑申府》云:"年少郑郎那解愁,春来闲卧酒家楼。胡姬若拟邀他宿,挂却金鞭系紫骝。"㊿和元稹(779~831年)同时代的诗人张祜《白鼻𬐚》:"为底胡姬酒,长来白鼻𬐚。摘莲抛水上,郎意在浮花。"⑧都使这些原本当垆卖酒的胡姬形象蒙上了暧昧的色彩。到了五代十国时,波斯胡女竟蒙上了淫秽的恶名。《新五代史·南汉世家》记载刘𬬮"与宫婢波斯女等淫戏后宫,不复出省事"⑧,将胡人女性的形象毁坏到极致。当然,此处的"波斯女"所属之波斯,应该属南海波斯,而非西域波斯⑧。尽管宋人已对南海波斯的所在比较明确⑧,但是时人对于"波斯"确指未必完全明了,所以"波斯女等淫戏后宫"的记载或也可反映时人对西域胡女的看法。在唐代社会生活中,"酒家胡"或"胡姬"是屡见于诗文的一种职业女性⑧。既然唐代入华的祆教徒以西域胡人为主,这些"酒家胡"中当然不乏祆教徒。即便不是如此,时人当也会把这些胡人与祆教相连。到了唐代后期,这些胡人女性往往与娼妓相连,恐也为文学作品以"火烧祆庙"的用典来隐喻男女风情故事埋下了伏笔。

到了元代,"火烧祆庙"成为文学作品的用典,而完全失去其宗教意义,这一过程,也正是祆教逐渐华化的过程。在这一过程中,祆教父女、母子、兄妹杂交的婚俗给汉人留下污秽的印象,与后世的文学作品屡以"火烧祆庙"来表现男女之情,恐不无关系。

前辈学者曾揭示明清时期教坊妓女所奉"白眉神"即祆神,或可佐证我们这一推测。谈迁《枣林杂俎》幽冥类白眉神条云:"教坊供白眉神,朔望用手帕针线刺神面,祷之甚谨,谓撒帕着人面。则或溺,不复他去。白眉神即古洪崖先生也。(花锁志)"⑪褚人获《坚瓠补集》卷四白眉神词条云:"教坊妓女,各供白眉神,即祆神也。朔望以手帕扎神面一过,遇弟子有打乖者,辄以帕掷其面,坠地使拾之,自然心悦而从,留恋不已,盖厌术也。沈石田有白眉神词曰:祷眉神,掩神面,金针刺帕子,针眼通心愿,烟花万户锦排场,家家要教神主张,主张郎来不复去,夜夜笙歌无空房。帕子有灵绫一方,恩丝爱缕合鸳鸯,拂郎拂着春风香,一丝一缕一回肠。"⑫另,褚人获《坚瓠广集》卷一娼家厌术条云:"娼家厌术,在在有之,此方尤甚。客坐新闻载妓家必供白眉神,又名祆(轩)神。朝夕祷之,至朔望日用手帕蒙神首,刺神面,视弟子奸猾者佯怒之,撒帕着子弟面,将坠于地,令拾之,则悦而无他意矣。"⑱关于这一白眉神的形象,沈德符《万历野获篇》云:"近来狭邪家,多供关壮缪像,余窃以为亵渎正神,后知其不然,是名白眉神,长髯伟貌,骑马持刀,与关像略肖,但眉白而眼赤。京师相詈,指其人曰白眉赤眼儿者,必大恨成贸首仇,其猥贱可知。狭邪讳之,乃驾名于关侯。坊曲娟女,初荐枕于人,必与其艾猳同拜此神,然后定情,南北两京皆然也。"⑭刘铭恕先生曾考此教坊所祠之白眉神,即属火祆教神祇无疑:"此神像与唐宋时代之塑像与画像,以及突厥人所剪制祆神之氈像,关系如何,今不暇论。然即此以观,则神秘而光明正大之火教神祇,何竟尔受北里教坊之馨香,主风花烟月之薮泽乎?是必宋季前后,祆庙神祇,曾恒受俗间狎邪之淫祠,或并有若干是类灵验神话,传播人间,方至如是。此乃自然之因果律,是又不容置疑者。夫如是,则吾人于元人杂剧并散曲中之祆教问题的真谛之论说,岂率尔无稽之谈乎?"⑮若白眉神果为祆神,则无疑有助证明元曲"火烧祆庙"用典与祆教血族群婚给汉人留下污秽的印象有关。当然,白眉神形象具备,或表明祆神偶像化的命运。

　　本章结合琐罗亚斯德教史,考察了古籍所记载的祆教婚俗,虽然汉人目之为"诸夷之中最为丑秽",然其按琐罗亚斯德教义,却是功德和虔诚的善行。中国传统伦理对乱伦是严格禁止的,因此入华的祆教徒若想保持本教婚姻传统,殊为不易。祆庙本来是祭祆之所,在反映民俗的元代杂剧之中变成幽会之地,元代俗文学作品中以"火烧祆庙"的用典表现男女风情故事,或与祆教炎报的恶俗给时人留下淫秽之甚的印象有关。

　　血族内婚是琐罗亚斯德教的独特婚俗,却并不是唯一被允许的婚姻方式。因此本章并非将血族内婚作为判断祆教徒身份的标准,而是通过这种独特的婚俗来考察祆教传播过程中的一些表现形式。当然,前文所列举的琐罗亚斯德教血族内婚多为波斯本土

的例子,虽然文章也对汉文记载的粟特婚俗进行了考察,但是我们
对粟特本土的婚例所知不多,因此波斯琐罗亚斯德教徒与粟特祆
教徒在婚姻方式上是否存在着不同,传入中国的祆教婚俗是否也
存在这种差异,尚待深入探讨。

---

① 参阅林悟殊:《琐罗亚斯德教婚姻观述略》,见其著《波斯拜火教与古代中国》,台北,
　新文丰出版公司,1995 年,71 - 84 页;关于琐罗亚斯德教婚俗可参阅 J. J. Modi, *The
　Religious Ceremonies and Customs of the Parsees*, 2nd Edition, Bombay 1937, pp. 14 - 48。

② [唐]慧超原著,张毅笺释:《往五天竺国传笺释》(中外交通史籍丛刊 9),北京,中华
　书局,2000 年,118 页。

③ [唐]杜环原著,张一纯笺注:《经行记笺注》(中外交通史籍丛刊 9),北京,中华书局,
　2000 年,21 页。

④ Éd. Chavannes et P. Pelliot, 'Un traité manichéen retrouvé en chine', *Janvier Février*,
　1913, pp. 155 - 157;中译本见伯希和、沙畹撰,冯承钧译:《摩尼教流行中国考》,载
　冯承钧译:《西域南海史地考证译丛八编》,北京,商务印书馆,1962 年重印第 1 版,
　50 - 51 页,收入 1995 年北京商务印书馆第 2 次影印《西域南海史地考证译丛》第二
　卷;杨志玖:《寻寻法考》,《边疆人文》第四卷,天津,南开大学,1947 年 12 月。

⑤ [唐]杜佑撰,王文锦等点校:《通典》卷一百九十二《边防》八,北京,中华书局,1988
　年,5239 页。

⑥ 《隋书》卷八十三《西域》,1849 页。

⑦ 《周书》卷五十《异域》下,920 页。

⑧ 参阅余太山:《两汉魏晋南北朝正史西域传研究》,北京,中华书局,2003 年,65 - 94
　页。

⑨ 《隋书》卷八十三《西域》,1856 页。

⑩ Mary Boyce, *Zoroastrians: Their Religious Beliefs and Practices*, London etc. , Routledge
　and Kegan Paul, 1979, repr. 1984(with 2 pp. insertion 'Additions and corrections'),
　1998(3rd revised reprint), 2001, repr. 2002, p. 53.

⑪ George Rawlinson transl. , *The History of Herodotus*, *Great Books of The Western World*,
　Vol. 6, Ⅲ. 31, The University of Chicago, 1952, pp. 95 - 96;参阅王以铸译:《希罗多
　德历史》,北京,商务印书馆,1997 年,上册,207 - 208 页。

⑫ Mary Boyce, *Zoroastrians: Their Religious Beliefs and Practices*, p. 54.

⑬ Mary Boyce, *Zoroastrians: Their Religious Beliefs and Practices*, p. 54.

⑭ Mary Boyce & Frantz Grenet, *A History of Zoroastrianism*, Vol. Ⅲ , *Zoroastrianism under*

Macedonian and Roman Rule, Leiden. New York. KØbenhavn. Köln: E. J. Brill, 1991, p. 8.

⑮ Mary Boyce, *Zoroastrians: Their Religious Beliefs and Practices*, p. 111.

⑯ 伊藤义教:《カルデ——ルの「ゾロアスタ—のカアバ」刻文について》,《オリエント》第 24 卷第 2 号,1981 年,9 页。

⑰ St Basil, *Collected Letters*, Loeb Classical Library, vol. IV, CCL VIII.

⑱ G. Hoffman transl. , *Auszüge aus syrischen Akten persischer Märtyrer*, Leipzig 1880, repr. 1966, pp. 93 – 95.

⑲ B. T. Anklesaria ed. and transl. , *Rivayat of Adurfarnbag*, Bombay 1969, CXLIII.

⑳ Mary Boyce, *Zoroastrians: Their Religious Beliefs and Practices*, p. 175.

㉑ L. H. Mills transl. , *The Zend-Avesta*, Part Ⅲ, *The Yasna*, *Visparad*, *Āfrīnagān*, *Gāhs and Miscellaneous Fragments*, in F. Max Müller ed. , *SBE*, Vol. XXXI, Oxford University Press, 1887, repr. Motilal Banarsidass, 1965, 1969, 1974, 1981, p. 250.

㉒ E. W. West transl. , *Pahlavi Texts*, Part I, *The Bundahis-Bahman Yast*, *and Shāyast nā-Shāyast*, in F. Max Müller ed. , *SBE*, Vol. V, Oxford University Press, 1880, repr. Motilal Banarsidass, 1965, 1970, 1977, pp. 211 – 212.

㉓ *Pahlavi Texts*, Part I, *SBE*. V, p. 307.

㉔ В. А. ЛИВШИЦА, ЮРИДИЧЕСКИЕ ДОКУМЕНТЫ И ПИСЬМА, Москва, 1962, стр. 47.

㉕ 蔡鸿生:《唐代九姓胡与突厥文化》,北京,中华书局,1998 年,23 – 24 页。

㉖ 佐藤圭四郎:《アッバ—ス朝时代のマニ教について》,载《石滨先生古稀纪念东洋学论丛》,吹田,石滨先生古稀纪念会,昭和三十三年(1958 年),237 页。

㉗ J. P. Asmussen, *Xuāstvānīft. Studies in Manichaeism*, Copenhagen 1965, pp. 167 – 261.

㉘ 参考刘南强著,林悟殊译:《摩尼教寺院的戒律和制度》,《世界宗教研究》1983 年第 1 期,35 页;附录于林悟殊:《摩尼教及其东渐》,台北,淑馨出版社,1997 年,见 117 页。

㉙ 《旧唐书》卷一百九十八《西戎》,5291 页。

㉚ 董家遵著、卜恩才整理:《中国古代婚姻史研究》,广州,广东人民出版社,1995 年,3 – 113 页。

㉛ 董家遵著、卜恩才整理:《中国古代婚姻史研究》,189 – 197 页。

㉜ 史凤仪:《中国古代婚姻与家庭》,武汉,湖北人民出版社,1987 年,95 页。

㉝ 阮昌锐:《中国婚姻习俗之研究》,台湾省立博物馆印行,1989 年,9 页。

㉞ 刘俊文撰:《唐律疏议笺解》(下),北京,中华书局,1996 年,1033 页。

㉟ [五代]王定保撰:《唐摭言》,上海,上海古籍出版社,1978 年,20 – 21 页。

㊱　[宋]李昉等编:《太平广记》卷二四二,北京,人民文学出版社,1959年,1872－1873页。

㊲　周密:《宋代刑法史》,北京,法律出版社,2002年,210－212页。

㊳　史凤仪:《中国古代婚姻与家庭》,98－102页。

㊴　董家遵著、卞恩才整理:《中国古代婚姻史研究》,117－201页。

㊵　卢兆荫:《何文哲墓志考释——兼谈隋唐时期在中国的中亚人》,《考古》1986年第9期,844－845页;程越:《从石刻史料看入华粟特人的汉化》,《史学月刊》1994年第1期,24－25页;蔡鸿生:《唐代九姓胡与突厥文化》,北京,中华书局,1998年,22－23页;李鸿宾:《唐代墓志中的昭武九姓粟特人》,《文献》1997年第1期,121－126页。

㊶　陈海涛:《来自文明十字路口的民族——唐代入华粟特人研究》,南开大学博士论文,2001年4月,195－200页;陈海涛、刘惠琴:《来自文明十字路口的民族——唐代入华粟特人研究》,北京,商务印书馆,2006年,377－387页。

㊷　荣新江:《北朝隋唐粟特聚落的内部形态》,见其著《中古中国与外来文明》,北京,生活·读书·新知三联书店,2001年,132－135页。

㊸　录文据葛承雍:《唐代长安一个粟特家庭的景教信仰》,《历史研究》2001年第3期,181－182页。

㊹　葛承雍:《唐代长安一个粟特家庭的景教信仰》,181－186页;毕波:《信仰空间的万花筒——粟特人的东渐与宗教信仰的转换》,载荣新江、张志清主编:《从撒马尔干到长安——粟特人在中国的文化遗迹》,北京,北京图书馆出版社,2004年,53页;2006年5月洛阳发现的唐代《大秦景教宣元至本经》石刻的题记部分记有两位米姓的景教高僧,学者据以佐证米继芬一家应信仰景教,见罗炤:《洛阳新出土〈大秦景教宣元至本经及幢记〉石幢的几个问题》,《文物》2007年第6期,30－42、48页;当然,学界就米氏是否为信仰景教的世家尚有质疑者,见杨晓春:《二十年来中国大陆景教研究综述(1982－2002)》,《中国史研究动态》2004年第6期。有关问题可进一步讨论。

㊺　黄文弼:《高昌砖集(增订本)》(《考古学特刊》第2号),北京,中国科学院印行,1951年,79页。

㊻　敦煌研究院编:《敦煌莫高窟供养人题记》,北京,文物出版社,1986年,52页。

㊼　敦煌研究院编:《敦煌莫高窟供养人题记》,49页。

㊽　荣新江:《敦煌归义军曹氏统治者为粟特后裔说》,原刊《历史研究》2001年第1期,65－72、190页;又见荣新江:《中古中国与外来文明》,258－274页;冯培红:《敦煌曹氏族属与曹氏归义军政权》,《历史研究》2001年第1期,73－86、190页;对敦煌归义军曹氏是否为粟特后裔,近有学者提出不同意见,说明此问题还有待进一步探讨(见李并成、解梅:《敦煌归义军曹氏统治者果为粟特后裔吗?——与荣新江、冯

培红先生商榷》，提交武汉大学"中国三至九世纪历史发展暨唐宋社会变迁国际学
术研讨会"论文，2004 年 9 月 3～5 日）。

㊾　吴钢主编：《全唐文补遗》第三辑，西安，三秦出版社，1996 年，107 页。

㊿　［唐］韦述：《两京新记》卷三，［宋］宋敏求：《长安志》卷十作"醴泉坊西门之南祆祠"，
　　　见［日］平冈武夫编：《唐代的长安和洛阳（资料）》，上海，上海古籍出版社，1989 年，
　　　189、118 页；［唐］韦述撰，辛德勇辑校：《两京新记辑校》（《两京新记辑校·大业杂记
　　　辑校》，魏全瑞主编：《长安史迹丛刊》），西安，三秦出版社，2006 年，47 页；具体考证
　　　见陈垣：《火祆教入中国考》，完成于 1922 年 4 月，发表于《国学季刊》第一卷第一号
　　　（1923 年 1 月），发表后，1923 年 1 月、1934 年 10 月作者进行过两次校订。本文采
　　　用 1934 年 10 月校订本，据《陈垣学术论文集》第一集，北京，中华书局，1980 年，316
　　　页。

51　［唐］韦述：《两京新记》卷三，［宋］宋敏求：《长安志》卷十，见［日］平冈武夫编：《唐代
　　　的长安和洛阳（资料）》，189、118 页；［唐］韦述撰，辛德勇辑校：《两京新记辑校》，46
　　　页；详细考证见林悟殊：《唐代长安火祆大秦寺考辨》，原刊《西北史地》1987 年第 1
　　　期，8－12 页，经修订收入其著《波斯拜火教与古代中国》，139－150 页；也有学者认
　　　为此波斯胡寺为景寺，见陈垣：《火祆教入中国考》，320－322 页；Oeuves posthumes
　　　de Paul Pelliot, *Rechérches d'Asie Centrale et d'Extrême-Orient*, Ⅱ, 1: *La
　　　Stèle de Si-ngan-fou*, Paris, 1984, p. 37; D. D. Leslie, 'Persian Temples in Tang China',
　　　MS, 35, 1981－1983, p. 286; 荣新江：《波斯与中国：两种文化在唐朝的交融》，刘东
　　　编：《中国学术》2002 年第 4 期，北京，商务印书馆，2002 年 12 月，56－76 页。

52　《唐故陪戎副尉康君墓志铭并序》，记载康君武通妻子为唐氏，见周绍良主编：《唐代
　　　墓志汇编》上册，上海，上海古籍出版社，1992 年，545 页；吴钢主编：《全唐文补遗》
　　　第二辑，西安，三秦出版社，1995 年，243 页；图版见《千唐志斋藏志》，北京，文物出
　　　版社，1984 年，273 页；荣新江先生在引录此志时，对康君妻究为康氏还是唐氏存
　　　疑，见其著《中古中国与外来文明》，133 页；刘惠琴、陈海涛：《从通婚的变化看唐代
　　　入华粟特人的汉化——以墓志材料为中心》，《华夏考古》2003 年第 4 期，56 页，引录
　　　康君妻为康氏，不知何所据。

53　《旧唐书》卷一百四《歌舒翰传》，3211 页。

54　陕西省文物管理委员会：《西安发现晚唐祆教徒的汉、婆罗钵文合璧墓志——唐苏
　　　谅妻马氏墓志》，《考古》1964 年第 9 期，458 页。

55　作铭：《唐苏谅妻马氏墓志跋》，《考古》1964 年第 9 期，458－461 页，又收于《夏鼐文
　　　集》（下），北京，社会科学文献出版社，2000 年，108－111 页。

56　有关婆文墓志的语言学研究，可参看刘迎胜：《唐苏谅妻马氏汉、巴列维文墓志再研
　　　究》，《考古学报》1990 年第 3 期，295－305 页；张广达：《再读晚唐苏谅妻马氏双语墓

志》,《国学研究》第10卷,北京,北京大学出版社,2002年,1-22页,后收入其著《文本、图像与文化流传》,桂林,广西师范大学出版社,2008年,250-273页。

(57) 张广达:《再读晚唐苏谅妻马氏双语墓志》,《国学研究》第10卷,16页;《文本、图像与文化流传》,267页。

(58) 伊藤义教:《西安出土汉、婆合璧墓志婆文语言学的试释》,《考古学报》1964年第2期,197-203页及图版。

(59) 承刘迎胜教授惠告,苏谅与其妻马氏是否具有血缘关系尚难确论,谨致谢忱。

(60) 陈寅恪:《莲花色尼出家因缘跋》,原载《清华学报》第七卷第一期,1932年1月,今据其著《寒柳堂集》,北京,生活·读书·新知三联书店,2001年,174页。

(61) 陈寅恪:《白乐天之先祖及后嗣》,见其著《元白诗笺证稿》,上海,上海古籍出版社,1978年新1版,307-308页;北京,生活·读书·新知三联书店,2001年,317页。

(62) 陈垣:《火祆教入中国考》,327-328页。

(63) 神田喜一郎:《祆教杂考》,《史学杂志》第39编第4号,昭和三年(1928年),381-394页,是文经修订收入神田喜一郎:《神田喜一郎全集》第一卷,京都,同朋社,1986年,72-84页;石田干之助:《神田学士の「祆教杂考」を读みて》,《史学杂志》第39编第6号,昭和三年,547-577页,经修订作《祆教丛考——神田学士の「祆教杂考」を读みて》,《东亚文化史丛考》,东京,东洋文库,昭和四十八年(1973年)发行,昭和五十三年(1978年)再版,221-246页。

(64) 刘铭恕:《元人杂剧中所见之火祆教》,见《边疆研究论丛》1942～1944年,1-16页。

(65) 罗新:《元散曲所见祆教资料》,《中国史研究》2001年第3期,138页。

(66) 林悟殊:《波斯琐罗亚斯德教与中国古代的祆神崇拜》,刊余太山主编:《欧亚学刊》第1辑,北京,中华书局,1999年,202-222页,后收入林悟殊:《中古三夷教辨证》,北京,中华书局,2005年,316-345页。

(67) 王季思主编:《全元戏曲》第二卷,北京,人民文学出版社,1999年,254-255页。

(68) 王季思主编:《全元戏曲》第三卷,254-255页。

(69) 王季思主编:《全元戏曲》第四卷,600页。

(70) [明]臧晋叔编:《元曲选》第三册,北京,中华书局,1979年,1162-1163页。

(71) 王季思主编:《全元戏曲》第六卷,614页。

(72) [明]彭大翼撰:《山堂肆考》卷三十九,景印文渊阁四库全书,子部二八〇,类书类,台湾,商务印书馆,1986年,974册,673页。

(73) [清]张英、王士祯等纂:《渊鉴类函》第三册,卷58,北京,中国书店,1985年。

(74) 神田喜一郎:《祆教杂考》,《史学杂志》第39编第4号,381-394页;神田喜一郎:《神田喜一郎全集》第一卷,72-84页。

(75) 庞石帚遗著、屈守元整理:《养晴室笔记》,成都,四川文艺出版社,1985年,110-112

页；罗竹风主编：《汉语大词典》第 7 卷（上海，汉语大词典出版社，1991 年，22 页）引用了庞先生的成果。蒙徐文堪先生惠告，谨致谢忱。

⑦ ［唐］释道世撰，周叔迦、苏晋仁校注：《法苑珠林校注》卷二十一《士女篇第十二》，《俗女部第二·奸伪部第二》第二册，北京，中华书局，2003 年，695－696 页。上揭庞著及《汉语大词典》均引作《法苑珠林》卷三十，不知何所据。

⑦ ［明］朱权撰：《太和正音谱》，刊（元）钟嗣成等著《录鬼簿》外四种，上海，上海古籍出版社，1978 年，147 页。

⑦ 孙楷第：《元曲家考略》，上海，上海古籍出版社，1981 年，17－18 页。

⑦ 林悟殊：《波斯琐罗亚斯德教与中国古代的祆神崇拜》，刊余太山主编《欧亚学刊》第 1 辑，204 页；《中古三夷教辨证》，319 页。

⑧ ［唐］李肇撰，曹中孚校点：《唐国史补》卷下，《唐五代笔记小说大观》（上），上海，上海古籍出版社，2000 年，197 页。

⑧ ［唐］杜牧著，［清］冯集梧注：《樊川诗集注》，上海，上海古籍出版社，1978 年，30 页。

⑧ 陈寅恪：《元白诗笺证稿》，上海，上海古籍出版社，87 页，北京，生活·读书，新知三联书店，90 页。

⑧ 中华书局编辑部点校：《全唐诗》（增订本）第一册，卷 37，北京，中华书局，1999 年，487 页。

⑧ ［清］王琦注：《李太白全集》卷 3、卷 6、卷 6、卷 12、卷 17，北京，中华书局，1977 年，200、342、342、606、807 页。

⑧ 《全唐诗》（增订本）第八册，卷 494，5655 页。

⑧ 《全唐诗》（增订本）第八册，卷 511，5872 页。

⑧ 《新五代史》卷六十五《南汉世家》，817 页。

⑧ 中外关系史上之"波斯"有"伊朗波斯"与"南海波斯"之分，此观点最早为美国学者劳费尔所提出，Berthold Laufer, *Sino-Iranica*: *Chinese Contributions to the History of Civilization in Ancient Iran With Special Reference to the History of Cultivated Plants and Products*, Chicago, 1919；中译本见［美］劳费尔著，林筠因译：《中国伊朗编》，北京，商务印书馆，1964 年，294－315 页；另法国学者费琅、日本学者桑原骘藏均赞同劳费尔的主张，费琅：《南海中之波斯》，原刊《亚洲报》，1921 年，下册，279－293 页；中译本见冯承钧译：《西域南海史地考证译丛二编》，北京，商务印书馆，1962 年重印第 1 版，79－95 页，收入 1995 年北京商务印书馆第 2 次影印《西域南海史地考证译丛》第二卷；桑原骘藏：《蒲寿庚的事迹》，大正十二年（1924 年）上海东亚考究会初版，此据《桑原骘藏全集》第五卷，东京，岩波书店，昭和四十三年（1968 年），88 页；中译本见陈裕青译：《蒲寿庚考》，北京，中华书局，1954 年，75 页；张星烺先生曾驳劳费尔伊兰波斯与马来波斯说，惜证据未足，见张星烺编注、朱杰勤校订《中西交通史料

汇编》第二册，北京，中华书局，2003 年，1141－1146 页；2005 年 11 月 10 日，蔡鸿生
先生在中山大学历史系中外关系史专业"学理与方法"课程上作"'波斯'辨异"讲
座，重申了要重视中外关系史上两个波斯的观点。

⑧　《萍州可谈》卷二"孔雀明王经孔雀真言"条记载："余在广州，尝因犒设，番人大集府
中。蕃长引一三佛齐人来，云善诵《孔雀明王经》。余思佛书所谓《真言》者，殊不可
晓，意其传讹，喜得为证，因令诵之。其人以两手向背，倚柱而呼，声正如瓶中倾沸
汤，更无一声似《孔雀真言》者。余曰其书已经重译，宜其不同，但流俗以此书荐亡
者，不知中国鬼神如何晓会。"[北宋]朱彧撰，李伟国校点：《萍州可谈》卷二，《宋元
笔记小说大观》(二)，上海，上海古籍出版社，2001 年，2312 页；宋代王君玉撰《杂纂
续》"难理会"条有"波斯念《孔雀经》"一句，即表明宋人有把三佛齐当做"波斯"者，
见[唐]李义山等撰，曲彦斌校注：《杂纂七种》，上海，上海古籍出版社，1988 年，63
页。此为蔡鸿生先生所提示。

⑨　向达：《唐代长安与西域文明》，北京，生活·读书·新知三联书店，1957 年，38－39
页。

⑨　[明]谈迁著，罗仲辉、胡明校点校：《枣林杂俎》(元明史料笔记丛刊)，北京，中华书
局，2006 年，508 页；刘铭恕先生引文增"一呼祆神。(原注出花蕊志)"，见《元人杂
剧中所见之火祆教》，《边疆研究论丛》1942～1944 年，14 页。

⑨　[清]褚人获：《坚瓠集》(下)，中国公共图书馆古籍文献珍本汇刊·子部，北京，全国
图书馆文献缩微复制中心，2002 年，1153 页。

⑨　[清]褚人获：《坚瓠集》(下)，971 页。

⑨　[明]沈德符：《万历野获篇》(元明史料笔记丛刊)，北京，中华书局，1959 年，919－
920 页。

⑨　刘铭恕：《元人杂剧中所见之火祆教》，《边疆研究论丛》1942～1944 年，14－15 页。

第五章　祆教葬俗及其在北朝隋唐的遗迹

中古琐罗亚斯德教徒对死者遗体的殡葬,一般采用天葬,或谓野葬、鸟葬。有关这一葬俗的渊源流变,各国学者从不同角度多有论述①。汉籍的有关记载虽然语焉不详,但其中信息却有助于丰富我们对入华祆教葬俗的认识。中古时代入华祆教徒的殡葬方式是忠实地保存了本教传统,抑或因应汉地风俗而有所变更,学界尚无系统论述。近年来,中国境内相继出土了一批北朝、隋唐时期的胡裔墓葬,其中墓刻的图像信息包含丰富的中亚、西亚文化内涵,学界讨论颇多。但对此类墓葬葬式的定性,则疑点丛生。本章试图在中外文化交流的背景下,对汉籍有关祆教葬俗的记载略作考证,对相关胡裔墓葬与祆教葬俗的关系试作辨析,借以考察祆教葬俗在中古时代的表现形式及其所发生的变异。

第一节　"弃尸于山"的波斯葬俗

有关波斯琐罗亚斯德教葬俗的中文记载,见于《周书·异域传下》波斯国条:

> 死者多弃尸于山,一月治服。城外有人别居,唯知丧葬之事,号为不净人。若入城市,摇铃自别。②

今本《魏书·西域传》、《北史·西域传》波斯国条所录相同。众所周知,魏收所撰《魏书·西域传》久已佚失,今本《魏书·西域传》乃后人自《北史·西域传》采入;而《北史·西域传》是李延寿据《魏书·西域传》、《周书·异域传》和《隋书·西域传》编成。据学者的研究,上引这段有关波斯国葬俗的记载应是《魏书》、《北史》取《周书》之文③。同样的内容亦见于《隋书·西域传》,不过记载相对简略:"(波斯国)人死者,弃尸于山,持服一月"④,不见有关"不净人"的记录。至于《通典》记载波斯国"死者多弃尸于山,一月理服。城外有人别居,唯知丧葬之事,号为不净人,若入城市,摇铃自别"⑤,应是取自《周书》之文,史料价值不大。上引诸史修于北齐至唐初,时间较为接近,相当于波斯萨珊王朝(224～651 年)后期。由于习俗的产生与发展有其历史延续性,因此我们只能说,上引史料反映的丧葬习俗不会晚于波斯萨珊朝后期。

古代伊朗人何时采用弃尸天葬的习俗,史无明载。一般认为,直到公元前一千年左右,古伊朗人的尸葬方式还多为土葬。后来,中亚和东伊朗的居民首先接受了"弃尸于山"的葬俗,但具体时间尚无法确定。居于西部伊朗的波斯人接受"弃尸于山"的天葬习俗,则要晚于他们⑥。有关波斯琐罗亚斯德教天葬习俗的文献记载,最早似可追溯到公元前 5 世纪希腊作家希罗多德(Herodotus)的记录:

　　　据说波斯人的尸体是只有在被狗或是禽类撕裂之后才埋葬的。玛哥斯僧(又译麻葛僧等)有这种风俗那是毫无疑问的,因为他们是公然实行这种风俗的。⑦

据希罗多德的叙述,麻葛僧侣的尸葬方式并未被波斯人所广为接受。例如,当时国王们虽然大力推行琐罗亚斯德教,但他们死后的遗体并不遵照该教的习惯,让鸟啄狗噬⑧。

公元前 4 世纪末,亚历山大开始东征,他对古伊朗的琐罗亚斯德教并不友好。当亚历山大征服埃及和巴比伦时,积极支持当地传统的礼拜仪式,并向当地神庙和祭司慷慨捐赠,其目的乃为帮助这些人"摆脱波斯的束缚"。到了伊朗本土后,他继续烧杀抢掠,对琐罗亚斯德教祭司和经典的保存造成极大伤害,被琐罗亚斯德教徒视为"受诅咒者",是邪恶的。他的继任者则继续推行希腊化的政策⑨。在这种历史背景下,麻葛人的葬俗就更不易在波斯各地传开。帕提亚王朝后期,琐罗亚斯德教开始复兴。1世纪时的希腊作家斯特拉波(Strabo)指出,王族也实行曝尸:"他们不但承认古波斯的神祇,建筑火祭坛;并且严格遵从祆教(按:应为琐罗亚斯德教)教律,暴弃王族尸体,以供秃鹫和犬,这是连先前的亚契门尼特(按:现译阿契美尼)朝都未能实行的。"⑩到萨珊波斯时期,统治者通过行政力量推行该教,"即使原来没有天葬习惯的波斯人,也都得一遵教法,改用天葬,并且逐步习以为常了"⑪。沙卜尔二世(Shapur Ⅱ,309～380年)统治时,编定了该教经典《阿维斯陀经》,其中《辟邪经》(vendîdâd,音译"文迪达德")第三章第四节从法律上规定了执行天葬⑫。据现有材料,无法确定《辟邪经》的编纂日期,但经文表明其"于帕提亚时期编纂,部分内容甚至更加古老"⑬。由此可以断定,这种葬俗至少在帕提亚晚期琐罗亚斯德教复兴时已经存在,在萨珊时期颇为流行。

波斯境内固然独尊琐罗亚斯德教,但犹太教、基督教、佛教和摩尼教亦曾不同程度地流行⑭。然而"弃尸于山"是琐罗亚斯德教的独特葬俗,其貌似野蛮,不为他教所容。以基督教为例,虽然波斯琐罗亚斯德教徒"把尸体曝给狗和鸟",但改信基督教的波斯人把尸体埋在地下,漠视禁止埋葬的严酷法律⑮。公元399年开始执政的伊嗣俟一世(Yazdegird I)以对待基督教徒宽容而闻名,他容忍基督教徒埋葬死者,受到基督教徒的尊敬;但是据琐罗亚斯德教教义,埋葬污染了善的大地,因此伊嗣俟一世成为琐罗亚斯德教的罪人⑯。到了伊嗣俟统治的后期,他转而对基督教徒采取严厉的措施。据记载,一名基督教徒破坏了本教教堂附近的一座火庙,虽然国王强烈要求,他还是拒绝重建。面对这种挑衅,国王认真地调查、审判,然后宣判其死刑。伊嗣俟的儿子瓦赫兰五世(Vahram V,421～439年)统治时,继续了父亲的宗教热情,"听从祭司长,即受诅咒的密赫尔·沙普尔(Mihr-Shabuhr)的要求,拖出在他父亲时代埋葬的死尸,放到太阳下曝晒;这种行为一直坚持了五年"[17]。

虽然波斯境内多教并存,然而萨珊王朝的确从法律上规定实行天葬,当然对异教徒未必强求一致,异教徒也未必遵守。是以中国史书记载其"死者多弃尸于山",是有本而发的,说明并非全体民众都实行天葬。事实上,即使同为琐罗亚斯德教徒,王族和祭司、普通教徒的葬俗在具体做法上也并非完全一致。就考古资料显示,波斯帝国的君主虽然大都笃信琐罗亚斯德教,但他们并非全部实行天葬,即使在该教普遍流行的萨珊时期,情况也不见改变。这倒并非只是由于"传统习惯的改变,要比宗教信仰的改变困难得多"[18]。阿契美尼朝的君主们遵循着古代伊朗王族和贵族的传统,把尸体涂香防腐,安放在石制坟墓里,这种做法表现了其"渴望升入天堂,来日再生的愿望,这是贵族等级特有的权利"[19]。开国君主居鲁士一世(Cyrus I)就没有根据正统的仪式曝尸,表面看来似乎违背了琐罗亚斯德教的教义,然而他的陵墓经过仔细营造,使熏香的尸体与活着的生物之间不会发生联系,从而遵守了琐罗亚斯德教的教义[20]。实际上不仅阿契美尼人,而且继起的帕提亚人(Arsacids,即安息人)和萨珊人(Sasanians)也坚持固有传统,他们把国王的尸体涂香,放在石制坟墓里[21]。由此,我们可以相信,在琐罗亚斯德教流行的时代,王族在不违背教义的情况下,为了维持其尊贵的地位,可以不曝弃尸体。通过上述的粗略分析,我们可以肯定"弃尸于山"是琐罗亚斯德教的独特葬俗,而且主要为祭司和下层百姓所遵循。

另外需要特别注意的是,汉籍在记载波斯葬俗时,唯记其死者"多弃尸于山",对于是否让狗撕食,则未言及。就波斯琐罗亚斯德教徒具体的丧葬方式,"萨珊波斯的琐罗亚斯德教徒固然是采用天葬的方式,但在具体做法上,与阿契美尼时期并非完全一样,而是有所不同","遗体不再让野兽撕食了"[22]。其实阿契美尼时期麻葛僧的丧葬方式究竟是否有意让野兽参与，上引希罗多德的记录十分模糊："据说波斯人的尸体是只有在被狗或是禽撕裂之后才埋葬的"，希罗多德的记录只是"据说"而已，并非亲眼目睹。而且负责撕裂尸体的动物有狗有禽，并非仅限于狗。《辟邪经》第六章第五节，以先知琐罗亚斯德与最高善神阿胡拉·马兹达互相问答的方式规定了处理死尸的地点：

（问）：我们应该把尸体放到哪里？

（答）：放在高高的地方，这样食尸的鸟兽会很容易发现他们。(44-45)⑳

此段记载文意模糊，虽然弃尸饲鸟兽似是有意为之，但经文概言鸟兽，并未专指令狗食尸。如果教徒有意让狗食尸，就不必将尸体弃置于山，因为狗可以专门饲养以供需求，而不必如此大费周章。同节的另一记载可证明我们的推测：

（问）：我们应该将死者骨殖安放哪里？

（答）：马兹达的信徒应该立一建筑物，安放尸骨，以避开狗、狐狸、狼等野兽，并不让雨水积聚。(49-50)㉑

此处，琐罗亚斯德教教徒专门立建筑物来安放尸骨，以防止狗和狐狸、狼等其他野兽。我们求之于琐罗亚斯德教教义与教史，也排除了该教专门以尸饲狗的可能性。

根据琐罗亚斯德教的传说，人死后，灵魂离开肉体，必须经过"裁判之桥"(the Činvat Bridge)，在所有人必经的裁判之桥上，有两只狗守护在两侧，帮助审判灵魂：当灵魂来到裁判之桥时，"走来了一位美女，健壮，身材姣好，跟随着两只狗"㉒。琐罗亚斯德教灵狗"黄耳朵"(Zarrīngōš)的传说与其类似，根据记载，"黄耳朵"由奥尔马兹达专门饲养，以保护初人(Adam/Gayōmard)的肉身免受恶神阿里曼(Ahriman)伤害；它同时也坚守在"裁判之桥"附近，通过吠叫来吓跑附在正直人灵魂上的恶魔。而且，也帮助密赫尔制止那些妄图残害入狱灵魂的恶魔，并阻止生前曾残害过狗的人经过

"裁判之桥"㉖。以此看来,在该教中,狗承担了保护尸体免受恶魔侵染的责任。

在现实的丧葬仪式中,狗也承担了这一职责,其亦不是用来撕食尸体,而是执行犬视仪式,以驱除尸体所沾染的尸魔（drōj-nesā）。据琐罗亚斯德教有关的经典,人死后,死尸附有一种致命的尸毒（Drug Nasu）,或称为尸魔,需借助狗来驱除。据《辟邪经》第八章第三节的说法,选择生有四只眼睛的黄狗或长有黄耳朵的白狗（以象征"黄耳朵"）,把其带到死者旁边,就可以使尸毒飞离死尸,此即所谓"犬视"㉗。现代伊朗残存的琐罗亚斯德教徒和印度琐罗亚斯德教徒巴斯人的丧葬礼仪仍坚持这一环节㉘。另外,在举行"九夜之净"即巴勒什奴大净礼时,也需要狗在场㉙。然而无论是教义或教史,都鲜见令狗食尸的记载。琐罗亚斯德教的文献中共记载有十种犬,如牧羊犬、家犬、守聚落犬、水栖犬等,其中对牧羊犬评价最高。如中世纪波斯语文书《许不许》中有:

（问）:消攘恶魔"纳什"的犬系何种犬?

（答）:牧羊犬、守家犬、血犬……㉚

由此可以看出,负责驱除尸魔的犬可以是牧羊犬,也可以是守家犬,而没有什么专门的食尸犬。

通过以上论述可以看出,阿契美尼时期波斯琐罗亚斯德教的天葬习俗,并非有意让狗参与;当然弃尸野外,如果不专门看管,亦无法避免被狗撕食,但与刻意"弃尸饲狗"恐怕是两回事。至于萨珊时期,琐罗亚斯德教徒专建达克玛以排除野兽参与,上引林悟殊先生文章已经详论了。既然自始以来琐罗亚斯德教都从未专门让狗食尸,那么对史载中亚康国别院"令狗食人肉尽"的丧葬习俗就需要重新认识了。

第二节　古波斯"不净人"考

上引《周书·异域传下》波斯国条记波斯弃尸于山的葬俗时,

提到专门负责操办这种丧事之人："死者多弃尸于山，一月治服。城外有人别居，唯知丧葬之事，号为不净人。若入城市，摇铃自别。"日本学者在复原《魏书》有关此风俗的记载时，并没有对"不净人"作出具体考证⑪，倒是国内专治唐代文化史、外来宗教史、古代伊朗史等领域的学者有所涉及。例如，蔡鸿生先生在论述唐代九姓胡的葬俗时指出，康国别院负责弃尸饲狗、收骨埋殡的丧事专业户，即汉籍所载的波斯"不净人"⑫；并在讨论新旧《唐书》所记太原"黄坑"的宗教属性时，亦重申了康国别院的丧事专业户，相当于波斯"不净人"⑬。林悟殊先生在论述琐罗亚斯德教最高级别的净礼巴勒什奴（barešnum）时指出，该净礼主要用于那些接触死尸、处理遗体的教徒，尤其是专业人士，并引证《魏书·西域传》及《北史·西域传》所提到的波斯"不净人"，称这些专职处理死尸者正是巴勒什奴净礼的对象⑭。龚方震、晏可佳两位先生合著的《祆教史》在介绍琐罗亚斯德教经典《辟邪经》时指出，"常人不能接触尸体，尸体只能由专司其职的搬运人来运送，此专职者就称为'不净人'"，并引证《魏书》的记载，更加明确地指出"不净人"是专职搬运尸体者，其在书后附录二"祆教英汉对照专门索引"中，把抬尸者（nasā-sālār）释义为"不净人"⑮。李铁匠先生在考证古代伊朗的种姓制度时，则通过与古代印度的旃陀罗比较，除指出《魏书》所载的"不净人"是琐罗亚斯德教的专事丧葬者外，更认为不净人是伊朗四大种姓之外，人数较少，社会地位极其低下，生活极其悲惨的等级⑯。

以上诸学者对"不净人"的定性，多是在论述其他问题时，捎带提及，限于文章的主题和篇幅，并没有展开论述；同时由于文献记录简略，其间仍然不乏模糊之处。例如，不净人究竟是概指琐罗亚斯德教中的从事丧葬者，还是单指专司搬运尸体者，如何界定"不净人"的社会地位，其是否可与康国别院的丧事专业户简单等同，两者的差异反映了什么等等。

一　"不净人"的身份和职业性质

在"弃尸于山"的葬俗之中，之所以有专人负责丧葬之事，显然与该教的教义分不开。按照琐罗亚斯德的说教，所有善端的创造者是善神奥尔马兹达(Ohrmazd)，其对立者是恶灵阿里曼。教众的任务就是通过善思、善言、善行，进行规定的礼拜仪式，举行净礼，和造物主奥尔马兹达以及众属神(Amahraspands)一起反抗阿里曼。这样，他们死后才能超升，进入天堂，并帮助拯救整个世界。而琐罗亚斯德教关于丧葬的规定与实践，则突出体现了这种善恶斗争的教义。该教称，死亡为恶神阿里曼所创造，万物死亡后都是不净的；其中生前正直的人，其尸体最为肮脏，因为正直的人集中了奥尔马兹达创造的诸多善端，恶魔们为了用死亡战胜他，必须全力以赴。而且，即便在灵魂离体后，邪恶还要在尸体周围停留一段时间，使污染不断扩散㊲。"琐罗亚斯德教主张善恶报应，在理论和逻辑上必然要承认灵魂转世和末日审判。他们相信一个人死后，其灵魂在三天内还停留在死者身上(在头部附近)，回忆和检查毕生的思想和行为……送葬者在死后第四天黎明之前进行祈祷时，灵魂才开始升入天堂。"㊳如是，处理死尸是一种较为复杂而又富有宗教意义的行为，非由专职人员负责不可。

一般认为，琐罗亚斯德教徒死后，其"去除尸肉"的仪式分三段时间进行。第一段时间内，如果天气恶劣或时辰过晚，就不要立即将尸体运往处理场，而是放在屋内的坑穴中或者专门设置的屋舍内。第二阶段时间内，把尸体运到专门的地点曝露，让鸟兽啄食。此为伊斯兰化前的古伊朗葬俗。尸敛的最后阶段为处理骨骸㊴。至于放置死尸的地点，《辟邪经》第八章第一节中规定到，当一个人死后，崇拜马兹达者(Mazdā-worshipers)"应该四处寻找达克玛(dakhmas)"㊵。我们无法确认此处所云的达克玛究竟是人造建筑，抑或只是曝尸的天然场所。根据研究，后者的可能性更大，因为假如其是专门的人造建筑,就不必四处去寻了;何况考古发现和文字记载尚无法证明古代曝尸采用人造场所;在伊斯兰化以前,现代形制的塔状达克玛并不存在[41]。前引《辟邪经》第六章第五节"(问):我们应该把尸体放到哪里?(答):放在高高的地方,这样食尸的鸟兽会很容易发现他们"[42],虽然文意模糊,也暗示了曝尸场所并非人造,揭示了中国史籍特书"弃尸于山"的原因。那么,究竟由何人来负责抬放尸体呢,由于文献记载缺略,考证不易,我们根据学者们对现代琐罗亚斯德教村落进行的田野考察,或可解决这一难题。

在上揭玛丽·博伊斯教授的调查中,我们了解到:在伊朗琐罗亚斯德教村落,当教徒刚死之际,要有专人负责清洗尸体,该专人被称为 paksū,意为"洗尸者",他们通常是一名男子和一名老妇,主要负责用帕杰乌(pajow,即牛尿)清洗尸体,然后为死者从头到脚穿上白色棉衣,把尸体摆放好。就洗尸这一程序而言,世界上许多民族的葬俗皆有采用。《北史》卷45《夏侯道迁传》附《夏侯夬传》言,夬梦中被杖,"……俄而心闷而死。洗浴者视其尸体,大有杖处……"[43]颜之推在《家训·终制篇》中,嘱子孙后代在复魄、敛衣、从葬品等诸多方面皆从省减,但于沐浴则异之,亦可见此俗在士大夫之中的流行[44]。宋元之际流寓中国的伊斯兰教徒也存在这种风俗[45]。按照琐罗亚斯德教的规定,在洗尸过程中,尸体是干净的,所以"洗尸者"没有受到污染;同时,他们在履行自己的职责时,必须保持洁净。他们把尸体抬到屋里的石棺上,在周围洒上沙子,以保护善的大地。此后,尸魔才带着污染附身,这时,只有受命专司其职的人才能触摸尸体[46]。

当尸体清洗完毕并摆放好后,就由祭司主持仪式,念诵《阿胡那瓦特·伽》(Ahunavad Gah)等祷文,并在《亚斯那》第三十一章第四节停顿。《阿胡那瓦特·伽》是五篇圣诗之一,直接反映琐罗亚斯德的教条[47]。《亚斯那》第三十一章第四节的内容对灵魂超度至关重要,其大意为:

如果向公正(Aša)祈求，马兹达和其他阿胡拉(Ahuras)，以及报偿之神(Aši)和奉献之神(Ārmaiti)就会显灵，我将趁机为正义(vahišta- manah-)而寻求强大的助力(khšathra-)，然后进入天堂，藉此可以消除邪恶。[48]

其中，khšathra-一词有双重含义，指代力量和王国，特别指天堂王国。通过念诵这段祷文，灵魂将凭借诸神之力获得超升，同时消除邪恶。停顿之后，由专职的抬尸者(salars)把尸体抬到铁棺里，并给他系上圣带(kosti)。最后，举行送葬仪式[49]。也就是说，尸魔附身后，只有抬尸者才能触摸尸体。

抬棺者要从死者的亲友中选出，负责把尸体抬到达克玛，其工作是宗教意义上的大功德。他们同抬尸者一样，全身穿着白色衣服，手上包着白布；但与之不同的是，他们没有接触裹布的尸体，受到的污染比较小，在葬礼之后举行简单的净礼就会帮助他们恢复洁净[50]。

以上所述是现代伊朗琐罗亚斯德教徒的葬俗，这种以后证前的论证当然缺乏共时性的说服力。但是此一风俗在现代印度的帕尔西人中亦存在流行，两社区的葬俗除个别差异外，几乎完全一样[51]。其原因自不难理解，7到9世纪，阿拉伯人征服并统治了波斯，他们采用暴力加经济等手段，迫使异教徒改宗伊斯兰教[52]，波斯本土的大量琐罗亚斯德教徒逐步皈依伊斯兰教，成为穆斯林，琐罗亚斯德教徒越来越少，以至变成少数民族[53]。至于那些移民印度西部海岸的帕尔西民族由于没有受到伊斯兰化的影响，比较真实地保留了古老的正统风俗；而沙里发巴特村由于历史和地理的原因，对传统的坚持也根深蒂固。两地葬俗的一致性至少说明，上述内容在阿拉伯征服即7世纪中叶以前就已存在。玛丽·博伊斯教授强调道："宗教信仰体现在宗教仪式中，通过仪式才能为人所知；同时，由于仪式的代代相传而保持传统不辍。正是通过仪式，宗教才排除外界影响而保持正统。"正是基于这种观念，她主张"用沙里发巴特古老的正统,连同其他教内外文献去重建古老的信仰与仪式"⑭。

从以上分析可以看出,参与丧葬仪式的人员包括祭司、抬棺者、洗尸者和抬尸者。其中,祭司地位尊贵,洗尸者在尸魔附身前已完成工作,抬棺者则临时由亲友所出,其不与尸体直接接触;他们都没有受到死尸所带的严重污染。只有抬尸者,才从事宗教上极度危险的职业,如果要冠以"不净人"的称呼,当非他们莫属。抬尸者在《辟邪经》里称为 nasā-kaša,后来发展为 nasā-sālār,意为"负责尸体者",《辟邪经》第八章第十节规定,这些人必须赤身工作,但在现实中无法遵从⑮。有学者指出"'不净人'就是专知丧葬者的音译"⑯,由于资料有限,我们不敢妄加猜测。汉文佛教术语中有"净人"一词,专指"未出家而在寺院中侍奉僧侣的俗人"⑰;但名专知丧葬者为不净人,显为中国的世俗观点,并非受佛教的影响。

从教义的角度去分析,"不净人"所从事的工作是为了战胜恶魔,是正义的事业,在琐罗亚斯德教为主流宗教的波斯国里,如果竟被划成"贱民",就令人不可理解了。

二 "不净人"非"贱民"辨

按照上文所述,尸魔附身后,抬尸者要把尸体放好,并在其周围划一些线,防止污染扩散。然后,举行第一次"犬视"(sagdid)仪式。在遗体起运前一小时左右,两名或者四名抬尸者身穿白色衣服,只有脸部露在外面,进入房屋,在尸体旁边放一副石棺。然后由祭司念诵祷文,念诵一半时,示意抬尸者把尸体放到石棺里。当祭司念诵完毕后,举行第二次"犬视"⑱。抬尸者必须完成的善后工作是,把尸体放在达克玛的石头上,用放在裹尸布上的剪刀把布剪开一道缝,然后念诵祷文,安慰灵魂:"莫急莫怕,就是这里。多年来,这就是你的祖父辈归宿之地,它洁净而美好。""哦,密赫尔·伊兹德(Mihr Ized),斯罗什·伊兹德(Sroš Ized),拉什·伊兹德(Rašn Ized),纯洁而正直！我们已经完成自己的工作，把它交付给你们……"⑤这样就表示尸体已被移交给专门的神，待三日后灵魂将要飞升时，接受审判。

据琐罗亚斯德教的传说，人死后，灵魂离开肉体，必须经过"裁判之桥"，由专神负责检视其一生的善恶功过，如果行善多于行恶，灵魂则被判进入天堂，反之则堕入地狱。司其职者即密赫尔、斯劳莎（Sraoša，即斯罗什，原意为"戒律"）、拉什（原意为"法官"），密赫尔居中⑥。而抬尸者则负责把灵魂转交给诸神。祈祷完毕后，他们恭敬地退出来，离开不可见的灵魂，并关闭达克玛的门。以后，他们还要在规定的日期里进入达克玛，把太阳晒干的骨头收起来，投入中央井里（srāda）。关于这种井，前苏联学者在描述达克玛时有所提及：（达克玛）顶层呈凹状，四周有台阶，中央为井穴；塔顶分三层以放置尸体（外层置男尸，中层置女尸，内层置童尸）。有专营此事者，将尸体移于其上，均赤身露体，任鹰隼啄尽尸肉，骨殖则投入井穴⑤。这里描述的是达克玛制度化后的情况，那么在伊斯兰化之前，人们将遗骸置于何处呢？《辟邪经》第六章中有所规定：

（问）：我们把死者的遗骸放在什么地方？

（答）：放到狗、狐狸和狼够不到的骨瓮（uzdāna-）里，不要让雨水淋到。如果条件许可，这些崇拜马兹达者就把它放在岩石或泥土上；反之，就让骨架呆在原地，或曝露在阳光下，接受光照。⑥

Uzdāna 在帕拉维语中读作 uzdahist，意为 astōdān（纳骨瓮），不同时期的纳骨瓮风格不同。然而，按照《辟邪经》的规定，穷人只是把干燥的遗骸放在地上；考古发现无法证明，但帕提亚时代和萨珊时期的外国旅行家曾经目睹。这种风俗与琐罗亚斯德教的教义并不相悖，因为骨头经过曝晒，已经变干净，不会污染善良的大地⑥。这也可能正是中国史籍记载波斯葬俗"弃尸于山"，而没有记载如何处置遗骸的一个原因，普通百姓在弃尸之后，任由尸骨腐化，并不违

背教义。按照琐罗亚斯德教的规定,造物主创造了人,在末日
(Frašegird)时收集残骸,是造物主所允许的^❻。因此,使用纳骨瓮
保存遗骸,虽属遵循教义的一种表现,却不是非执行不可的义务,
现有资料只能说明其在某时某地较为普遍。处理尸骨的方法和地
点会随着具体条件的改变而发生变化,这毫不奇怪,关键是必须严
格遵守琐罗亚斯德教的净规,即保证尸骨不会对善的造物造成污
染、伤害。由此看来,负责抬尸收骨的"不净人",乃担负着宗教赋
予的神圣使命。

　　正如上文所述,在确认尸魔附身之后,抬尸者是唯一可以用手
触摸尸体的人,所以他们被认为受到了严重污染,是不干净的。在
日常生活中,他们也的确被区别对待。例如,举行公众仪式时,他
们往往不在邀请之列;教徒收割庄稼时,也不会请他们帮忙,以防
作物枯萎^❻。但是我们必须明确,这种不净只是宗教意义上的;即
便从宗教意义来考察,其工作也具有两面性,他们的工作同时又被
认为是高度的荣誉(bā arj)。从教义来说,死亡的躯体和活的灵魂
价值不同,前者属于阿里曼,后者属于奥尔马兹达。因此,在死亡
来临时,教徒面临两件紧急的义务:一是根据严格的戒律小心而迅
速地处理污染的尸体,一是竭尽所能帮助离体的灵魂到达天堂。
第一件任务须在一天之内完成,第二件则至少持续三十年^❻。毫无
疑问,处理死尸也意味着反抗恶魔阿里曼,抬尸者在这个过程中起
着举足轻重的作用。在实际过程中,抬尸者也的确认为自己的工
作是完成善神奥尔马兹达的任务,琐罗亚斯德教的《宗教判决书》
(Dâdistān-i Dînîk)中有详细介绍^❻。出殡前,他们要庄严宣布:"我
们执行这些任务,得到造物主奥尔马兹达的授权,得到仁慈的不朽
者授权,得到正直的斯劳莎授权,得到先知琐罗亚斯德(Zarathush-
tra the Spitamid)的授权,得到马拉斯潘德(Māraspand)之子阿杜尔
巴特(Ādurbād)的授权,得到高级祭司的授权……"^❻然后,才举行
仪式。

按照琐罗亚斯德教的规定，有四类人必须举行最高级别的净礼"九夜之净"（barašnom-e no-šwa），和"三十重净礼"（si-šuy）⑩。这四类人主要包括：首先，十岁以下的孩子，他们是 sar-e šīr，即只是由于出生时，以及吸食母亲的奶水而变为不净（根据古代生理学，奶水来源于母亲的血液）；第二种是成年人和普通的罪人或者污染者；第三种是严重污染者（rīmanī），主要是抬尸者，他们应该经常举行"九夜之净"，至少每隔一年一次；第四种人是所受污染特别严重者，要举行诺·什瓦·帕杰乌（nō-šwa-e pajowi）净礼，在这种仪式中，所有净礼都要用帕杰乌（pajow，即牛尿）来擦洗身体⑩。"九夜之净"是最高级别的净礼，虽然在执行过程中，抬尸者要单独进行，然后在隔离的地方静修，但是举行净礼的目的是为了消除污染，从而使抬尸者受到宗教仪式的保护。

此外，为了消减死尸带来的污染，教徒还要举行"犬视"（sagdīd），即为了驱赶缠住死人身体的恶魔"纳什"，而以犬来视看尸体⑩。正如前文所述，从刚刚死去到把尸体正式抬到达克玛之前，通常要举行三次"犬视"。在第一次"犬视"时，为了增加反抗恶魔的力量，还要燃火⑩。因此，抬尸者是和琐罗亚斯德教的圣物火与狗一起，同阿里曼所创造的尸魔进行战斗的。

然而，人们往往忽视"不净人"所从事职业的双重性。李铁匠先生把波斯"不净人"和旃陀罗比较，认为两者具有如下共同点：一、名称都带有强烈的歧视性。旃陀罗本义为"屠者"，但印度呼为"恶人"，视为所有人中最下贱的人。"不净人"专事丧葬，连正式的名称都没有（或者"不净人"就是专知丧葬者的音译）。二、居住地区有严格规定，只能住在城外、村外，和其他居民处于互相隔离状态。三、在宗教上都属于不净者，不能和其他种姓随便往来。在进入城市时，必须以明确的方式来表明自己低下的身份，以免污染高级种姓。四、职业都很低下，被认为是不净的、有污染性的，而且有某些相同。"不净人"以丧葬为业。旃陀罗以屠（牲口和犯人）为

业,根据《摩奴法典》,搬运尸体、焚尸也与之有关⑦。据《摩奴法典》可知,古代印度的贱民阶层旃陀罗也于城外别居:

> 旃陀罗……的住所应该在村外……任何一个忠于义务的人也不要和他们交往……夜间不准他们在城、乡中往来。他们有事时可在白天到那些地方去,以国王所规定的标志使人辨别出来。他们要搬运死后未遗有亲族的人的尸体:这是规定。他们要奉国王命令执行依法处死的罪犯的死刑……⑭

可是,从上文分析可知,“不净人”是因为专知丧葬而被视为“不净”的,而旃陀罗所从事的职业主要是“屠者”。5世纪前后,东晋高僧法显去天竺求法,行经中天竺时目睹了这种“屠者”的生活状况:“旃荼罗(即旃陀罗)名为恶人,与人别居,若入城市则击木以自异,人则识而避之,不相唐突。国中不养猪、鸡,不卖生口,市无屠、酤及沽酒者,货易则用贝齿,唯旃荼罗、猎师卖肉耳。”⑮与琐罗亚斯德教专知丧葬的“不净人”相比,其内涵是大异其趣。从旃陀罗从事的职业中,我们很难看出其有什么特别的宗教含义,而负责弃尸的“不净人”是琐罗亚斯德教独特葬俗的执行者,与之明显不同。更有,旃陀罗即使从事丧葬,也不过是“搬运死后未有亲族的人的尸体”,即无主之尸。“摇铃自别”与“击木为异”,反映的只是表面现象,并不能揭示两者所从事职业的实质。可能正是由于已经了解到旃陀罗“击木为异”的低贱身份,古人才会称呼波斯“摇铃自别”的丧事专业户是“不净人”。其实,根据《摩奴法典》的记载,和旃陀罗处境相同的还有斯婆跋迦:

> 旃陀罗和斯婆跋迦的住所应该在村外,他们不能有完整的器皿,他们的全部财富只应该是犬和驴;他们要穿死者的衣服;以破盌为盘;以铁为装饰品,常游去无定处。任何一个忠于义务的人也不要和他们交往;他们只应该在他们之间互通有无,通婚姻。别人给他们的食物要盛以破盌片,并由仆人从中居间,夜间不准他们在城、乡中往来。他们有事时可在白天

到那些地方去,以国王所规定的标志使人辨别出来,他们要搬运死后未遗有亲族的人的尸体:这是规定。他们要奉国王命令执行依法处死的罪犯的死刑,并取得其刑杀者的衣服、床榻和装饰品。⑯

古代印度的种姓制度远非本文所能论述,但可以肯定的是,"不净人"与旃陀罗不能简单等同。

从事丧葬的"不净人"在宗教上的身份具有矛盾的双重性,既因为职业关系受到最严重的污染,又因为与恶魔作战而享有崇高荣誉。他们在世俗中被认为不干净当然是可能的,从事敛尸在教外人眼中未必高贵;出于各自立场,教外人和教内人的看法有所不同甚至截然相反,也是可以理解的,尤其是在对之不了解的外族人眼中。中国人的记载,自是反映了汉族的价值取向。汉代刘熙的《释名》卷八《释丧制》集中记载了中国人的丧葬观念:

> 葬不如礼曰埋,埋痗也,趋使腐朽而已也。不得埋曰弃,谓弃之于野也。不得其尸曰捐,捐于他境也。⑰

唐玄宗朝官修的类书《初学记》加以引用,反映了这种观念的持久性:

> 礼记曰:葬也者藏也,藏也者欲人弗得见也。左传曰:天子七月而葬,同轨毕至,诸侯五月,同盟至,大夫三月,同位至,士逾月,外姻至。释名曰:藏不如礼曰埋,埋痗(趋使腐朽而已)也。不得埋曰弃。不得其尸曰捐(捐于他境)。⑱

由此可见,"弃尸"是尸得不到埋的野葬,在中国人的眼中是野蛮的陋俗。这种认识隔阂的情况并不少见,例如血缘群婚在琐罗亚斯德教中是功德和虔诚的善行,而史籍却载其为"诸夷之中最为丑秽"⑲。由此,专知野葬事务者被称为"不净人"也就很容易理解了。正如法国学者布尔努瓦指出:"祆教徒要将死尸陈设于塔顶上或山峰上,直到被野兽或肉食鸟类吞得只剩下一架残骨。在汉人看来,这种殡葬礼仪是特别令人憎恶的。汉人非常重视死者残骸的完整性,他们似乎是一直把祆教看做是一种外来宗教团体,是外族居民的一种'野蛮'的信仰,从来也未曾对汉人的思想产生过重要影响。"⑩

尽管古史对波斯不乏记载,但在古代信息传播的简陋条件下,时人对波斯的了解毕竟是很模糊的。《丹伽而特》和《萨珊法典》都记录了由于犯罪而被驱逐社区的人员,他们不得不于城外别居,并要从事许多低贱的职业⑪。外人不管亲历其境抑或辗转传闻,都很难对其达到全面而准确的认识,史籍免不了误记误释。通过对琐罗亚斯德教的教义及葬俗进行考察,我们认为"不净人"是该教的专职抬尸者,其被称为"不净人"只是反映了当时中国人的一种观念,而我们在辨别其社会属性时,必须考虑其独特的宗教内涵。同时,在辨别史籍的记载时,也要充分考虑教外人与教中人,族外人与族内人由于不同文化背景而可能产生的误解。

第三节　康国别院"令狗食人肉"辨

7 世纪初,隋炀帝派往西域的使者韦节,在《西蕃记》中记录了当时康国的葬俗,是有关粟特火祆教葬俗的珍贵记载,801 年成书的杜佑《通典》加以引录:

> 国城外别有二百余户,专知丧事,别筑一院,院内养狗。每有人死,即往取尸,置此院内,令狗食之,肉尽收骸骨,埋殡无棺椁。⑫

《隋书·西域传》记载:"炀帝时,遣侍御史韦节、司隶从事杜行满使于西蕃诸国。"⑬关于韦节、杜行满西使,一说启程于大业元年(605年)。另说当在大业三年(607 年)之后。根据是司隶台始置于大业三年四月,故韦、杜西使应启程在此之后。而韦节进《西蕃记》的年代最早应在大业五年(609 年)⑭。

以往论者多认为康国"别院"所反映的葬俗,即史载波斯"弃尸于山"葬俗的翻版,而康国别院的丧事专业户则相当于波斯"不净人"。有学者进一步指出,流行中亚等地区的祆教习俗,更体现了原始祆教的规定与要求⑧。"《西蕃记》所述康国人的葬俗,显然应属于琐罗亚斯德教天葬的范畴;但与其说是近乎萨珊波斯人的做法,不如说更相似古麻葛僧的方式。这大概是由于中亚粟特人在阿契美尼时期就接受了琐罗亚斯德教僧侣的天葬方式,后来又并不像波斯那样,经历了强烈的希腊化,故保留了更多的原始成分。"⑨至于波斯古麻葛僧让野兽撕食尸体的做法,与康国别院养狗食尸的差别,林悟殊先生进一步指出:"康国人只是让专门豢养的狗食尸,而不让一般兽类参与。上揭康国人的葬俗,显然不是实行'犬视',而是'犬食'——让狗撕食死者的肉。如此作为,究竟把狗作何功能解释,这尚有待探讨。"⑩上文我们已经从教义和教史两方面否定了古波斯琐罗亚斯德教葬俗有意让狗食尸的可能性,因此对康国别院"令狗食人肉尽"的葬俗,似不必溯源于阿契美尼波斯琐罗亚斯德教天葬的习俗。

琐罗亚斯德教曾在九姓胡,即粟特人中广为流行,早已被大量考古发现和文献资料证明。既然我们已经排除了阿契美尼时期波斯琐罗亚斯德教有意让狗食尸的葬俗,则粟特祆教也不应该有这种葬俗。而且阿契美尼时期让狗等鸟兽撕食尸体,乃采用"弃尸于山"的方法,如果康国葬俗是继承这一传统,则不应该有这种专门建筑的别院。因此可以说,康国葬俗与同一时期波斯葬俗存在着某种联系。这一情况符合当时粟特与波斯的文化关系,虽然粟特地区并未在萨珊波斯版图之内,但两者的文化联系并未隔断。即便在中亚伊斯兰化初期,粟特火祆教和波斯琐罗亚斯德教的联系还是有史可循的。大约830年,粟特的中心地区,即康国撒马尔干的琐罗亚斯德教徒,曾向波斯的宗教领袖法罗赫扎丹询问,当旧达克玛已损坏,新达克玛(dakhma,石制表面的塔,用来曝尸)建好后,应该如何举行仪式。法罗赫扎丹在回信中说道:"新达克玛完工后,如果有人死去,就在达克玛的角落里摆放一些石块,举行正确的仪式,然后把尸体放在上面。"⑧既然萨珊波斯时期的琐罗亚斯德教丧葬已排除野兽参与,而此时康国又有向波斯总教受法之事,那么康国别院之狗亦不应负责"食人肉"。

前引琐罗亚斯德教经典《辟邪经》第六章第五节,训示琐罗亚斯德教徒要把死者放在鸟兽出没的山顶上,让狗噬鸟啄⑧。然而,该经第五章第三至四节的记载却与之矛盾:"要把死尸放在达克玛上,让死者的眼睛朝向太阳;尸体在达克玛上被风吹雨淋,冲洗干净。"⑩第六章第五节也训示教徒:"立一建筑物,安放尸骨,避开野兽,并不让雨水积聚。"⑪《辟邪经》编纂于帕提亚时期,萨珊王朝又重加修订。因此,这些与希罗多德时代明显不同的内容当是反映萨珊时期的风俗。我们认为,上引的康国别院与萨珊王朝的这种安放尸骨的建筑物,即与达克玛类似。

对于萨珊波斯达克玛的具体结构、形状,可从有关印度琐罗亚斯德教徒,即帕尔西人葬俗的记述中得到启发。1350年,欧洲基督教旅行家约达那斯(Jordanus),在印度的马拉巴尔(Malabar)海岸见到了当地的帕尔西人,把自己人的死尸"扔到一种无顶盖的塔中间,完全暴露给苍鹰"⑫。19世纪学者们在印度帕尔西人住所看到的达克玛,是一种圆形建筑,其二十英尺高的围墙,也排除了野兽进入的可能性:

> 里边有一个圆坑,周围环铺石头,深为六英尺,宽为七英尺,死尸便放在里面。四周还砌有石墙,约二十英尺高;墙侧有一小门,供运进死尸用。整座建筑物都是石砌的。⑬

对帕尔西人的墓葬,晚清到过印度的人士也根据自身的耳闻目睹而有所记录。光绪辛巳年(1881年),马建忠奉派访办鸦片事件,在其《南行记》中记述了孟买近郊所见的帕尔西人的安息塔:

> 冈阴有一圆塔,塔顶平台,则包社人死后陈尸之所。按包社人敬日月星,大蕃军谋回祖东侵包社,强其民人服教。其民人多有逃至印度者。千二百年,弃尸鸟食之俗未能替革。⑭

此处的包社谓帕尔西人或波斯。题为阙名著的《游历笔记》，所记墓葬见于"傍倍"（孟买）：

> 波斯义冢，以砖石砌成大围，中有铁栅分格，每栅置一尸，一任群鸟啄食，俟血肉尽，其骨即由铁栅落下，亦恶俗也。[95]

20世纪七八十年代，瑞典学者在印度帕尔西人聚居的纳夫萨里（Navsari）考察，发现当地有五座达克玛；从发表的照片看，其形状与上一世纪学者的记述大体相同[96]。对于这种达克玛，前苏联宗教学者也有较具体的描述：

> 顶层呈凹状，四周有台阶，中央为井穴；塔顶分三层以放置尸体（外层置男尸，中层置女尸，内层置童尸）。有专营此事者，将尸体移于其上，均赤身露体，任鹰隼啄尽尸肉，骨殖则投入井穴。[97]

上引资料表明帕尔西人的尸葬排除了野兽的撕食。同样的葬俗亦见于现代伊朗琐罗亚斯德教徒中。18世纪欧洲学者在伊朗的伊斯法罕（Isfahan）所看到的琐罗亚斯德教徒的达克玛，乃是一种建于城外偏僻地区的圆塔，也是以石头砌成的，高达25英尺，直径则为90英尺[98]。现代伊朗的亚兹德（Yazd）也有两座琐罗亚斯德教徒使用的达克玛。一座建于1863年，得力于帕尔西代理人的帮助；另一座则是晚近兴建，于1963年始投入使用。据说后者是按中古《里瓦雅特》（Rivayats）书信集记述的模式建造的，其基本结构都与印度帕尔西人的达克玛类似，都有围墙[99]。两者葬俗的相似表明，达克玛应是帕尔西人迁往印度之前，即萨珊时期波斯琐罗亚斯德教的传统[100]。

从这些描述中可以看出，达克玛是专门用来处理尸体的建筑物，排除了野兽撕食尸体，当然也就不可能让狗参与。我们分析了此时康国祆教与波斯琐罗亚斯德教之间的组织联系，而且前者还专门就丧葬仪式上的一些问题向后者进行请教，由此可以断定康国别院极有可能就是这种达克玛类型的建筑；若果真如此，则更排除了让狗食尸的可能。然而，对《西蕃记》记载"令狗食人肉尽"的原因，我们应做何解释呢？我们知道琐罗亚斯德教徒的宗教仪式具有很强的隐秘性，外人很难得窥其详。虽然韦节曾经出使"西蕃"，但他很可能对康国葬俗无法亲眼目睹，而只能依靠道听途说的资料记录下来。就如同上文分析的波斯本土琐罗亚斯德教丧葬仪式那样，康国别院的丧事专业户在院内养狗，只是为了举行类似的"犬视"仪式。况且，此处所言康国以狗食尸的做法，未见于其他汉文献，"与康国同处粟特地区的其他粟特城邦，即史书所谓昭武九姓，是否也都有这种让狗食尸的做法，尚无从确定；推想如果粟特各国都普遍如此，则文献的记载应不止于《西蕃记》一书耳"[⑩]，更反证了康国本无"让狗食尸"的丧葬习俗，只是中文史家的误会而已。就《西蕃记》的记载，20世纪初，法国汉学家沙畹曾向西方学界译介[⑫]，但时至今日，西方研究琐罗亚斯德教史的学者并不能确认此段记载的真实性[⑬]。

有关祆教葬俗在唐代社会的遗存，早已引起学界注意。早年岑仲勉教授曾力图证明唐代太原黄坑的祆教属性[⑭]，事见《旧唐书·李暠传》记载："太原旧俗，有僧徒以习禅为业，及死不殓，但以尸送近郊以饲鸟兽。如是积年，土人号其地为'黄坑'，侧有饿狗千数，食死人肉，因侵害幼弱，远近患之，前后官吏不能禁止。暠到官，申明礼宪，期不再犯，发兵捕杀群狗，其风遂革。"[⑮]蔡鸿生教授已力证太原黄坑是天竺古法"尸陁林"而非祆教葬俗[⑯]。通过上文对波斯和粟特祆教葬俗的考察，我们益可确定唐代"黄坑"的宗教属性与祆教无涉。考学界将其与祆教挂钩不外是"以尸送近郊以饲鸟兽"，"侧有饿狗千数，食死人肉"两大特征，而我们已经分析了波斯、粟特祆教并无以狗食尸的传统，则太原黄坑就不必依饿狗食尸而定其祆教内涵。

至于《西蕃记》所载"收骸骨埋殡，无棺椁"的葬俗，可从现代粟特地区的考古发现得到证实。从1908年起，比雅—乃蛮（Biya-

Naiman，撒马尔干与布哈拉之间的一个小村庄）发现的纳骨瓮就引起了学者们极大的兴趣[⑩]。法国学者葛乐耐（F. Grenet）利用最近几十年出版的俄文文献以及他自己的研究成果，说明中亚北部地区——粟特和花剌子模——6 到 7 世纪纳骨瓮上反映的马兹达教礼拜的场面、六个阿梅沙·斯潘塔（Amesha Spentas，超凡圣神）的形象，甚至灵魂受审判的场面，与帕拉维文文献的信条相符[⑩]。近年来，俄国学者马尔沙克（B. I. Marshak）[⑩]、普加琴科娃（G. A. Pugachenkova）[⑩]、帕夫琴斯凯娅（Pavchinskaia）[⑩]等也对纳骨瓮进行了专门讨论，他们就纳骨瓮的分布、形制、装饰类型和内容等做了分析，认为骨瓮浮雕的内涵与当地的琐罗亚斯德教教义和仪式有关，纳骨瓮上的浮雕场景，有点燃圣火、哀悼死者、礼仪中的舞蹈形象，王者娱情乐舞的形象，以及神圣的诸神、死者灵魂（fravashis）四臂神像及守护者等形象。学界的研究表明使用纳骨瓮是中亚火祆教与萨珊波斯琐罗亚斯德教的一大区别，这种礼俗的形成，是东伊朗部落两大葬仪，即天葬与火葬合流的结果[⑩]。蔡鸿生先生又提示近年俄国学者已用大量的考古资料确证了巴托里德的这一说法，甚至根据遗骨复原了已故琐罗亚斯德教教徒的面貌[⑬]。若学者们的研究得实，则更提示我们应特别注意中亚祆教与波斯琐罗亚斯德教在葬俗方面的区别。

论者多引用《隋书》卷八十三《石国传》的记载，认为石国葬俗亦具有祆教内涵：

> 石国，居于药杀水，都城方十余里。其王姓石，名涅。国城之东南立屋，置座于中，正月六日、七月十五日以王父母烧余之骨，金瓮盛之，置于床上，巡绕而行，散以花香杂果，王率臣下设祭焉。礼终，王与夫人出就别帐，臣下以次列坐，享宴而罢。有粟麦，多良马。其俗善战，曾贰于突厥，射匮可汗兴兵灭之，令特勤甸职摄其国事。[⑭]

仔细考察这段记载，其中"烧余之骨"及"巡绕而行，散以花香杂果"

的葬俗,并非像有的学者指出那样,"虽具有某些佛教因素,但其主体依然体现出祆教特点"[⑭]。林悟殊先生已经从火葬的角度,否认了石国葬俗的祆教属性[⑮],不赘。

上文我们对汉文史籍记载的古波斯琐罗亚斯德教与粟特祆教葬俗,尽管两者在具体方式上有所不同,如前者采取比较正统的天葬,后者则使用纳骨瓮收藏骸骨。但是两者的葬式与古代中国的尸葬观念显然是矛盾的。

第四节　胡裔墓葬与入华祆教葬俗

1999 年太原隋代虞弘墓和 2000 年西安北周安伽墓的发掘,引起学界对其及相关具有古代中亚文化内涵的一批文物进行了热烈讨论。2003 年西安史君墓及 2004 年康业墓的发掘,则进一步激发了学界的兴趣。就该等文物所保存的图像内容,学界从祆教文化的角度多有考释,尤其是对祆教神祇的比定,对祀祆和赛祆场景的重构,对图像内容所蕴涵的宗教义理等方面内容都进行了不同程度的阐发。但就其葬式的定性,不乏模糊之处。在正式讨论之前,有必要回顾一下古代中国的丧葬观念。

一　"弃尸于山"与"入土为安"

我们考察古代中国的丧葬史,类似祆教的葬俗是很难实行的。尽管在原始社会早期,人类也采用弃尸的方法,"上世尝有不葬其亲者,其亲死,则举而委之于壑"[⑯]。然而随着社会的发展,人们逐渐采用棺椁等葬具盛殓尸体。直接装殓尸体的叫"棺",俗称棺材;围在棺外的葬具称作"椁",所谓"葬有木椁"也。周代逐渐形成了完备的棺椁制度。周人隆礼,颇重葬仪,对不同死者所用棺椁的数量、质地、装饰等,有许多繁缛的等级规定。一直到汉代基本上还沿袭着周以来的棺椁制度。但是随着拱券式砖室墓的兴起,历经魏晋到唐宋到明清,在汉民族中占着主导地位的是砖室墓加木棺⑪。当然,在中国古代也有水葬、天葬、树葬、悬棺葬等不同的葬法,但这些葬法多在周边少数民族中实行,在中国历史上最为常见、最为悠久的乃是土葬⑱。这与中国古代传统的伦理道德密不可分。在中国,儒家历来在丧葬上强调"入土为安",注重尸体的保护,把"慎护"先人发肤作为自己"扬名后世"的孝举。《礼记·祭义》载:"宰我曰:'吾闻鬼神之名,不知其所谓。'子曰:'气也者,神之盛也。魄也者,鬼之盛也。合鬼与神,教之至也。'众生必死,死必归土,此之谓鬼。骨肉毙于下,阴为野土。其气发扬于上,为昭明……圣人以是为未足也,筑为宫室,设为宗、祧,以别亲疏远迩,教民反古复始,不忘其所由生也。众之服自此,故听且速也。"⑲这种"死后归土"的儒家丧葬观,在佛教未传入中国以前,一直左右着中国丧葬民俗的导向。虽然自从佛教传入中国,并在民间广为流传以后,这种传统的儒家丧葬观念和葬式遭到了强有力的冲击,但土葬仍是占主导地位的丧葬模式。例如到了唐代,官府仍然主张埋葬。天宝元年(742年)三月甲寅,令葬埋暴骨诏:

> 移风易俗,王化之大猷;掩骼埋胔,时令之通典。如闻江左百姓之间,或家遭疾疫,因而致死,皆弃之中野,无复安葬。情理都阙,一至于斯。习以为常,乃成其弊。自今已后,宜委郡县长吏严加诫约,俾其知禁,勿使更然。其先未葬者,即勒本家收葬。如或无亲族,及行客身亡者,仰所在村邻,相共埋瘗,无使暴露,庶叶礼经。诸道有此同者,亦宜准此。⑳

再如上引太原"黄坑"事件的出现:"太原旧俗,有僧徒以习禅为业,及死不殓,但以尸送近郊以饲鸟兽。如是积年,土人号其地为'黄坑',侧有饿狗千数,食死人肉,因侵害幼弱,远近患之,前后官吏不能禁止。蒿到官,申明礼宪,期不再犯,发兵捕杀群狗,其风遂革。"㉑除了千数的饿狗令远近患之之外,"及死不殓,但以尸送近郊以饲鸟兽"也有损社会风俗,所以太原尹李蒿到任后,采取措施加以取缔,"其风遂革",这是符合当时社会风俗的。

　　到了宋代，火葬之风渐盛，"贫下之家，送终之具，唯务从简，是以从来率以火化为便，相习成风，势难遽革"⑫。宋人胡寅说："自佛法入中国，以死生转化恐动世俗，千余年间，特立不惑者，不过数人而已。"⑬尽管与土葬、野葬相比，"火化为便"，具有贫下之家可以"相习成风"的经济生活土壤，但是正统的士大夫仍是对这一异于传统葬俗的火葬给予了严厉的批评。著名理学家程颐指出："古人之法，必犯大恶则焚其尸。今风俗之弊，遂以为礼，虽孝子慈孙，亦不以为异。更是公方明立条贯，元不为禁：如言军人出戍，许令烧焚，将骨殖归；又言郊坛须三里外方得烧人，则是别有焚尸之法。此事只是习惯，便不以为事。今有狂夫醉人，妄以其先人棺椁一弹，则便以为深仇巨怨，及亲拽其亲而纳之火中，则略不以为怪，可不哀哉！"⑭北宋著名政治家王安石说："父母死，则燔而捐之水中，其不可，明也；禁使葬之，其不可，亦明也。然而吏相与非之乎上，民相与怪之乎下，盖其习之久也，则至于戕贼父母而无以为不可，顾曰禁之不可也。呜呼！吾是以见先王之道难行也。"⑮一些封建士大夫纷纷斥责火葬为"不孝之大者"、"伤风败俗，莫此为甚"、"惨虐之极，无复人道"等。他们还企图用自己的行为来扭转这一风气，王十朋"遗戒丧事毋得用佛老教"⑰；黄仲玉临卒前，呼其子说："我死，谨毋用浮图法，不然，是使我不得正其终也。"⑱上引胡寅"甲寅岁，寅因遍观大乘诸经及《传灯录》，究佛氏所论，遂有所见，著《崇正论》一编，数万言。君每问大略，辄怡然会心，相约以死日不用浮屠氏法。及将死前二日，犹为叔氏宏诵之，卒践其言"⑲。当然，持反对观点者并没有起到多大作用，宋代以后火葬盛行。然而，类似野葬的"薄俗"，在宋代仍遭到官府的镇压：

　　　　范忠宣公帅太原，河东地狭，民惜地不葬其亲，公俾僚属收无主烬骨，别男女，异穴以葬；又檄诸郡做此，不可以万数计。仍自作记，凡数百言，曲折致意，规变薄俗。时元祐六年也。淳熙间，臣僚亦尝建议：柩寄僧寺岁久无主者，官为掩瘗。

行之不力,今柩寄僧寺者固自若也。⑩

以上事例无非说明,迟至有唐一代,社会上占主导地位的殡葬方式依然是土葬,在这一传统社会背景下,入华的祆教徒想要忠实地保存本教天葬的传统殡葬方式,可谓难上加难了。因为两者的文化背景截然不同。祆教之所以实行天葬,与其有关死亡的独特教义密不可分。根据该教律法,把死尸埋于地下,就会使土地不洁,乃是一种弥天大罪。《辟邪经》第三章第三到第四节,规定如果有人把狗或人的尸体埋于地里,半年不挖出者,罚抽一千鞭;一年不挖出者,抽二千鞭;二年不挖出者,其罪过无可补偿⑪。因此实行天葬乃为遵守本教律法,与中国传统的丧葬观念显然是矛盾的。本节即试图在这一历史背景下讨论北朝隋唐胡裔墓葬的宗教属性。当然,由于宋代中国的祆教已完全民俗化,不存在什么严格意义的祆教信徒,因此就无从讨论其葬俗如何了。

二 北朝隋胡裔墓葬的石棺与石床

就虞弘、安伽、史君与康业墓的性质,学界多将这些胡裔墓葬定性为祆教属性⑫。其中一个重要原因是该等墓葬皆使用石葬具。荣新江先生指出:"从具有明确纪年的石棺床墓来看,这种墓葬的年代集中在北朝末年,这时入华粟特人已经在中国本土生活了很长时间,开始采用中原地区的土洞墓室的丧葬形式。但是,这些石棺床墓和同时期中原汉式墓葬又有差别,即墓室中没有见到棺椁,只有石棺床,大多数由床座、床板和屏风组成。其中,安伽墓的墓主人遗骨是放在甬道中的,甬道内经过火焚,而墓室内只有一座石棺床(《简报》称作'围屏石榻')。这种葬式既不是中国传统的做法,也不是粟特本土的形式,应当是入华粟特人糅合中原土洞墓结构、汉式石棺以及粟特浮雕骨瓮的结果。"⑬张庆捷认为:"初步推测,一是入华粟特人的葬俗,随着大环境的改变而不得不发生变化;二是不论石椁也好,石榻也好,都是石质葬具,这些石质葬具,比木葬具更接近于他们传统的盛骨瓮葬具,在木葬具与石葬具之间选择,自然选取了与盛骨瓮相对更接近的石葬具。"⑬

就北朝至隋唐从西域来华民族人士的墓葬,杨泓先生指出:"不论所葬死者原来的民族为何,不论是来自突厥,还是'昭武九姓'中的康国、安国、史国,或是还不知其处的'鱼国',所有的墓葬形制均是北朝至唐时中国的典型样式,主要是前设带有天井和过洞的长斜坡墓道,设有石门的甬道,基本是方形的砖筑和土洞墓室……在墓葬最重要的墓葬形制方面,丝毫看不到这些来自西域的不同古代民族的死者,在构筑墓葬时显示出表明族属特征的任何暗示。"就该等墓葬的葬具,杨先生进而指出:"带围屏石床和殿堂形石棺,都属中国传统葬具……上列西域来华人士的葬具形制,一概为中国传统的葬具,无任何域外色彩。"⑮

的确,采用石葬具是传统的汉式葬俗。托名晋葛洪撰的《西京杂记》卷六略云:

> 魏襄王冢,皆以文石为椁,高八尺许,广狭容四十人。以手扪椁,滑液如新。中有石床、石屏风,宛然周正。不见棺柩明器踪迹,但床上有玉唾壶一枚、铜剑二枚。金玉杂具,皆如新物,王取服之。

> 魏王子且渠冢,甚浅狭,无棺柩,但有石床,广六尺,长一丈,石屏风,床下悉是云母。床上两尸,一男一女,皆年二十许,俱东首,裸卧无衣衾,肌肤颜色如生人,鬓发齿爪亦如生人。王畏惧之,不敢侵近,还拥闭如旧焉。⑯

另外,《朱子语类》记载齐萧子良死后亦置尸于石床之上:

> 齐萧子良死,不用棺,置于石床之上。唐时子良几世孙萧隐士过一洲,见数人云:"此人似萧王。"隐士讶之。到一郡,遂见解几人劫墓贼来,乃洲上之人。隐士说与官令勘之,乃曾开萧王冢来。云:"王卧石床上,俨然如生。"⑰

今四川已经发现东汉以来仿木结构建筑的石棺⑱。至晚在北魏太

和元年(477年)的宋绍祖墓,这种仿木结构建筑的石椁已经形制具
备⑬。巫鸿先生曾对北魏以来仿木结构建筑石椁出现的意义和演
变做过专门探讨,认为南北朝时期,石葬具并非当时汉地葬俗的主
流⑭。到了北朝时期使用石椁的墓葬多采用木棺。大同南部智家
堡村发现四座"石椁墓"。其中一座年代定为太和八年(484年)到
十三年(489年)之间。石椁比宋绍祖墓石椁形制简单。该石椁内
壁下部没有装饰;甚至后壁以朱砂绘制的外框也停止在距离底部
约30厘米处。这说明石椁内原设有像宋绍祖石椁中那样高起的
棺床或榻。但此处的棺床应为木制,现已全部腐朽⑭。现藏美国波
士顿美术馆的宁懋石椁,长2、高1.38、进深0.97米,体量与智家堡
石椁相当。石椁内壁下部没有装饰,巫鸿先生根据新的考古发现,
特别是智家堡石椁的材料,推测石椁内原应有一高起的木构棺
床⑭。西安郭家滩隋姬威墓石棺床,1957年发现,床上有木棺,床
前有蹲狮。无屏风⑭。然而有关虞弘墓等胡裔墓葬的考古记录并
未见有木棺的痕迹。

　　1999年在山西省太原市晋源区王郭村发现的隋虞弘墓,葬具
为一汉白玉石椁,安放在墓室中部偏北之处。考古报告记录道:
"清理椁内淤土和墓室淤土时,未见木质棺痕遗迹和任何木器遗
痕。人骨散见于椁内、墓室和椁座盖板下,多已朽毁破碎,早已不
全,且被严重扰乱……由于整个墓室中只见人骨,未见木质棺痕,
因此难以确定是否曾用木质棺。而且该石棺形制特殊,椁座较高,
椁座盖板均为汉白玉石板,形成一个平滑的台面。因此也有可能
墓主人夫妇尸体系直接安放在平台之上。"⑭

　　2000年于西安北郊龙首原发掘了北周安伽墓,墓门门额刻绘
祭火图像,两端还有墓主夫妇礼拜火坛的情景。就安伽的葬式,正
式的考古报告解释道:

　　　　安伽墓中几乎唯一的随葬品围屏石榻占据墓室的醒目位
　　置,但墓主人的骨殖却没有摆放在上面。我们发现,画面中类

似的石榻都是坐具而非卧具，墓主人骨殖又位于甬道，说明围屏石榻不是作为葬具使用的。通过以上分析，可以看到，安伽墓所代表的葬俗，既采用了汉人的墓葬形制、用汉族官吏墓葬常用的石门、陪葬壁画、墓志等，又尊崇了祆教徒固有的对遗体进行处理、将剩余之骨埋殡的习惯，应该代表了一种中土化的信仰祆教的粟特贵族的独特葬俗。⑯

林悟殊先生曾质疑报告的记载，认为安伽尸骨应置于石榻之上⑯。

2003 年 6 月，西安未央区大明宫乡井上村东出土的北周史君墓。"墓室中部偏北出土一仿中国传统木构房屋式建筑的石葬具，上面的汉文题铭自名为'石堂'。石堂为歇山顶殿堂式样，坐北朝南，面阔五间，进深三间。东西长 2.5、南北宽 1.55、通高 1.58 米。在石堂南壁门楣上，有粟特文和汉文题铭。石堂内出土石榻一个，长 2、宽 0.93、高 0.21 米。""在第 5 天井北侧发现盗洞一处。由于墓室已被严重盗扰，骨架散乱于石堂内外。经初步鉴定，出土的骨架有人骨和兽骨，人骨分属两个个体，其中一具为男性，另一具为女性。从出土的骨架看，未发现火烧的痕迹。"⑭从发掘简报的记载来看，无法得知史君墓尸骨的摆放方式；但简报未称有发现木质棺痕遗迹，则可能史君夫妇的尸骨是直接置于石榻之上。

2004 年 4 月，在南距上揭安伽墓仅 150 米处又发现了康业墓，"墓葬形制为斜坡墓道穹隆顶土洞墓，全墓由墓道、甬道和墓室 3 部分组成"，"出土一完整围屏石榻，线刻精美，内容丰富"；"围屏石榻位于墓室北侧中部，紧靠北壁，东西方向，由围屏、榻板和榻腿构成。"有"骨架一具，置于榻上，保存完好，头向西，面向上，仰身直肢，骨架之上有数层丝绸痕迹"⑱。

有关康业墓的葬式，林悟殊先生认为如果硬要在康业葬式上找到琐罗亚斯德教的遗痕的话，恐怕只有死尸置于石榻这一点。但就这一做法是有意识遵守宗教的戒律，抑或是循一般胡俗，则并不确定⑭。尽管就该等墓中使用石葬具究竟是入华粟特后裔在遵守袄教不让死尸污染土地的前提下，适应中土环境的权宜之计，抑或只是出于尊重死者生前生活习惯，让死者像生前那样，以石榻为床，尚难遽断。但考虑到这些墓葬直接使用石椁或石棺床而非木棺陈尸，特别是联系到安伽等人曾担任萨宝的事实，我们便不能完全排除他们葬俗的袄教属性。由于目前的考古资料并不系统，发表正式考古报告的只有安伽墓和虞弘墓，且他们的来源及入华时间与境况都不相同，因此很难对其宗教信仰做统一概括。目前比较保守的看法似乎是他们采用了汉地固有的使用石葬具的风俗，但是与同期同类墓葬不同，将尸体直接置于石上，这一点倒与袄教教义暗合，缘因大地乃是善的造物，不能受到尸体的污染⑧。无论如何，其与波斯和中亚本土的袄教葬俗都存在着不同，这一差异应与中古袄教乃粟特袄教"辗转间接"传播而来，而非波斯本原直接导入有关，如何对这种间接传播的利弊做出更精微的文化分析，尚待资料的进一步发现和认识的进一步提高。

三　唐代袄教葬俗蠡测

从 1982 年至 1995 年，在距固原西南 5 公里的羊坊村、小马庄村、王涝壩村发掘出隋墓一座、唐墓八座。其中属羊坊村四座、小马庄村三座、王涝壩村两座。七座出土有墓志铭，除一座为梁元珍墓外，其余六座均为史姓墓。根据墓志记载可知，此史姓即是北朝以来由乌兹别克沙赫里夏勃兹地区东迁，后定居于原州（今宁夏固原）的"昭武九姓"中的史国人。墓葬都坐北朝南，每座墓葬之间距离数百米不等，从东向西呈一字形排列，依次为史索岩墓、史铁棒墓、87M1 墓、史诃耽墓、史道洛墓、史射勿墓、史道德墓、82M2 墓。仅就有墓志出土的六座史姓墓分析，史射勿墓、史诃耽墓、史道洛墓、史铁棒墓之间是互为子孙的关系，而史索岩和史道德之间则为叔侄关系。但根据墓志所显示出的史姓谱系，两支史氏并不属于同一史姓，却同葬一处墓地，很可能是在某种密切认同关系之下聚族而葬的⑬。从史射勿一家几任萨宝来看，不排除他们世奉祆教的可能性⑬。

史氏墓室分为砖室墓和土洞墓两类。史诃耽墓为砖室墓，规模较大，营造较为考究，有石门、石棺床等。其余五座为土洞墓，其中仅史索岩墓有石门。一些学者大量分析石棺床使用者的身份，认为石棺床的使用是特殊的荣誉，而使用石门的亦为三品以上的贵族和官吏。史射勿墓、史索岩墓、史铁棒墓的棺床乃生土或砖砌成，且前两座墓的棺床有棺木痕迹，是典型的汉地风俗。只有史诃耽墓的棺床以石制成，且未见有发现棺木的记载。史射勿墓志记载：

> 公讳射勿，字槃陀。平凉平高县人也，其先出自西国。曾祖妙尼，祖波波匿，并仕本国，俱为萨宝。父认愁，蹉跎年发，舛此宦途……世子诃耽、次长乐、次安乐，朝请大夫，次大兴、次胡郎、次道乐、次拒达，并有孝性，俱能追远……⑬

射勿世子诃耽夫妻的墓志记载：

> 君讳诃耽，字说，原州平高县人，史国王之苗裔也。若夫，奕奕崇基，分轩丘而吐胄；悠悠远派，掩妫水而疏疆……曾祖尼，魏摩诃大萨宝、张掖县令。祖思，周京师萨宝、酒泉县令。父槃陀，隋左领军、骠骑将军……君濯质五材，资神六气……隋开皇中，释褐平原郡中正……高祖太武皇帝，建旗晋水，鞠旅秦川，三灵之命有归，万叶之基爰肇。君遂间行险阻，献款宸极。义宁元年，拜上骑都尉，授朝请大夫，并赐名马杂缣，特敕北门供奉进马。武德九年，以公明敏六闲，别敕授左二监……⑭

学界一般认为诃耽之曾祖尼，即射勿之祖波波匿，"尼同匿是译法用字不固定所致，隋唐间碑志中常有双名单称之惯例，此为多名单省称"⑮。若果真如此，根据墓志诃耽曾祖尼，官至魏摩诃大萨宝、张掖县令，则射勿"曾祖妙尼，祖波波匿，并仕本国，俱为萨宝"一句中之"本国"应理解为中国的北魏,史氏家族迁居平凉则至迟当在5世纪末6世纪初时⑰。到了隋唐之际,史氏家族入华百年,在葬俗上采用汉地风俗是可以理解的,而诃耽"义宁元年,拜上骑都尉,授朝请大夫,并赐名马杂綵,特敕北门供奉进马。武德九年,以公明敏六闲,别敕授左二监"。不再担任胡人聚落内部的首领萨宝。由于诃耽生前享有高官,故在墓室的营造上较他人考究。

北朝诸墓葬主人是生活在粟特聚落之中,其入华未久,更易保持本民族传统。而固原史氏虽然聚族而葬,但很难说其生活在粟特聚落之中。故其墓葬更接近于汉地风俗。这一差异符合粟特聚落东迁的历史进程,越是时代较早、入华未久者,越容易保持本族传统。这种情况也与北朝隋唐时期的社会历史环境密不可分。处于分裂状态的北朝时期,尽管北魏孝文帝实行汉化措施,但并未形成统一的礼制。北朝末年北部地区仍然发生了旨在强化胡族风气的行为:

> 故自宣武以后,洛阳之汉化愈深,而腐化乃愈甚,其同时之代北六镇保守胡化亦愈固,即反抗洛阳之汉化腐化力因随之而益强,故魏末六镇之乱,虽有诸原因,如饥馑虐政及府户待遇不平之类,然间接促成武泰元年四月十三日尔朱荣河阴之大屠杀实胡族对汉化政策有意无意中之一大表示,非仅尔朱荣、费穆等一时之权略所致也。其后高欢得六镇流民之大部,贺拔岳、宇文泰得其少数,东西两国俱以六镇流民创业,初自表面观察,可谓魏孝文迁都洛阳以后之汉化政策遭一大打击,而逆转为胡化,诚北朝政治社会之一大变也。⑱

《隋书》卷七《礼仪志二》也多有记载北朝事胡天之风盛行的情况:

> 后齐,正月晦日,中书舍人奏被除。年暮上台,东宫奏择吉日诣殿堂,贵臣与师行事所须,皆移尚书省备设云。

> 后主末年,祭非其鬼,至于躬自鼓舞,以事胡天。邺中遂多淫祀,兹风至今不绝。后周欲招来西域,又有拜胡天制,皇

帝亲焉。其仪并从夷俗,淫僻不可纪也。⑮

公元 581 年,隋文帝即位后,即大规模制礼,开皇初,成"《隋朝仪
礼》一百卷,牛弘撰"⑲,"(开皇)五年(585 年)春正月戊辰,诏行新
礼"⑯。隋文帝统一中国后,"隋氏平陈,寰区一统,文帝命太常卿牛
弘集南北仪注,定《五礼》一百三十篇。炀帝在广陵,亦聚学徒,修
《江都集礼》。由是周、汉之制,仅有遗风"⑯。通过这几次制礼活
动,隋朝对西晋以后撰作的"五礼"做了一次系统的总结,它顺应了
新的统一格局出现之后的现实需要⑯。唐礼袭用隋礼,并经过几次
修订,见于《新唐书》——礼乐志:

> 唐初,即用隋礼,至太宗时,中书令房玄龄、秘书监魏徵,
> 与礼官、学士等因隋之礼,增以天子上陵、朝庙、养老、大射、讲
> 武、读时令、纳皇后、皇太子入学、太常行陵、合朔、陈兵太社
> 等,为《吉礼》六十一篇,《宾礼》四篇,《军礼》二十篇,《嘉礼》四
> 十二篇,《凶礼》十一篇,是为《贞观礼》。

> 高宗又诏太尉长孙无忌……等增之为一百三十卷,是为
> 《显庆礼》。

> (玄宗开元)十四年,通事舍人王岩上疏,请删去《礼记》旧
> 文而益以今事,诏付集贤院议。学士张说以为《礼记》不刊之
> 书,去圣久远,不可改易,而唐《贞观》《显庆礼》,仪注前后不
> 同,宜加折衷,以为唐礼。乃诏集贤院学士右散骑常侍徐坚、
> 左拾遗李锐及太常博士施敬本撰述,历年未就而锐卒,萧嵩代
> 锐为学士,奏起居舍人王仲丘撰定,为一百五十卷,是为《大唐
> 开元礼》。由是,唐之五礼之文始备,而后世用之,虽时小有损
> 益,不能过也。⑯

到开元二十年(732 年),《大唐开元礼》修成,对此前的"五礼"制度
作了一次系统的总结,进而又奠定了以后中国王朝礼典的基本结
构,"唐之五礼之文始备,而后世用之,虽时小有损益,不能过也"。
在这种情况下,当时的胡裔墓葬恐不易像前朝先辈那样在葬俗上

更多保持本族传统。

根据《通典》卷八十五"棺椁制"条载："大唐制，诸葬不得以石为棺椁及石室。其棺椁皆不得雕镂彩画、施户牖栏槛，棺内又不得有金宝珠玉。"[164]唐代墓葬采用石棺椁及石室者，见于皇陵和一些贵族墓葬中，如唐太宗昭陵："宫室制度闳丽，不异人间，中为正寝，东西厢列石床，床上石函中为铁匣，悉藏前世图书。"[165]虞弘死后16年的李静训墓中使用了一具雕刻精美的房形石椁[166]。又过了22年，唐朝贵族李寿也被安葬在一具规模宏大的房形石椁中，这具石椁现存西安碑林博物馆[167]。齐东方先生认为，唐代凡出现石椁的墓多与"别敕葬者"的特礼埋葬有关[168]。巫鸿先生指出："这些唐代房形石椁的图像装饰中不再具有明显的粟特或祆教内容。"[169]上文论述的北朝隋诸胡裔墓葬中发现有石棺或石椁、石床，而隋唐时代固原史氏墓葬却几不见如此奢华的石葬具，证实了《通典》"棺椁"条所记属实。

1981年洛阳发现的安菩墓也遵守《通典》所载"诸葬不得以石为棺椁及石室"的规定。安菩墓为"单室土洞墓"，主要随葬品有三彩俑、金币、瓷器、铜器共129件。"墓室的东西两边各有一高0.35米的棺床。两棺床各一面靠墓壁，另三面以石条包边，内填活土，长2.4、宽1.3米左右。棺床上各置一棺，棺木已朽，仅见铁棺钉数枚。人架已朽成黄白色粉末，可辨其头向朝南。"[170]据赵振华、朱亮二氏撰《安菩墓志初探》，其志文即其子安金藏所撰，志云：

> 君讳菩字萨，其先安国大首领。破匈奴，衔帐百姓归中国。首领同京官五品，封定远将军，首领如故。曾祖讳钵达干，祖讳系利。[171]

则安氏原来自粟特之布哈拉，为安国大首领，后入附东突厥，得突厥式职官"达干"（tagan）。就安氏父子的宗教信仰，有学者认为其信奉祆教[172]。近日，蔡鸿生先生撰文，从人、事、例、证四个方面力证安金藏剖腹表忠一事定性为粟特人祆教信仰在唐代的文化遗迹是不能成立的。从而证明安氏家族进入六胡州时已经突厥化、汉化（通过其佛教信仰表现出来）了[⑩]。正因为其信奉汉地的佛教，因此安菩墓葬中虽有棺床，但却为土制，其棺亦为木棺。与前引安伽、虞弘等人墓葬采用石棺绝不相类，似可从两者宗教信仰之不同上寻找原因。

现在唯一可确认的入华祆教墓葬为上文已提及的晚唐苏谅妻马氏墓。然而，我们对其墓葬情况一无所知，根据当年的发掘简报："此处东边紧靠唐长安城外郭，位于汉长安城以南，附近建筑遗迹很多。在处理地基时发现有许多墓葬。这些墓葬均因出于文化层堆积中，墓坑既较浅，近代墓又多，所以这墓在发现时已被破坏，人骨以及其他出土物也被搅乱而不可知。发现墓志后，编为2号墓。"[⑬]张广达先生曾指出："苏谅妻马氏墓志内涵的丰富，使我们对原墓被毁，葬式不明至为惋惜。这位波斯少妇是按照怎样的习俗被送终的呢？她的遗骨是被送进了伊朗式的瘗甀，还是被纳入了瘗骨瓮，或是埋入了汉式坟墓？因为人们知道，以 daxmak 称祆教的天葬之地点，乃较晚时期的情况，astōdān 本义为墓，以 astōdān 指称瘗骨瓮（othotheca，ossuary），也是较晚时期的情况，可惜有关马氏葬仪这一切我们都已无从推测了。特别是在我们对于伊朗地区、花剌子模、粟特、七河流域的祆教信徒的不同葬式和类型有了一定了解的时候，这一链条独独缺少了东土环节而无法进行对比研究，更令人倍增遗憾。"[⑮]根据墓志，马氏逝于咸通十五年（874年），享年26岁，属晚唐时期[⑱]。我们考察了波斯和中亚地区的祆教葬俗，也考察了北朝隋唐时期若干胡裔墓葬的葬式，马氏生于晚唐时期，尽管她是虔诚的祆教徒，很可能在葬式上必须遵守汉地规定。至于其是否如同19世纪澳门和广州巴斯人墓地那样，用石棺盛尸体，以遵守本教教义，在葬式上却采用汉地的土葬[⑰]，唯有待资料的新发现始能做出分析。

本章对古代汉籍记载的波斯、粟特地区的祆教葬俗进行了考察。认为古代波斯"弃尸于山"的天葬习俗主要为琐罗亚斯德教的祭司和下层百姓所遵循，与传统中国"入土为安"的丧葬观念相矛盾。本章也考察了狗在琐罗亚斯德教中的地位和作用，认为史籍所记康国"狗食人肉"的风俗并不可信，无论波斯还是中亚地区，狗在该教葬俗中并不负责食尸肉，进而可以补充说明唐代太原"黄坑"并非祆教葬俗的遗存。立足于波斯琐罗亚斯德教与传统中国丧葬习俗的差异，并考察了粟特地区祆教葬俗的特色，更使我们明确在考察入华胡裔墓葬的宗教属性时必须考虑到文化传播的中间环节。安伽、康业以及史君等北周胡裔墓葬采用石棺或石床放置尸体的特征，极有可能是这些来自中亚的粟特后裔保持本民族传统的最后底线。文章也进一步考察了稍后隋唐固原地区的史氏墓葬特征，其葬式上汉化特征更为明显，符合文化传播随着时空变化而发生变异的规律。因此，本章结尾对晚唐祆教徒苏谅妻马氏葬式的推测，也正是基于这一前提。

---

① 举其要者如下：Mary Boyce, 'The Zoroastrian Funeral Rites', in Mary Boyce, *A History of Zoroastrianism*, Vol. Ⅰ, Leiden/Köln：E. J. Brill, 1975, pp. 325－330；Мейтарчиян М.，ПОГРЕБАЛЬНЫЕ ОБРЯДЫ ЗОРОАСТРИЙЦЕВ, Москва · спб, 2001. D. Huff, 'Archaeological Evidence of Zoroastrian Funerary Practices', Michael Stausberg ed.，*Zoroastrian rituals in context*, Leiden · Boston：Brill, 2004, pp. 593－630；荒木茂：《マヅダ教徒の埋葬に就いて》,《宗教研究》新第六卷第二号, 1929年, 131－140页；林悟殊：《火祆教的葬俗及其在古代中亚的遗痕》,《西北民族研究》1990年第1期, 今据修订本《中古琐罗亚斯德教葬俗及其在中亚的遗痕》, 见其著《波斯拜火教与古代中国》, 台北, 新文丰出版公司, 1995年, 85－104页；林悟殊：《西安北周安伽墓葬式的再思考》,《考古与文物》2005年第5期, 60－71页。

② 《周书》卷五十, 920页。

③ 余太山：《两汉魏晋南北朝正史西域传研究》, 北京, 中华书局, 2003年, 84－88页。

④ 《隋书》卷八十三, 1856页。

⑤ [唐]杜佑撰, 王文锦等点校：《通典》卷一九三, 北京, 中华书局, 1988年, 5270页。其中"理"字, 乃杜佑避讳高宗字"治"而改之, 见《通典》5292页注95。

⑥ Mary Boyce, *A History of Zoroastrianism*, Vol. Ⅰ, p. 113, n. 24.

⑦　George Rawlinson transl. , *The History of Herodotus* , *Great Books of The Western World* , Vol. 6, I. 140, The University of Chicago, 1952, p. 32;参阅王以铸译:《希罗多德历史》,北京,商务印书馆,1997 年,上册,72 页。

⑧　参阅林悟殊:《中古琐罗亚斯德教葬俗及其在中亚的遗痕》,见其著《波斯拜火教与古代中国》,87 页。

⑨　Mary Boyce & Frantz Grenet, *A History of Zoroastrianism* , Vol. Ⅲ, Leiden • New York • København • Köln: E. J. Brill, 1991, pp. 3 – 22.

⑩　[美]W. M. 麦高文著,章巽译:《中亚古国史》,北京,中华书局,2004 年,86 页。

⑪　林悟殊:《中古琐罗亚斯德教葬俗及其在中亚的遗痕》,见其著《波斯拜火教与古代中国》,88 页。

⑫　J. Darmesteter transl. , *The Zend-Avesta* , Part I, *The Vendīdād* , in F. Max Müller ed. , *SBE* , Vol. IV, Oxford University Press, 1887, repr. Motilal Banarsidass, 1965, 1969, 1974, 1980, pp. 31 – 32.

⑬　Ehsan Yarshater ed. , *The Cambridge History of Iran* , Vol. 3(2), Cambridge: Cambridge University Press, 1983, p. 1159.

⑭　Ehsan Yarshater ed. , *The Cambridge History of Iran* , Vol. 3(2), pp. 819 – 1024.

⑮　Mary Boyce, *Zoroastrians: Their Religious Beliefs and Practices* , London etc. , Routledge and Kegan Paul, 1979, repr. 1984(with 2 pp. insertion 'Additions and corrections'), 1998(3rd revised reprint), 2001, repr. 2002, p. 121.

⑯　Mary Boyce, *Zoroastrians: Their Religious Beliefs and Practices* , p. 120.

⑰　G. Hoffmann(transl.), *Auszüge aus syrischen Akten persischer Märtyrer* , Leipzig, 1880, repr. 1966, pp. 34 – 39.

⑱　林悟殊:《中古琐罗亚斯德教葬俗及其在中亚的遗痕》,见其著《波斯拜火教与古代中国》,87 页。

⑲　Mary Boyce, *A History of Zoroastrianism* , Vol. I, p. 325.

⑳　Mary Boyce, *Zoroastrians: Their Religious Beliefs and Practices* , p. 52;Mary Boyce, *A History of Zoroastrianism* , Vol. Ⅱ, Leiden/Köln: E. J. Brill, 1982, pp. 54 – 57.

㉑　Mary Boyce, *Zoroastrians: Their Religious Beliefs and Practices* , p. 121.

㉒　林悟殊:《中古琐罗亚斯德教葬俗及其在中亚的遗痕》,见其著《波斯拜火教与古代中国》,89 – 90 页。

㉓　*SBE* , Vol. IV, *The Zend-Avesta* , Part I, pp. 72 – 73;Mary Boyce ed. & transl. , *Textual Sources for the Study of Zoroastrianism* , Manchester University Press, 1984, p. 65.

㉔　*SBE* , Vol. IV, *The Zend-Avesta* , Part I, p. 73;Mary Boyce ed. & transl. , *Textual Sources for the Study of Zoroastrianism* , p. 65.

㉕　*SBE*, Vol. IV, *The Zend-Avesta*, Part I, p. 154, 213; Mary Boyce ed. & transl. , *Textual Sources for the Study of Zoroastrianism*, p. 80.

㉖　Manockji R. Unvala ed. , *Dārāb Hormazyār's Rivāyat*, 2 vols. , British India Press, Bombay 1922, Vol. I, pp. 256 - 257; B. N. Dhabhar, *The Persian Rivayats of Hormazyar Framarz and Others*, *Their Version with Introduction and Notes*, K. R. Cama Oriental Institute, Bombay, 1932, pp. 259 - 260.

㉗　*SBE*, Vol. IV, *The Zend - Avesta*, Part I, pp. 97 - 98. 参阅 S. A. Nigosian, *The Zoroastrian Faith: Tradition and Modern Research*, McGill-Queen's University Press, 1993, p. 102。

㉘　Mary Boyce, *A Persian Stronghold of Zoroastrianism*, Oxford: Oxford University Press, 1977, repr. University Press of America: Lanham・New York・London, 1989; 中译本见[英]玛丽・博伊斯原著, 张小贵、殷小平译:《伊朗琐罗亚斯德教村落》, 北京, 中华书局, 2005 年; J. J. Modi, *The Religious Ceremonies and Customs of the Parsees*, Bombay 1922, 2nd 1937; 林悟殊:《印度帕尔西人的葬俗》, 见其著《波斯拜火教与古代中国》, 98 - 104 页。

㉙　Mary Boyce, *A History of Zoroastrianism*, Vol. I, p. 303.

㉚　伊藤义教:《ペルシア文化渡来考》, 东京, 岩波书店, 1980 年, 113 页。

㉛　内田吟风:《魏书西域传原文考释(中)》《东洋史研究》第三十卷第二、三号, 昭和四十六年(1971 年), 100 页。

㉜　蔡鸿生:《唐代九姓胡礼俗丛考》,《文史》第三十五辑, 北京, 中华书局, 1992 年, 112 - 114 页, 见其著《唐代九姓胡与突厥文化》, 北京, 中华书局, 1998 年, 25 - 26 页。

㉝　蔡鸿生:《唐代"黄坑"辨》, 载余太山主编:《欧亚学刊》第 3 辑, 北京, 中华书局, 2002 年, 246 - 247 页, 又收入其著《中外交流史事考述》, 郑州, 大象出版社, 2007 年, 63 - 64 页。

㉞　林悟殊:《波斯拜火教与古代中国》, 64 页。

㉟　龚方震、晏可佳:《祆教史》, 上海, 上海社会科学院出版社, 1998 年, 8、367 页。

㊱　李铁匠:《古代伊朗的种姓制度》, 载叶奕良主编:《伊朗学在中国论文集》第二集, 北京, 北京大学出版社, 1998 年, 60 - 61 页;《世界历史》1998 年第 2 期, 71 - 72 页。

㊲　Mary Boyce, *A Persian Stronghold of Zoroastrianism*, p. 110; 中译本见[英]玛丽・博伊斯原著, 张小贵、殷小平译:《伊朗琐罗亚斯德教村落》, 119 页。

㊳　Mary Boyce, *A History of Zoroastrianism*, Vol. I, p. 121, n. 66, p. 328.

㊴　参阅 Frantz Grenet, *Les pratiques funéraires dans l'Asie centrale sédentaire de la conquête grecque à l'islamisation*, Paris: Editions du CNRS, 1984, pp. 34 - 37。转引自张广达:

《祆教对唐代中国之影响三例》，载李学勤、龙巴尔主编：《法国汉学》第1辑，北京，清华人学出版社，1996年，143－144页；张广达：《文本、图像与文化流传》，桂林，广西师范大学出版社，2008年，241页。

㊵ *SBE*, Vol. IV, *The Zend-Avesta*, Part I, pp. 93－94.

㊶ Mary Boyce, *A History of Zoroastrianism*, Vol. I, p. 328.

㊷ *SBE*, Vol. IV, *The Zend-Avesta*, Part I, pp. 72－73; Mary Boyce ed. & transl., *Textual Sources for the Study of Zoroastrianism*, p. 65.

㊸ 《北史》卷四十五，1655－1656页。

㊹ 谢宝富：《北朝婚丧礼俗研究》，北京，首都师范大学出版社，1998年，87页。

㊺ [宋]周密撰，吴企明点校：《癸辛杂识》续集卷上“回回送终”条，北京，中华书局，1988年，142－143页。

㊻ Mary Boyce, *A Persian Stronghold of Zoroastrianism*, p. 23, 149；中译本见[英]玛丽·博伊斯原著，张小贵、殷小平译：《伊朗琐罗亚斯德教村落》，21、160页。

㊼ S. A. Nigosian, *The Zoroastrian Faith: Tradition and Moedern Research*, p. 49.

㊽ Mary Boyce ed. & transl., *Textual Sources for the Study of Zoroastrianism*, p. 38.

㊾ Mary Boyce, *A History of Zoroastrianism*, Vol. I, p. 329.

㊿ Mary Boyce, *A Persian Stronghold of Zoroastrianism*, p. 150；中译本见[英]玛丽·博伊斯原著，张小贵、殷小平译：《伊朗琐罗亚斯德教村落》，161页。

(51) J. J. Modi, *The Religious Ceremonies and Customs of the Parsees*, pp. 49－82；并见林悟殊：《波斯拜火教与古代中国》，98－104页。

(52) 郭应德：《阿拉伯史纲》，北京，中国社会科学出版社，1991年，57页。

(53) Richard N. Frye, *The Heritage of Persia*, London: Weidenfeld and Nicolson, 1965, p. 243.

(54) *Papers in honour of professor Mary Boyce*, *Hommages et Opera Minora* vol. x, Leiden: E. J. Brill, 1985, p. XVII.

(55) Mary Boyce, *A History of Zoroastrianism*, Vol. I, p. 304.

(56) 李铁匠：《古代伊朗的种姓制度》，载叶奕良主编：《伊朗学在中国论文集》第二集，61页；《世界历史》1998年第2期，72页。

(57) 章巽校注：《法显传校注》，上海，上海古籍出版社，1985年，16页。

(58) Mary Boyce, *A Persian Stronghold of Zoroastrianism*, pp. 149－150；中译本见[英]玛丽·博伊斯原著，张小贵、殷小平译：《伊朗琐罗亚斯德教村落》，160－161页。

(59) Mary Boyce, *A Persian Stronghold of Zoroastrianism*, pp. 151－152；中译本见[英]玛丽·博伊斯原著，张小贵、殷小平译：《伊朗琐罗亚斯德教村落》，162－163页。

(60) G. Kreyenbroek, *Sraoša in the Zoroastrian Tradition*, Leiden: E. J. Brill, 1985, pp. 164－

183；并参阅龚方震：《印欧人的密特拉崇拜》，《陈寅恪与二十世纪中国学术》，杭州，浙江人民出版社，2000 年，717 页；龚方震：《中华文史论丛》第 63 辑，上海，上海古籍出版社，2000 年 9 月，43－44 页。

(61) [苏]谢·亚·托卡列夫著，魏庆征译：《世界各民族历史上的宗教》，北京，中国社会科学出版社，1985 年，378 页；现代学者曾绘有安息塔的结构平面图，见 Sven S. Hartman, *Parsism: The Religion of Zoroaster*, Leiden: E. J. Brill, 1980, Plate XIV b。

(62) Mary Boyce ed. & transl., *Textual Sources for the Study of Zoroastrianism*, p. 65；参阅 *SBE*, Vol. IV, *The Zend-Avesta*, Part I, pp. 73－74。

(63) Mary Boyce, *A History of Zoroastrianism*, Vol. I, p. 327.

(64) R. C. Zaehner, *The Dawn and Twilight of Zoroastrianism*, London: Weidenfeld and Nicolson, 1961, p. 317.

(65) Mary Boyce, *A Persian Stronghold of Zoroastrianism*, p. 114, 46；中译本见[英]玛丽·博伊斯原著，张小贵、殷小平译：《伊朗琐罗亚斯德教村落》，123、50 页。

(66) Mary Boyce, *A Persian Stronghold of Zoroastrianism*, p. 139；中译本见[英]玛丽·博伊斯原著，张小贵、殷小平译：《伊朗琐罗亚斯德教村落》，152 页。

(67) E. W. West transl., *Pahlavi Texts*, Part Ⅱ, *The Dâdistān-i Dînîk and The Epistles of Mânûskîhar*, in F. Max Müller ed. *SBE*, Vol. XVIII, Oxford University Press, 1882, repr. Motilal Banarsidass, 1965, 1970, 1977, p. 34, 44.

(68) Jamsheed K. Choksy, *Purity and Pollution in Zoroastrianism*, Austin: University of Texas Press, 1989, p. 139.

(69) Mary Boyce, *A History of Zoroastrianism*, Vol. I, pp. 313－314.

(70) Mary Boyce, *A Persian Stronghold of Zoroastrianism*, p. 112；中译本见[英]玛丽·博伊斯原著，张小贵、殷小平译：《伊朗琐罗亚斯德教村落》，121 页。

(71) Mary Boyce, *Zoroastrians: Their Religious Beliefs and Practices*, pp. 97－98.

(72) Mary Boyce, *A Persian Stronghold of Zoroastrianism*, p. 149；中译本见[英]玛丽·博伊斯原著，张小贵、殷小平译：《伊朗琐罗亚斯德教村落》，160 页。

(73) 李铁匠：《古代伊朗的种姓制度》，载叶奕良主编：《伊朗学在中国论文集》第二集，61 页；《世界历史》1998 年第 2 期，72 页。

(74) [法]迭朗善译，马香雪转译：《摩奴法典》，北京，商务印书馆，1982 年，252 页。

(75) 章巽校注：《法显传校注》，54 页。

(76) [法]迭朗善译，马香雪转译：《摩奴法典》，252 页。

(77) [清]毕沅疏证：《释名疏证》第三册，王云五主编：《丛书集成初编》据经训堂丛书本影印，上海，商务印书馆，1936 年，282 页。

(78) [唐]徐坚等：《初学记》，北京，中华书局，1962 年，第二册，359 页。

㉙ 详阅第四章《琐罗亚斯德教内婚及其在唐宋社会的遗痕》。

㉚ ［法］布尔努瓦著，耿昇译：《丝绸之路》，乌鲁木齐，新疆人民出版社，1982 年，197 页。

㉛ 李铁匠：《古代伊朗的种姓制度》，载叶奕良主编：《伊朗学在中国论文集》第二集，61 页；《世界历史》1998 年第 2 期，71 页。

㉜ 《通典》卷一九三，5256 页。

㉝ 《隋书》卷八十三，1841 页。

㉞ 长泽和俊：《韦节·杜行满の西使》，《シルクロ——ド史研究》，国书刊行会，1979 年，481－488 页；北村高：《〈隋书·西域传〉について——その成立と若干の问题》，《龙谷史坛》78，1980 年，31－45 页；见余太山：《两汉魏晋南北朝正史西域传要注》，北京，中华书局，2005 年，84－88 页。

㉟ 林悟殊：《中亚古代火祆教葬俗》，收入张志尧主编：《草原丝绸之路与中亚文明》，乌鲁木齐，新疆美术摄影出版社，1994 年，234 页；陈海涛：《从葬俗的变化看唐代粟特人的汉化》（《文博》（西安）2001 年第 3 期，47－52、58 页）引用了林文的观点。

㊱ 林悟殊：《中古琐罗亚斯德教葬俗及其在中亚的遗痕》，见其著《波斯拜火教与古代中国》，92 页。

㊲ 林悟殊：《西安北周安伽墓葬式的再思考》，66 页。

㊳ B. N. Dhabhar, *The Persian Rivayats of Hormazyar Framarz and Others*, *Their Version with Introduction and Notes*, pp. 104－105.

㊴ *SBE*, Vol. IV, *The Zend-Avesta*, Part I, p. 72－73. Mary Boyce ed. & transl., *Textual Sources for the Study of Zoroastrianism*, p. 65.

㊵ *SBE*, Vol. IV, *The Zend-Avesta*, Part I, pp. 52－54.

㊶ *SBE*, Vol. IV, *The Zend-Avesta*, Part I, p. 73. Mary Boyce ed. & transl., *Textual Sources for the Study of Zoroastrianism*, p. 65.

㊷ Jordnus, *The Wonders of the East*, transl. & ed. by H. Yule, Harluyt Society, London 1863, p. 21.

㊸ Dadabhai Naoroji, *The Manners and Customs of the Parsees*, Bombay, 1864, p. 16.

㊹ ［清］马建忠著：《适可斋纪言纪行》卷三，《南行记》下，沈云龙主编：《近代中国史料丛刊》第十六辑，台湾，文海出版社。

㊺ ［清］清河王锡祺辑：《小方壶斋舆地丛钞》第十一衾《游历笔记》十三，杭州，杭州古籍书店，1985 年 11 月影印本，第十五册。

㊻ Sven S. Hartman, *Parsism: The Religion of Zoroaster*, Plate XIV.

㊼ ［苏］谢·亚·托卡列夫著，魏庆征译：《世界各民族历史上的宗教》，378 页。

㊽ J. Chardin, *Voyages en Perse et autres lieux de L'orient*, Vol. Ⅱ, Amsterdam 1735, p. 186.

⑨　Mary Boyce, *A Persian Stronghold of Zoroastrianism*, pp. 192－194；中译本见［英］玛
　　丽·博伊斯原著，张小贵、殷小平译：《伊朗琐罗亚斯德教村落》，209－211 页。

⑩　林悟殊先生认为帕尔西人的达克玛不是波斯琐罗亚斯德教徒迁居印度后才进行的
　　改革，而应是继承萨珊波斯的传统，见其文《西安北周安伽墓葬式的再思考》，64－
　　65 页。

⑪　林悟殊：《西安北周安伽墓葬式的再思考》，66 页。

⑫　E. Chavannes, *Documents sur les T'ou Kiue (Turcs) occidentaux*, Paris 1941, p. 133 n. 5；中
　　译本见［法］沙畹著，冯承钧译：《西突厥史料》，北京，中华书局，2004 年，123－124
　　页，注 7。

⑬　Mary Boyce & Frantz Grenet, *A History of Zoroastrianism*, Vol. Ⅲ, pp. 3－8.

⑭　岑仲勉：《隋唐史》上册，北京，中华书局，1982 年新 1 版，319 页。

⑮　《旧唐书》卷一百一十二，3335 页。

⑯　蔡鸿生：《唐代"黄坑"辨》，余太山主编：《欧亚学刊》第 3 辑，244－250 页；蔡鸿生：
　　《中外交流史事考述》，60－67 页；崔岩：《也谈唐代太原"黄坑"葬俗的宗教属性》
　　（《洛阳大学学报》2003 年第 3 期，22－24 页）对蔡文的论证有进一步阐发。

⑰　香山阳坪：《オスアリについて——中央アジア·ゾロアスタ——教徒の藏骨器》，
　　东京《史学杂志》第 72 编第 9 号，昭和三十八年（1963 年），54－68 页。

⑱　F. Grenet, 'Zoroastrian Themes on Early Mediaeval Sogdian Ossurier(6th-8th Centu-
　　ries)', *Paper in 34th International Congress of Asian and North African Studies*, 1993；
　　B. A. Litvinsky, Zhang Guang-da（张广达）& R. S. Samghabadi(eds.), *History of Civi-
　　lizations of Central Asia*, Vol. Ⅲ, Paris：UNESCO Publishing, 1996, p. 409；参阅马小鹤
　　译：《中亚文明史》第三卷，北京，中国对外翻译出版公司，2003 年，348 页。

⑲　B. I. Marshak, 'On the Iconography of Ossuaries from Biya-Naiman', *SRAA* 4, 1995/
　　96, pp. 299－321；B. I. Marshak, 'Sughd and Adjacent Regions：Religious life', in
　　B. A. Litvinsky, Zhang Guang-da（张广达）& R. S. Samghabadi(eds.), *History of Civi-
　　lizations of Central Asia*, Vol. Ⅲ, p. 253；参阅马小鹤译：《中亚文明史》第三卷，212－
　　216 页。

⑳　G. A. Pugachenkova, 'The Form and Style of Sogdian Ossuaries', *BAI*, new series 8
　　(The Archaeology and Art of Central Asia. Studies from the Former Soviet Union),
　　1996, pp. 227－243.

㉑　L. V. Pavchinskaia, 'Sogdian Ossuaries', *BAI*, new series 8, pp. 209－226.

㉒　V. V. Barthold, *A Short History of Turkestan*, *Four Studies on the Central Asia*, Vol. I,
　　Leiden 1962, pp. 9－10；中译本见［俄］维·维·巴尔托里德、［法］伯希和等著，耿世
　　民译：《中亚简史》（外一种），北京，中华书局，2005 年，8 页；拉波波尔特：《花剌子模

的盛骨瓮（花剌子模宗教史）》，《苏联民族学》，1962 年第 4 期，80－83 页，转引自蔡鸿生：《唐代九姓胡与突厥文化》，135 页；Y. A. Rapoport, *Iz istorii religii drevnego khorezma Trudy khorezmskoy arkheologo － etno graficheskoy ekspeditsii* , Vol. 6. Moscow, 1971, p. 5, 18, 32, 120－121。

⑪⑬　М. Мейтарчиян, ПОГРЕБАЛЬНЫЕ ОБРЯДЫ ЗОРОАСТРИЙЦЕВ, Москва · спб · 2001.

⑪⑭　《隋书》卷八十三，1850 页。

⑪⑮　陈海涛：《从葬俗的变化看唐代粟特人的汉化》，47－52、58 页。

⑪⑯　林悟殊：《西安北周安伽墓葬式的再思考》，67－68 页。

⑪⑰　[清]焦循撰，沈文倬点校：《孟子正义》卷 11，上册，北京，中华书局，1987 年，404 页。

⑪⑱　陈华文：《丧葬史》，上海，上海文艺出版社，1999 年，139 页。

⑪⑲　徐吉军、贺云翔：《中国丧葬礼俗》，杭州，浙江人民出版社，1991 年，181－215 页。

⑫⑳　[清]孙希旦撰，沈啸寰、王星贤点校：《礼记集解》卷 46，下册，北京，中华书局，1989 年，1218－1220 页。

⑫㉑　李希泌主编：《唐大诏令集补编》，上海，上海古籍出版社，2003 年，948 页。

⑫㉒　《旧唐书》卷一百一十二，3335 页。

⑫㉓　《宋史》卷一二五《礼志》二八，2919 页。

⑫㉔　[宋]胡寅撰、容肇祖点校：《崇正辩斐然集》卷二十《悼亡别记》，北京，中华书局，1993 年，412 页。

⑫㉕　[宋]程颢、程颐著，王孝鱼点校：《二程集》第一册，北京，中华书局，1981 年，58 页。

⑫㉖　[宋]王安石著，唐武标校：《王文公文集》卷三十二《闵习》，上海，上海人民出版社，1974 年，381 页。

⑫㉗　[宋]汪应辰：《文定集》卷二十三《龙图阁学士王公墓志铭》第四册，丛书集成初编本，上海，商务印书馆，1935 年，283 页。

⑫㉘　[宋]真德秀：《西山先生真文忠公文集》卷四十五《宋故乡贡进士黄君墓志铭》，四部丛刊初编本，上海，商务印书馆，698 页下。

⑫㉙　[宋]胡寅撰、容肇祖点校：《崇正辩斐然集》，412 页。

⑬㉚　[宋]周煇撰，刘永翔校注：《清波杂志校注》卷十二，北京，中华书局，1994 年，508 页。

⑬㉛　*SBE* , Vol. IV, *The Zend-Avesta* , Part I, pp. 31－33.

⑬㉜　姜伯勤：《中国祆教画像石的"语境"》，提交"古代中外关系史：新史料的调查、整理与研究"国际学术研讨会论文，2002 年 11 月 15～16 日，北京大学，170－175 页，刊荣新江、李孝聪主编：《中外关系史：新史料和新问题》，北京，科学出版社，2004 年，233－238 页；并见姜伯勤：《中国祆教艺术史研究》，北京，生活·读书·新知三联书

店,2004 年,25－32 页;施安昌:《六世纪前后中国祆教文物叙录》,提交"古代中外关系史:新史料的调查、整理与研究"国际学术研讨会论文,刊荣新江、李孝聪主编:《中外关系史:新史料和新问题》,239－246 页;并见施安昌:《火坛与祭司鸟神》,北京,紫禁城出版社,2004 年,186－197 页;张庆捷:《入乡随俗与难忘故土——入华粟特人石葬具概观》,荣新江、张志清主编:《从撒马尔干到长安——粟特人在中国的文化遗迹》,北京,北京图书馆出版社,2004 年,9－16 页。

⑬⑬　荣新江:《粟特系祆教的流传及其在艺术上的影响》,提交"汉唐之间:文化互动与交融学术研讨会"论文,北京大学考古系,2000 年 7 月 5～9 日,经修订作《粟特祆教美术东传过程中的转化——从粟特到中国》,收入巫鸿主编:《汉唐之间文化艺术的互动与交融》,北京,文物出版社,2001 年,51－72 页,此据《中古中国与外来文明》,北京,生活·读书·新知三联书店,2001 年,318 页。

⑬⑭　张庆捷:《入乡随俗与难忘故土——入华粟特人石葬具概观》,荣新江、张志清主编:《从撒马尔干到长安——粟特人在中国的文化遗迹》,10 页。

⑬⑮　杨泓:《北朝至隋唐从西域来华民族人士墓葬概说》,新疆吐鲁番地区文物局编:《吐鲁番学研究——第二届吐鲁番学国际学术研讨会论文集》,上海,上海辞书出版社,2006 年,269－273 页。

⑬⑯　[晋]葛洪撰:《西京杂记》,古小说丛刊本《燕丹子·西京杂记》,北京,中华书局,1985 年,41－42 页;有关《西京杂记》为葛洪伪作的考证,参阅余嘉锡:《四库提要辨证》下册,昆明,云南人民出版社,2004 年,853－862 页;《朱子语类》卷一三八《杂类》亦记"世间伪书如《西京杂记》,颜师古已辨之矣",见[宋]黎靖德编,王星贤点校:《朱子语类》第八册,北京,中华书局,1994 年,3278 页。

⑬⑰　[宋]黎靖德编,王星贤点校:《朱子语类》,3284 页。

⑬⑱　罗二虎:《汉代画像石棺》,成都,巴蜀书社,2002 年。

⑬⑨　山西省考古研究所、大同市考古研究所:《大同市北魏宋绍祖墓发掘简报》,《文物》2001 年第 7 期,19－39 页。

⑭⑩　Wu Hong(巫鸿),'A Case of Cultural Interaction:House-shaped Sarcophagi of the Northern Dynasties',Orientations,34.5,May 2002,pp.34－41;中译本见[美]巫鸿著,郑岩译:《"华化"与"复古"——房形椁的启示》,《南京艺术学院学报》(美术与设计版)2005 年第 2 期,1－6 页;又见巫鸿著,郑岩等译:《礼仪中的美术——巫鸿中国古代美术史文编》,北京,生活·读书·新知三联书店,2005 年,659－671 页。

⑭⑪　王银田、刘俊喜:《大同智家堡北魏墓石椁壁画》,《文物》2001 年第 7 期,40－51 页。

⑭⑫　Wu Hong(巫鸿),'A Case of Cultural Interaction:House-shaped Sarcophagi of the Northern Dynasties',pp.34－41;中译本见[美]巫鸿著,郑岩译:《"华化"与"复古"——房形椁的启示》,《南京艺术学院学报》(美术与设计版)2005 年第 2 期,2

页；巫鸿著，郑岩等译：《礼仪中的美术——巫鸿中国古代美术史文编》，663－664页。

⑭ 陕西省文管会：《西安郭家滩隋姬威墓清理简报》，《文物》1959 年第 8 期，4－7 页。

⑭ 山西省考古研究所、太原市文物考古研究所、太原市晋源区文物旅游局：《太原隋虞弘墓》，北京，文物出版社，2005 年，47 页。

⑭ 陕西省考古研究所编著：《西安北周安伽墓》，北京，文物出版社，2003 年，87 页。

⑭ 前揭林悟殊：《西安北周安伽墓葬式的再思考》。

⑭ 西安市文物保护考古所：《西安北周凉州萨保史君墓发掘简报》，《文物》2005 年第 3 期，7 页。

⑭ 程林泉、张翔宇：《西安北郊再次发现北周粟特人墓葬》，《中国文物报》2004 年 11 月 24 日第一版；孟西安：《西安再次发现北周粟特人墓葬证实：千年前长安城已是国际性都市》，《人民日报》（海外版）2004 年 11 月 25 日第 7 版。

⑭ 林悟殊：《西安北周安伽墓葬式的再思考》，68－69 页。

⑮ Mary Boyce, *A Persian Stronghold of Zoroastrianism*, p. 148；中译本见［英］玛丽·博伊斯原著，张小贵、殷小平译：《伊朗琐罗亚斯德教村落》，159－160 页。

⑮ 张庆捷：《入乡随俗与难忘故土——入华粟特人石葬具概观》，15 页；罗丰：《胡汉之间——"丝绸之路"与西北历史考古》，北京，文物出版社，2004 年，247 页。

⑮ 林悟殊：《火祆教在唐代中国社会地位之考察》，载蔡鸿生主编：《戴裔煊教授九十诞辰纪念文集：澳门史与中西交通研究》，广州，广东高等教育出版社，1998 年，169－196 页；《中古三夷教辨证》，256－283 页。

⑮ 《大隋正议大夫右领军骠骑将军故史府君之墓志铭》，刊罗丰：《胡汉之间——"丝绸之路"与西北历史考古》，北京，文物出版社，2004 年，477 页；罗丰：《固原南郊隋唐墓地》，北京，文物出版社，1996 年，17－19 页。

⑮ 《唐故游击将军、虢州刺史、直中书省史公墓志铭并序》，刊罗丰：《胡汉之间——"丝绸之路"与西北历史考古》，483－484 页；罗丰：《固原南郊隋唐墓地》，68－72 页。

⑮ 罗丰：《固原南郊隋唐墓地》，187 页。

⑮ 论者多认为此处之本国应指中亚史国。如荣新江：《中古中国与外来文明》，75 页，认为史氏一家落籍平凉应从射勿父辈开始，从史射勿初入仕北周的年代，推测其家东迁的时间当在北魏末年。而罗丰先生虽然认为"史射勿祖辈入居中国的年代当在北魏中期"，但仍认为其祖辈所仕之本国为史国，见《固原南郊隋唐墓地》，186 页。

⑮ 陈寅恪：《隋唐制度渊源略论稿》，上海，上海古籍出版社，1982 年，42 页；北京，生活·读书·新知三联书店，2001 年，48 页。

⑮ 《隋书》卷七，149 页。

⑮ 《隋书》卷八，156 页；《隋书》卷三十三，970 页。

⑯　《隋书》卷一,22 页。

⑯　《旧唐书》卷二一,816 页。

⑯　杨志刚:《中国礼仪制度研究》,上海,华东师范大学出版社,2001 年,166 页。

⑯　《新唐书》卷一一,308－309 页。

⑯　《通典》卷八十五,2299 页。

⑯　《新五代史》卷四十,441 页。

⑯　成建正编:《西安碑林博物馆》,西安,陕西人民出版社,2000 年,84 页。

⑯　陕西省博物馆、文管会:《唐李寿墓发掘简报》,《文物》1974 年第 9 期,71－86 页。

⑯　齐东方:《略论西安地区发现的唐代双室砖墓》,《考古》1990 年第 9 期,859 页。当
　　然也有例外,如山西万荣薛儆墓,墓内放置了雕刻华丽的庑殿顶石椁,考薛儆虽为
　　(唐睿宗)皇婿,但其升迁变故的最后官职是在下降,其墓使用丧葬礼仪中极为特殊
　　的石椁,"也许是薛儆家族想利用薛儆之死以获得荣誉,私下撰好墓志,等待谥号颁
　　下,没想到请谥等要求未得其果,为了避免违礼僭越的罪名,只好毁坏已经绘制完
　　毕的越制壁画,打碎石墓表、武士,最后只剩下盛放尸体的石椁,草草收场埋葬",见
　　齐东方:《唐代的丧葬观念习俗与礼仪制度》,《考古学报》2006 年第 1 期,62 页。

⑯　Wu Hong(巫鸿),'A Case of Cultural Interaction:House-shaped Sarcophagi of the
　　Northern Dynasties',pp. 34－41;中译本见[美]巫鸿著,郑岩译:《"华化"与"复
　　古"——房形椁的启示》,《南京艺术学院学报》(美术与设计版)2005 年第 2 期,5
　　页;巫鸿著,郑岩等译:《礼仪中的美术——巫鸿中国古代美术史文编》,671 页。

⑰　洛阳文物工作队:《洛阳龙门唐安菩夫妇墓》,《中原文物》1982 年 3 期,21－26、14
　　页。

⑰　赵振华、朱亮:《安菩墓志初探》,《中原文物》1982 年 3 期,37－40 页。

⑰　雷闻:《割耳剺面与剌心剖腹——从敦煌 158 窟北壁涅槃变王子举哀图说起》,《中
　　国典籍与文化》2003 年第 4 期,95－104 页,此文简本以《割耳剺面与剌心剖腹——
　　粟特对唐代社会风俗的影响》为题,收入荣新江、张志清主编:《从撒马尔干到长
　　安——粟特人在中国的文化遗迹》,41－48 页。

⑰　蔡先生此说最早于 2004 年 12 月 20 日中山大学历史系中外关系史专业"学理与方
　　法"课堂所作"专门史与通识"讲演中提出,后收入陈春声主编:《学理与方法——蔡
　　鸿生教授执教中山大学五十周年纪念文集》,香港,博士苑出版社,2007 年,4－6
　　页;张乃翥先生亦根据安菩墓志所记强调安氏一门两代已改信佛教,见其著《龙门
　　石窟与西域文明》,郑州,中州古籍出版社,2006 年,123－124 页。

⑰　陕西省文物管理委员会:《西安发现晚唐祆教徒的汉、婆罗钵文合璧墓志——唐苏
　　谅妻马氏墓志》,《考古》1964 年第 9 期,458 页。

⑰　张广达:《再读晚唐苏谅妻马氏双语墓志》,《国学研究》第 10 卷,北京,北京大学出

版社,2002 年 11 月,16 - 17 页,收入其著《文本、图像与文化流传》,267 页。

⑯ 作铭:《唐苏谅妻马氏墓志跋》,《考古》1964 年第 9 期,458 - 461 页,又收于《夏鼐文集》(下),北京,社会科学文献出版社,2000 年,108 - 111 页。

⑰ 参阅陈颖川:《澳门与中国十九世纪的琐罗亚斯德社群(下)》,《澳门杂志》总第 44 期,2005 年 2 月,84 - 97 页;郭德焱:《清代广州的巴斯商人》,北京,中华书局,2005 年,160 - 178 页。

结　语

　　本书从礼俗的角度,考察了中古时期入华祆教的传播情况,尤其强调其与波斯本原的琐罗亚斯德教及中亚祆教相比,发生了怎样的变化。就初步考察的结果而言,其华化表现似可概括为民俗化、偶像化、非巫化及功利化等四个方面。

　　民俗化主要是指祆教入华以后,并未以完整的宗教体系向汉人传播,而是以民俗的形式影响中国社会。究其原因,与粟特地区祆教的性质不无关系。粟特系祆教既包含早期琐罗亚斯德教的成分,也受到同期萨珊波斯琐罗亚斯德教的影响。同时,其崇拜对象也包含有来自古希腊罗马、西亚两河流域及古印度的神祇等等。总的来说,粟特祆教与萨珊波斯琐罗亚斯德教是有实质性的差异的:后者崇拜上神阿胡拉・马兹达,基本上可归为一神教;有系列化的经典和各种清规戒律、礼仪;有完整的教会组织等等,具有完整的宗教体系。而前者则是多神崇拜,其自身并无完整的宗教体系,属于粟特人为主的中亚某些民族的民间信仰,主要表现为民俗的一个组成部分。因此,由粟特地区传入中国的火祆教不可能像佛教那样,也不可能像景教、摩尼教那样,企图以其义理,刻意向中国社会的各层民众传教。其只能作为一种习俗,以感性的模式为汉人所了解,从而影响汉人社会。也就是说,祆教入华以后,主要是以胡俗的方式影响汉人,继而走向汉人的民间,汇入中土的民俗。

　　尽管入华祆教并无完整的宗教体系,然而在唐代社会,祆教毕竟是作为一种独立的信仰而存在的,主要在来自西域的胡人中流行。唐贞观五年(631年),将祆教诣阙闻奏的何禄,就是该教的传法穆护,尽管其并未带来本教经像,也未有向汉人传教的豪言壮语,但随后朝廷即在崇化坊建立祆祠,显然与他的宣传有关。而这座祆祠与前后长安城内所建的其他祆祠一样,都集中在胡人聚居区内,显然乃为满足来华胡人的祆教信仰而设。尤其值得注意的是,朝廷还专门设有萨宝府,其下辖有祆正、祆祝主持宗教事务。自北朝开始,中原王朝就设有萨宝府兼领西来商胡贩客的民事与宗教事务,但其时尚未有专设祆正、祆祝的记录。而到了唐代,在萨宝府下专设这些官职,表明唐朝廷对胡人宗教信仰的重视。即使在开元初罢视品官时,萨宝府及下属祆正、祆祝还得以保留,可见当时祆教势力影响之大,朝廷不得不正视这一现实而采用相应的政策,让祆教得以在胡人中自行传播,直到会昌灭佛时始予取缔。

　　到了唐末五代,由于胡汉的融合,敦煌地区的祆庙成为游神赛会的娱乐场所,祆神与门神、阿娘神、张女郎神等等,成了民众祈赛的诸神之一,赛祆遂变成地道的汉人风俗。祆神之被祈赛,不过是当地的民俗,完全不是某一宗教门派所专有,而是当地各族居民所共享;其已逐渐失去琐罗亚斯德教固有的宗教意义了。到了宋代,祆神和城隍土地、五龙祠一道被纳入中原王朝祭礼之内,进入了中国民间万神殿。如果说祆教初来之时并未以一个完整的宗教体系向汉人传播,而是以胡俗的方式在中国社会发生影响;那么到了宋代,原属西胡的祆俗已完全变为汉地的民俗。可以说,唐以后,有"祆"无"教"是这一外来宗教进一步民俗化的表现。

　　宋元时代,祆庙成为戏曲的题材,元曲时演祆神,以"火烧祆庙"的用典来隐喻男女幽会的情事。尽管限于资料,我们对文学作品中这一用典的演变尚未清楚,但至少表明原本为胡人专用的祭祀场所,已成为汉人日常生活的一个活动空间。

　　与波斯琐罗亚斯德教神谱不同的是,中亚祆教并非独尊阿胡拉·马兹达,而是受多民族多宗教影响而形成多神崇拜。唐代入华的祆教徒祭祀祆神画像,有别于波斯本土无圣像崇拜的正统琐罗亚斯德教,更多地保存了粟特祆教的风俗习惯,乃是该教经由中亚间接传入的结果。然而到了宋代,民众可以在祆庙里祭拜偶像,这与唐代祭祀祆神画像的情况已经不同了。值得注意的是,宋代被民众祭祀的祆神,并非纯属琐罗亚斯德教系统或粟特祆教系统的神祇,个中也有汉人按自身的想象或需要,加以改造甚或创造者。无论是提醒范质改革狱弊的土偶,还是帮助常彦辅病愈的摩醯首罗,都被人们目为灵验的祆神了。这一变化表明到了宋代,祆教虽已经不是作为一门独立的宗教存在,然而祆神却因灵验而被人们保留下来。到了宋代,所谓祆神偶像,也汇入了中国传统的民间信仰。之所以产生这种情况,与中国传统的文化环境自是密切相关。中国自古即为圣像,尤其是偶像崇拜的民族,无论掌控国家意识形态的儒家,还是各行各业、各宗各族,无论是作为主流宗教的佛道二家,还是各种民间信仰,都有各自的偶像崇拜。而且古代中华民族乃多神崇拜的民族,对黎元百姓来说,他们并不专宗哪神哪教,并不太关心严格的宗教学说、教条、戒律,而是敬畏崇拜各种神,凡神必拜,只要其灵验就可以。正是在这种历史背景下,祆神"被动"地被汉人所改造,从而演化、嬗变出符合汉人习惯的种种祆神形象。当然,这种祆神与祆教本身已经无所关联了。因此,我们无妨把祆神偶像化看做祆教华化的另一种表现。

　　根据文献记载,唐代的祆教习俗主要表现为西域胡人聚火祝诅,以咒代经,妄行幻法等等。张鷟笔下的凉州、洛阳祆神祠,敦煌文书所记伊州伊吾县祆庙的仪式活动,都表明这种祭祆方式在入华祆教徒中具有普遍性,从碛西到东都,均曾不同程度流行。这一祭祆活动带有明显的萨满教色彩,与萨珊波斯所规范的琐罗亚斯德教的祭祀仪式是不同的。我们知道,波斯阿契美尼王朝时期流行的琐罗亚斯德教也有许多萨满教的成分,学者们从《希罗多德历史》中找到不少例证。然而在琐罗亚斯德教成为萨珊波斯帝国的国教后,经过统治者的规范,其萨满教成分已经大为减少了。没有文献能够证明萨珊王朝时期的圣火庙里,举行过类似的萨满活动。近代学者对印度琐罗亚斯德教徒,即巴斯人礼仪习俗的田野调查①,也未见有萨满教的成分。玛丽·博伊斯教授在对伊朗残存的琐罗亚斯德教村落考察时,发现面对疾病之类的不幸,当地信徒们也偶有采用类乎巫术的方式驱邪者,但因其有违正统琐罗亚斯德教的教导,而为村落领袖所劝止;倒是他们周围的伊斯兰教徒才热衷于这类活动。由此推想,其类乎巫术的活动,当不是本教传统的继承,而是受当地伊斯兰教徒的影响②。因此到了萨珊波斯时期,即便萨满教成分在当地民众中尚有遗存,也应是相当边缘化了。唐代祆祠的祭祀活动与萨珊波斯不同,带有中亚祆教浓厚的胡巫之风。值得注意的是,细察唐时洛阳的祆祠祭祀情况,其祆主乃"招募"而来,与凉州、伊州的祆主是不同的。凉州的祆主如何产生,文献并无特别说明。但是伊吾火祆庙中的祆主翟槃陀却"身世显赫"。据考,"槃陀"即粟特语 Bntk 的音译,意为"奴"、"仆"③,其姓翟表明乃为粟特化的高车人④。翟氏因为通神灵验,而"制授游击将军",绝非一般招募可比,其因主事祆祠祭祀而被封官,可能与唐时萨宝府下的祆正、祆祝一样。而洛阳地区的祆主为临时募来,说明信众们举行仪式时出资"招聘",而募来的祆主虽为胡人,但应与一般的民间巫师无所区别。尽管唐末宋初开封城北的祆庙有世袭的史姓庙祝,但从文献记载来看,其似乎并非主事祭祀的祆主。碛西一带与东都洛阳祆主的产生方式存在着不同,表明祆教深入中土后不断华化。其信众为满足自身的祭祀需要,不得不出资来招募祆主,而不像前代那样,有官方任命的祆正、祆祝主持祭祀。

当然,无论是朝廷任命,还是民众招募,负责唐代祆祠祭祀的庙祝都带有浓厚的胡巫色彩。然而到了唐末五代,特别是宋代以后，祆祠祭祀的巫风日益淡化。我们以开封城北祆庙的史世爽家族为例，其家世至迟可上溯至唐咸通三年（862年），其初设之时也许是为满足胡人的信仰需要，但会昌灭法，祆教亦受到牵连，势力大减。而在华世代生活数百年的胡人后裔，已与汉人无异。到了史世爽时，他和中国民间社会中的庙祝，已经没有什么实质性差异，所以张邦基将其与池州郭西英济王祠的庙祝连类而书，不加区别。这无疑表明此时祆庙庙祝已和中国传统社会中神庙的庙祝一样了。考察此时有关祆庙的记录，反映的都是地道的汉人信仰，和唐代胡人取火咒诅祭祆的情形已完全不同了。宋代有关祆教祠庙的描述中，已不见请巫通神的记载。如果说唐代祆祠还保有中亚祆教胡巫祭祀的特色，到了宋代，祆庙里面则"有祝无巫"，已经看不到丝毫胡人的色彩了。因此不妨把祆祝非巫化作为祆教华化的一种表现。

祆祠（或祆庙）是祆教徒的主要宗教活动场所，唐初祆祠的建立主要是为群胡祀火祭祀提供场所。发生在祆祠中的聚火祝诅、以咒代经、妄行幻法等等活动，毫无疑问是为满足胡人祆教信仰而举行。到唐末宋初，开封史氏所主持的祆祠虽仍以祠祆神闻名，但却不是为了满足胡人的宗教信仰了。考虑到范鲁公在封丘巷祆庙的遭遇，以及常彦辅在祆庙祈祷病愈的灵验故事，"东京城北有祆庙……京师人畏其威灵，甚重之"，表明祆庙已成为满足普通民众祈福禳灾的民间信仰。特别是《宋史》与《宋会要》的记载，表明其已得到中原王朝的许可，与一般汉人的土地、城隍信仰无异了，究其原因，乃是朝廷出于祈雨的必要。到了南宋末年，地方官为了防止兵变而在镇江的祆庙祈祷，并最终得到回报，更符合民间信仰求神纳福的宗教特征。祭祆原为胡人的信仰习俗，宋代成为汉人祈福禳灾的手段。因此，祭祆功利化可视为祆教华化的又一表现形式。

综上所述，我们从礼俗的角度，将唐宋祆教明显的华化表现，主要概括为民俗化、偶像化、非巫化及功利化四方面。当然,历史的真实不止这四个方面,本文已涉及了葬俗、婚俗、火崇拜等所产生的变异,但还有诸多尚未涉及的问题,如狗崇拜等,尚有待进一步发掘资料,或等待新资料的发现,理清其变化的脉络,从而更准确全面地概括出其华化的表现。

就入华祆教的研究,近年西北考古诸胡裔墓的出土,启示我们不能局限于礼俗方面,尚有必要扩大对祆教的考察面,尤其是艺术等。而时间的跨度,也不能止于唐宋,而要上伸到唐之前。至于追踪祆教在中国的最后痕迹,就该教在中国的最终命运进行理论的分析,则要把考察的时间下延到宋之后;从目前已知民俗中的某些祆教痕迹,也许要跟踪到明清时期。对入华祆教的研究,自然也要进一步考察其源头,即粟特祆教。追踪粟特祆神的源头,细化对粟特祆教定性的分析。如是,才能对古代中国的祆教有一个更全面、更符合历史实际的认识。就上述这些方方面面,自然需要长期不懈的努力。

① 详阅 Jivanji Jamshedji Modi, *The Religions Ceremonies and Customs of the Parsees*, 2nd E-dition, Bombay, 1937。

② 详阅 Mary Boyce, *A Persian Stronghold of Zoroastrianism*, Oxford: Oxford University Press, 1977, repr. University Press of America: Lanham • New York • London, 1989, pp. 21–22;中译本见[英]玛丽·博伊斯原著,张小贵、殷小平译:《伊朗琐罗亚斯德教村落》,北京,中华书局,2005 年,18–21 页。

③ 蔡鸿生:《唐代九姓胡与突厥文化》,北京,中华书局,1998 年,39 页。

④ 此点乃为蔡鸿生先生所提示。吉田丰先生认为翟是一两个突厥部落所用的姓,韩森女史认为一些粟特人可能是借用了他们的姓。见韩森(Valerie Hansen)著,王锦萍译:《丝绸之路贸易对吐鲁番地方社会的影响:公元 500~800 年》,提交 2004 年 4 月 23~25 日北京举行"粟特人在中国国际学术研讨会"论文;收入荣新江、华澜、张志清主编:《粟特人在中国——历史、考古、语言的新探索》,《法国汉学》第 10 辑,北京,中华书局,2005 年 12 月,117、132 页注 28。

附 录

附录一　入华祆教大事记

公元 430 年（庚午岁）八月十三日，于高昌城东胡天南太后祠下，为索将军佛子妻息合家，写《金光明》一部。

公元 535 年（高昌章和五年），取牛羊在吐峪沟沟口一带的"丁谷天"祭祀，或以为此丁谷天为高昌的另一座祆祠。

公元 616 年（大业十二年），隋置伊吾郡时，因置柔远镇。其州下立庙，神名阿览。

公元 621 年（武德四年），布政坊西南隅立胡祆祠。并置官管理。

公元 630 年（贞观四年），首领石万年率七城来伊吾郡降。唐朝廷始在此置伊州，下辖伊吾、纳职、柔远三县。伊吾县火祆庙或立于此时。

公元 631 年（贞观五年），传法穆护何禄将祆教诣阙闻奏。长安崇化坊立祆寺。

公元 627～649 年（贞观年间），康国大首领康艳典率胡人来到鄯善，建立聚落，亦曰典合城。上元二年（675 年）改为石城镇，隶沙州。石城镇内祆舍当为康艳典率众胡人来后不久所建。

公元 677 年（仪凤二年），波斯王卑路斯奏请在长安西京醴泉坊，十字街南之东立波斯胡寺。

公元 713～741 年（开元年间），初年朝廷罢视流内与视流外官,唯留萨宝祆正与萨宝祆祝及府史。

公元715年(开元三年),三月二十二日敕,令瀚海军破河西阵、白涧阵、土山阵、双胡丘阵、五里堠阵、东胡祆阵等总陆阵,并于凭洛城与贼斗战。或以为此东胡祆即为一胡祆祠。

公元744年(天宝三年),安禄山任范阳、平卢两节度使以后,在幽州与众胡人举行祭祀神活动,或以为此即祆教祭祀活动。

公元745年(天宝四年),朝廷下诏两京波斯寺宜改为大秦寺。

公元755年(天宝十四年),安史之乱爆发,后唐朝由盛转衰,严重地打击了统治者的信心,助长了社会各阶层的部分人士,包括统治阶级与被统治阶级的排外、仇外心理,遂逐渐改变了对三夷教宽容的政策。

公元821～824年(长庆年间),舒元舆撰《鄂州永兴县重岩寺碑铭》,记录了摩尼、大秦、祆神三夷寺庙,不及佛教寺庙一小邑之数。

公元823年(长庆三年),瀛州乐寿县置祆神庙。

公元826年(宝历二年),四月,获鹿立胡神祠。

公元842年(会昌二年),唐武宗出于政治、经济原因,以及个人的好恶,开始惩治佛教徒。

公元843年(会昌三年),回鹘破灭西迁,朝廷开始敕令取缔摩尼教。开取缔夷教之先。

公元845年(会昌五年),八月,武宗颁《毁佛寺制》,勒大秦、穆护、祆三(二)千余人还俗。

公元846年(会昌六年),三月,武宗驾崩,宣宗即位。五月,开始恢复佛教,惩办道士。

公元847年(大中元年),闰三月,宣宗正式为佛教"平反"。

公元862年(咸通三年),汴州(今开封)城北祆庙庙祝史怀恩,宣武节度使令狐绹给其牒。

公元956年(显德三年),汴州城北祆庙庙祝史温,端明殿学士、权知开封府王朴给其牒。

公元 958 年（显德五年），汴州城北祆庙庙祝史贵，枢密使、权知开封府王朴给其牒。

公元 960 年（建隆元年），宋太祖平泽、潞，仍祭祆庙、泰山、城隍，征扬州、河东，并用此礼。初（北宋初年），学士院不设配位，及是问礼官，言：“祭必有配，报如常祀。当设配坐。”又诸神祠、天齐、五龙用中祠，祆祠、城隍用羊一，八笾，八豆。旧制，不祈四海。

公元 1009 年（大中祥符二年），二月诏：如闻近岁命官祈雨……又诸神祠，天齐、五龙用中祠例，祆祠、城隍用羊，八笾，八豆，既设牲牢礼料，其御厨食、翰林酒、纸钱、驼马等，更不复用。

公元 1008～1016 年（祥符年间），润帅周宝婿杨茂实为苏州刺史，立庙于镇江城南隅。

公元 1048 年（庆历八年），北宋参知政事文彦博征贝州王则胜利后，在家乡山西介休立祆神庙。

公元 1093 年（元祐八年），七月，常彦辅遇寒热疾，祷于祆神祠而病愈。

公元 1208～1224 年（嘉定年间），郡守赵善湘以原镇江朱方门里山冈之上的火祆庙高在山冈，于郡庠不便，遂迁于山下。

公元 1235 年（端平乙未），为防江寨中军作变，有祷于（镇江祆）神，其神许之。事定，郡守吴渊毁其庙。

附录二 祆祠分布表

地点		名称	年代	文献出处
于阗		祆寺	显德五年（958年）	《公主君者者状上北宅夫人》（S. 2241）。①
石城镇		祆舍	上元三年（676年）	《沙州图经》卷五（P. 5034）。②
高昌/西州		胡天	庚午岁（430年）	《金光明经》卷二。③
北庭/庭州		东胡祆	开元四年（716年）	《唐开元四年李慈艺勋告》。④
伊州	伊吾县	火祆庙	贞观十四年（640年）以前	《伊州地志残卷》（S. 367）。⑤
	柔远县	阿览神庙		
敦煌	州东	祆舍		《沙州图经》（P. 2005）。⑥
	悬泉镇	祆祠	天成年间（926～930年）	《（后唐）天成年间都头知悬泉镇遏使安进通状稿》（P. 2814纸背）。⑦
武威	凉州	祆神祠		《朝野佥载》卷三。⑧
	张掖	西祆神		
长安	布政坊西南隅	胡祆祠	武德四年（621年）	《两京新记》卷三，《长安志》卷十。⑨
	崇化坊	祆寺	贞观五年（631年）	《西溪丛语》⑩
	醴泉坊，十字街南之东	波斯胡寺	仪凤二年（677年）	《两京新记》卷三，《长安志》卷十。⑪
	醴泉坊西北隅	祆祠		《两京新记》卷三，《长安志》卷十。⑫
	普宁坊西北隅	祆祠		《两京新记》卷三，《长安志》卷十。⑬
	靖恭坊街南	祆祠		《长安志》卷九。⑭
洛阳	立德坊	胡祆神庙		《朝野佥载》卷三。⑮
	南市西坊			
	修善坊	祆祠		《增订唐两京城坊考》。⑯
	会节坊	祆祠		《增订唐两京城坊考》。⑰
幽州				《安禄山事迹》卷上。⑱
获鹿		胡神祠	宝历二年（826年）	《唐鹿泉胡神祠文》。⑲
瀛州		祆神庙	长庆三年（823年）	《北道刊误》。⑳
湖湘				《柳毅传》。㉑

地点		名称	年代	文献出处
汴京	东京城北	祆庙		《墨庄漫录》卷四。②
	大内西去右掖门	祆庙		《东京梦华录》卷三。③
	马行北去旧封丘门外	祆庙		《东京梦华录》卷三;《玉壶清话》卷六;《邵氏闻见录》卷七。④
山西	介休	祆神楼(三结义庙)	宋初	《重建三结义庙碑记》。⑤
	洪洞	祆神庙	元大德七年(1303年)	光绪十八年刊本《山西通志》卷一六四;《洪洞县志》卷八。⑥
镇江/苏州		火祆庙	唐代	《吴郡图经续记》卷下,《墨庄漫录》卷四,《至顺镇江志》卷八。⑦
蜀地		祆庙		《山堂肆考》卷三十九。⑧
广西梧州府		祆政庙		《永乐大典》卷2341 六模·梧引《苍梧志》。⑨

① 中国社会科学院历史研究所、中国敦煌吐鲁番学会敦煌古文献编辑委员会、英国国家图书馆、伦敦大学亚非学院编:《英藏敦煌文献》第四卷,成都,四川人民出版社,1991年,53页;录文参考唐耕耦、陆宏基编:《敦煌社会经济文献真迹释录》(五),北京全国图书馆文献缩微复制中心,1990年,23页。

② 池田温:《沙州图经略考》,《东洋史论丛:榎博士还历记念》,东京,山川出版社,1975年,97页;唐耕耦、陆宏基编:《敦煌社会经济文献真迹释录》(一),北京,书目文献出版社,1986年,37页。

③ 新疆维吾尔自治区博物馆:《新疆维吾尔自治区博物馆》,北京,文物出版社,1991年,图84。

④ 小田义久:《德富苏峰纪念馆藏〈李慈艺告身〉の写真について》,载《龙谷大学论集》第456号,2000年,128-129页;中译本见也小红译:《关于德富苏峰纪念馆藏"李慈艺告身"的照片》,《西域研究》2003年第2期,31页;另见小田义久著,李济仓译:《唐代告身的一个考察——以大谷探险队所获李慈艺及张怀寂告身为中心》,载武汉大学中国三至九世纪研究所编:《魏晋南北朝隋唐史资料——唐长孺教授逝世十周年纪念专辑》(第21辑),武汉,武汉大学文科学报编辑部编辑出版,2004年12月,165

页,原文刊《东洋史苑》第 56 号,龙谷大学东洋史学研究会,2000 年 10 月;陈国灿:《〈唐李慈艺告身〉及其补阙》,《西域研究》2003 年第 2 期,41 页。

⑤ 中国社会科学院历史研究所、中国敦煌吐鲁番学会敦煌古文献编辑委员会、英国国家图书馆、伦敦大学亚非学院编:《英藏敦煌文献》第一卷,成都,四川人民出版社,1990 年,158 页;录文参考唐耕耦、陆宏基编:《敦煌社会经济文献真迹释录》(一),40－41 页。

⑥ 池田温:《沙州图经略考》,70－71 页;唐耕耦、陆宏基编:《敦煌社会经济文献真迹释录》(一),12－13 页。

⑦ 上海古籍出版社、法国国家图书馆编:《法国国家图书馆藏敦煌西域文献》第 18 册,354 页,惜图版倒置;录文据余欣:《信仰与政治:唐宋敦煌祠庙营建与战争动员关系小考》,原刊张涌泉、陈浩主编:《浙江与敦煌学——常书鸿先生诞辰一百周年纪念文集》,杭州,浙江古籍出版社,2004 年;此据余欣:《神道人心——唐宋之际敦煌民生宗教社会史研究》,北京,中华书局,2006 年,153－154 页。

⑧ [唐]张鷟撰,赵守俨点校:《朝野佥载》(《隋唐嘉话·朝野佥载》,唐宋史料笔记丛刊),北京,中华书局,1979 年,64－65 页。

⑨ [唐]韦述:《两京新记》卷三,[宋]宋敏求:《长安志》卷十,见[日]平冈武夫编:《唐代的长安和洛阳(资料)》,上海,上海古籍出版社,1989 年,185、116 页。

⑩ [宋]姚宽撰,孔凡礼点校:《西溪丛语》(《西溪丛语·家世旧闻》,唐宋史料笔记丛刊),北京,中华书局,1993 年,42 页。

⑪ [唐]韦述:《两京新记》卷三,[宋]宋敏求:《长安志》卷十,见[日]平冈武夫编:《唐代的长安和洛阳(资料)》,189、118 页。

⑫ [唐]韦述:《两京新记》卷三,[宋]宋敏求:《长安志》卷十作"醴泉坊西门之南祆祠",见[日]平冈武夫编:《唐代的长安和洛阳(资料)》,189、118 页。

⑬ [唐]韦述:《两京新记》卷三,[宋]宋敏求:《长安志》卷十,见[日]平冈武夫编:《唐代的长安和洛阳(资料)》,191、120 页。

⑭ [宋]宋敏求:《长安志》卷九,见[日]平冈武夫编:《唐代的长安和洛阳(资料)》,112 页。

⑮ [唐]张鷟撰,赵守俨点校:《朝野佥载》,64－65 页;另见[清]徐松撰,李健超增订:《增订唐两京城坊考》,西安,三秦出版社,1996 年,362 页。

⑯ [清]徐松撰,李健超增订:《增订唐两京城坊考》,293 页。

⑰ [清]徐松撰,李健超增订:《增订唐两京城坊考》,340 页。

⑱ [唐]姚汝能撰,曾贻芬校点:《安禄山事迹》,上海,上海古籍出版社,1983 年,12 页;Robert des Rotours, *Histoire de Ngan Lou chan* (*Ngan Lou chan che tsi*), Paris, 1962, pp. 108－109。

⑲　[宋]陈思:《宝刻丛编》卷六,王云五主编:《丛书集成初编》据十万卷楼丛书本排印,
　　上海,商务印书馆,第二册,148 页。

⑳　神田喜一郎:《祆教琐记》,《史林》第 18 卷第 1 号,昭和八年(1933 年),16 页;神田喜
　　一郎:《神田喜一郎全集》第一卷,90 - 91 页。

㉑　[唐]李朝威撰:《柳毅》,汪辟疆校录:《唐人小说》,上海,上海古籍出版社,1978 年,
　　63 页。

㉒　[宋]张邦基著,孔凡礼点校:《墨庄漫录》(唐宋史料笔记丛刊)卷四,北京,中华书
　　局,2002 年,110 - 111 页。

㉓　[宋]孟元老:《东京梦华录》,上海,上海古典文学出版社,1956 年,18 页。

㉔　[宋]孟元老:《东京梦华录》,20 页;[宋]文莹撰,郑世刚,杨立扬点校:《玉壶清话》卷
　　六(《湘山野录·续录·玉壶清话》,唐宋史料笔记丛刊),北京,中华书局,1984 年,
　　57 页;[宋]邵伯温撰,李剑雄、刘德权点校:《邵氏闻见录》,北京,中华书局,1983
　　年,62 页。

㉕　《重建三结义庙碑记》,清康熙十三年岁次甲寅(1674 年)孟东吉日立。

㉖　《洪洞县志》卷八,上海,商务印书馆代印,中华民国六年(1917 年),收入《中国方志
　　丛书》79,第一册,台湾,成文出版社,1968 年,434 - 435 页;姜伯勤:《中国祆教艺术
　　史研究》,北京,生活·读书·新知三联书店,2004 年,282 页。

㉗　[宋]朱长文撰、金菊林校点:《吴郡图经续记》卷下,南京,江苏古籍出版社,1999 年,
　　83 页;[宋]张邦基著,孔凡礼点校:《墨庄漫录》,111 页;[元]俞希鲁编纂,杨积庆等
　　校点:《至顺镇江志》(上),南京,江苏古籍出版社,1999 年,328 页。

㉘　[明]彭大翼撰:《山堂肆考》卷三十九,景印文渊阁四库全书,子部二八〇,类书类,
　　台湾,商务印书馆,1986 年,974 册,673 页。

㉙　《永乐大典》第一册,北京,中华书局影印本,1986 年,980 页下。

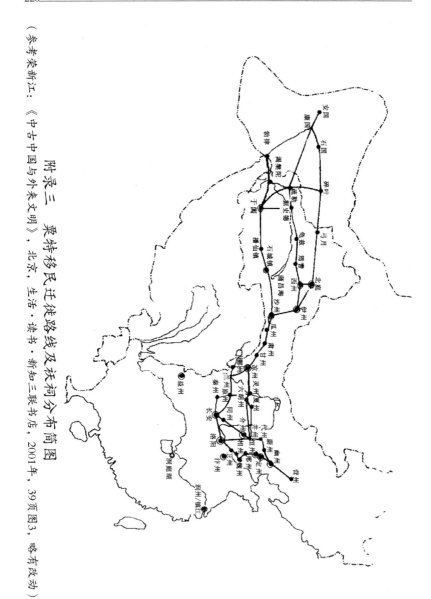

附录三　粟特移民迁徙路线及祆祠分布简图

（参考荣新江：《中古中国与外来文明》，北京，生活·读书·新知三联书店，2001年，39页图3，略有改动）

后　记

拙著即将付梓,首先应该感谢导师林悟殊教授多年来无私的指导。限于学力,课题的进展并不尽如人意,但林师的言传身教,已成为我宝贵的精神财富,谨向恩师致以诚挚谢意。非常幸运的是,多年来笔者也时常得到蔡鸿生先生的关心与指点。无论是蔡老师的讲座和论著,还是日常向蔡老师请教,笔者都受益非浅。蔡老师也时刻关心着本书的写作,从论题的确定,到整体结构,再具体到各章各节的论点,都凝结了蔡老师无私的心血。在今后的日子里,笔者唯有不断努力,才能回报林、蔡两位恩师的谆谆教诲。

本书是在博士论文的基础上修订而成,在撰写博士论文的过程中,姜伯勤先生慷慨惠赠有关祆教艺术史研究的大作,并无私提供多年收集的有关粟特考古艺术的英文、法文资料,其中包括 F. Grenet、B. I. Marshak 等人的名作。林英、万毅两位老师也不厌其烦,多次提供宝贵的外文资料,使笔者少走了不少弯路。参加论文答辩的蔡鸿生教授、胡守为教授、卢苇教授、梁碧莹教授、林中泽教授,皆对文章提出了具体的修改意见。

在数年求学期间,笔者有幸多次得到余太山先生、荣新江教授、李锦绣先生的提点,三位先生还拨冗担任论文的通讯评审专家,对论文提出了宝贵的修改意见。另外,笔者有幸多次向芮传明先生、徐文堪先生、施安昌先生、王邦维先生、蒋维崧先生请教,受益良多。

本书的部分章节完成后曾呈请东京大学青木健博士、伦敦大学毛民博士指正，两位学长对书稿均提出宝贵意见。在修订书稿的过程中，香港大学亚洲研究中心郑妙冰博士，帮助查阅复印诸多资料。古道热肠的詹益邦前辈帮助购买外文书籍，李美贤女士惠赠她拍自伊朗的珍贵照片。尹磊、毕波、刘中玉诸学长也曾不厌其烦，惠寄资料。另外，笔者也得到了章文钦教授、陈继春先生、郭德焱先生、王银田教授、刘文锁老师、何方耀老师以及游自勇、邓庆平、董少新、黄兰兰、曾玲玲、殷小平、王媛媛、张淑琼、聂越峰、张万辉、王华、陈怀宇、林秋贵、吴中明、丁力等诸位学长的多方帮助。

本书得以顺利出版，尚有赖暨南大学副校长纪宗安教授，文物出版社总编辑葛承雍教授、编辑刘婕博士玉成。本项目的部分研究成果，得到暨南大学人文社会科学发展基金项目（006JSYJ017）的资助，谨致谢忱。

笔者研习琐罗亚斯德教史是从翻译英国伊朗学家玛丽·博伊斯教授（Mary Boyce）的名著开始的，博伊斯教授年高德昭，当年为翻译版权问题，多次书信往返指点，不辞辛劳。可惜，书稿未成，博伊斯教授已于 2006 年仙逝，谨以此书献给这位终生致力于古波斯宗教研究的一代宗师。

作者谨识

2009 年 3 月

图　版

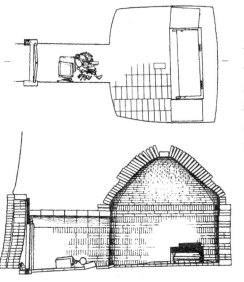

一　安伽墓甬道和墓室
平、剖面图
采自陕西省考古研究所
编著:《西安北周安伽墓》,
北京,文物出版社,2003年,
13页图一二

二　安伽墓围屏石榻
采自《西安北周安伽墓》,图版一

三　安伽墓门额

采自《西安北周安伽墓》，图版一四

四　安伽墓门额图案摹本

采自《西安北周安伽墓》，16、17页图一三

五　安伽墓门额火坛
采自《西安北周安伽墓》，
图版一五

六　安伽墓门额左侧祭司
采自《西安北周安伽墓》，
图版一八

七　安伽墓门额右侧祭司
采自《西安北周安伽墓》,
图版一九

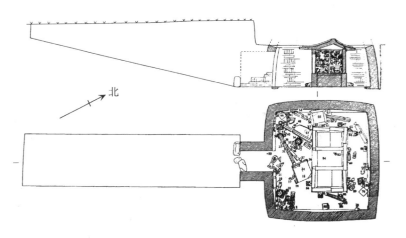

北

八　虞弘墓平、剖面图
采自山西省考古研究所、太原市文物考古研究所、
太原市晋源区文物旅游局:《太原隋虞弘墓》,
北京,文物出版社,2005年,12页图4

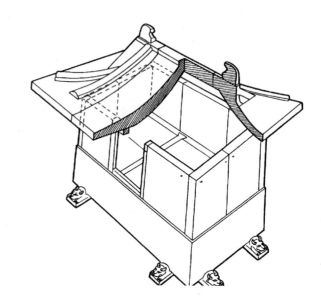

九　虞弘墓石椁
结构示意图
采自《太原隋虞弘
墓》,21 页图 13

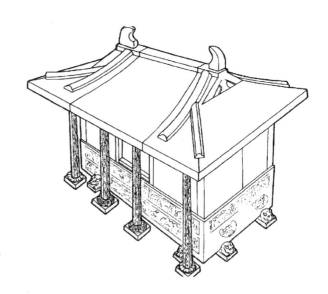

一〇　虞弘墓
石椁复原示意图
采自《太原隋虞弘
墓》,23 页图 15

一一　虞弘墓葬具——汉白玉石椁

采自《太原隋虞弘墓》,16 页图 6

一二　虞弘墓石椁椁座前壁浮雕下栏第 3 幅图

采自《太原隋虞弘墓》,135 页图 182

一三　虞弘墓石椁椁座前壁浮雕下栏第 3 幅图摹本

采自《太原隋虞弘墓》,134 页图 181

一四　史君墓石椁

采自荣新江、张志清主编:《从撒马尔干到长安——粟特人在中国的
文化遗迹》,北京,北京图书馆出版社,2004 年,59 页图版 1

一五　史君墓石椁南侧祭司与火坛图
采自《从撒马尔干到长安——粟特人在中国的文化遗迹》，
64 页图版 4

一六　日本 Miho 美术馆藏石棺床 B 图
采自姜伯勤:《中国祆教艺术史研究》,北
京,生活·读书·新知三联书店,2004 年,
87 页图 6–11
或以为对此图中无人乘马的崇拜与中亚
曹国得悉神信仰有关

一七　云冈石窟第8窟门拱东壁浮雕
摩醯首罗天
采自张乃翥:《龙门石窟与西域文明》,
郑州,中州古籍出版社,2006年,71页
图53

一八　龙门石窟皇甫公窟
窟檐迦陵频迦造型
采自张乃翥:《龙门石窟与西
域文明》,72页图57

一九　邓县学庄墓画像砖所见千秋万岁
采自郑岩:《魏晋南北朝壁画墓研究》,北京,文物出版社,2002年,83页图48

二〇　Mulla-kurgan 所出纳骨瓮
采自 G. A. Pugachenkova,'The Form and Style of Sogdian Ossuaries', *BAI*, new series, 8(The Archaeology and Art of Central Asia. Studies from the Former Soviet Union), 1996, p. 236

二一　Krasnorechensk 墓地出土纳骨瓮前壁图像
采自 G. A. Pugachenkova, 'The Form and Style of Sogdian Ossuaries', p. 241

二二　比亚·乃蛮出土纳骨瓮上的琐罗亚斯德教神祇
采自 A. M. Belenizki, *Mittelasien Kunst der Sogden*, Leipzig, 1980, p. 143

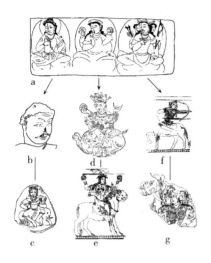

二三　和田出土 D. X. . 3 木板画正面图像及相关粟特神祇

a. D. X. 3；b. Kuva 出土石雕 Adbag-Indra；c. 片治肯特出土陶器 Adbag-Indra；d. 花拉子模出土碗上的娜娜；e. Qala-e Qahqah I 出土壁画娜娜；f. Qala-e Qahqah I 出土壁画 Weshparkar；g. 片治肯特出土壁画 Weshparkar。

采自 M. Mode,'Sogdian Gods in Exile-Some Iconographic Evidence from Khotan in the Light of Recently Excavated Material from Sogdiana', *SRAA*, 2, 1991/92, p. 201

二四　粟特片治肯特 XXV-12 号地点壁画骑狮四臂女神娜娜
采自 F. Grenet & B. I. Marshak,'Le mythe de Nana dans
l'art de la Sogdiane', *ArtsA* 53,1998,p. 14

二五　粟特片治肯特
XXII-1 号地点壁画三头
Weshparkar 神
采自 A. M. Belenizki, *Mittelasien Kunst der Sogden*, p. 198

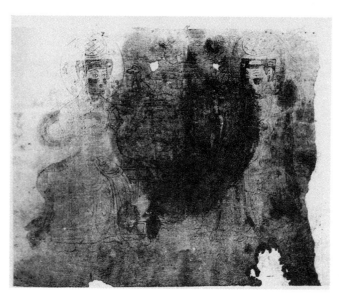

二六　粟特神祇白画
王重民先生所拍照片，原卷为法国国立图书馆所藏，编号 P. 4518(24)
采自《从撒马尔干到长安——粟特人在中国的文化遗迹》

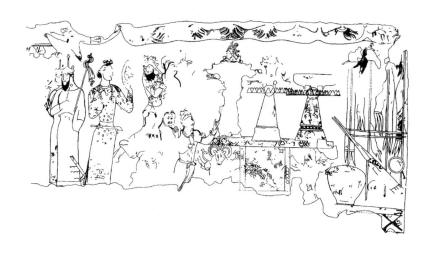

二七　粟特片治肯特Ⅲ-6号地点西墙壁画圣火坛与大酒瓮

采自 A. M. Belenizki, *Mittelasien Kunst der Sogden*, p. 56

0　　　　　50厘米

二八　粟特片治肯特2号庙遗址南墙"哀悼图"

采自 A. M. Belenizki, *Mittelasien Kunst der Sogden*, p. 50

二九　粟特片治肯特
私人住宅里主持仪式
的大厅
采自 B. Marshak，*Legends，Tales，and Fables in the Art of Sogdiana*，New York：Bibliotheca Persica Press，2002，p. 16

三〇　萨珊银币所见火坛
图像
采自李铁生编著《古波斯币》，北京，北京出版社，2006 年，附录第 5 页彩图

三一　　固原史射勿墓（隋大业五年，609年）出土波斯银币

采自《原州古墓集成》，北京，文物出版社，2000年，图96

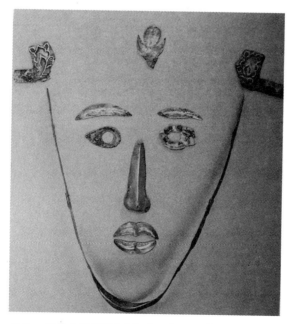

三二　　固原史道德墓（唐仪凤三年，678年）出土金覆面

采自罗丰：《固原南郊隋唐墓地》，北京，文物出版社，

1996年，90页图六五

三三 《沙州都督府图经》卷第五
王重民先生所拍照片，原卷为法国国
立图书馆所藏，编号 P. 5034
采自《从撒马尔干到长安——粟特人
在中国的文化遗迹》

三四 《朝野佥载》钞本
国家图书馆藏
采自《从撒马尔干到长安——粟特人在中国的文化遗迹》

三五 归义军衙内布纸破历

王重民先生所拍照片,原卷为法国国立图书馆所藏,编号 P. 4640

采自《从撒马尔干到长安——粟特人在中国的文化遗迹》

三六 刻有大流士一世之名的阿契美尼楔形文印章

印章上大流士一世在射狮,阿胡拉·马兹达像高悬上空

采自雅诺什·哈尔马塔主编,徐文堪、芮传明翻译《中亚文明史》

第二卷,北京,中国对外翻译出版公司,2002 年,29 页

三七　伊朗现存琐罗亚斯德教村落祭司
弗左鲁时,伊朗现存琐罗亚斯德教村落祭司
D. 胡达特在"祭司屋"主持维斯帕拉特
采自 Mary Boyce, *A Persian Stronghold of Zoroastrianism*, Oxford: Oxford University Press, 1977,
repr. University Press of America: Lanham •
New York • London, 1989

三八　琐罗亚斯德教祭司举行净礼时的情景
采自 Sven S. Hartman, *Parsism: The Religion of Zoroaster*, Leiden: E. J. Brill, 1980

a) Tower of Silence at Navsari

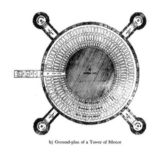

b) Ground-plan of a Tower of Silence

三九 "九夜之净"净礼场地示意图
采自 *Parsism：The Religion of Zoroaster*

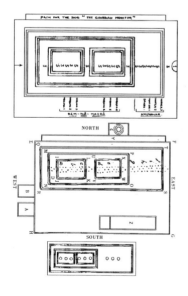

四〇 安息塔结构平面图

A. 男尸位置　　F. 地下排水沟

B. 女尸位置　　G. 地下井

C. 童尸位置　　H. 地下排水沟过滤层

D. 通道　　　　I. 塔门

E. 中央深井　　J. 登上塔门之石阶

采自 *Parsism：The Religion of Zoroaster*

责任编辑:刘 婕

责任印制:梁秋卉

图书在版编目(CIP)数据

中古华化祆教考述 / 张小贵著 . —北京:文物出
版社,2010.3

(考古新视野丛书 / 葛承雍主编)

ISBN 978 - 7 - 5010 - 2935 - 8

Ⅰ.①中... Ⅱ.①张... Ⅲ.①祆教—宗教考古—中国
—古代 Ⅳ.①B983②K871.43

中国版本图书馆 CIP 数据核字(2010)第 040086 号

中古华化祆教考述

张小贵 著

文物出版社出版发行

(北京市东直门内北小街2号楼 100007)

http://www.wenwu.com

E-mail:web@wenwu.com

精美彩色印刷有限公司印刷

新 华 书 店 经 销

850×1168 1/32 印张:8

2010 年 3 月第 1 版 2010 年 3 月第 1 次印刷

ISBN 978 - 7 - 5010 - 2935 - 8 定价:35.00 元